Christoph Delp

Kickboxen basics

WAKO Deutschland – Bundesverband für Kickboxen und Musik-Formen

pietsch

Einbandgestaltung: Kornelia Erlewein

Titelbild: Erwin Wenzel

Bildnachweis: siehe S. 175.

Alle Informationen und Ratschläge in diesem Buch wurden sowohl vom Verfasser als auch vom Verlag sorgfältig erwogen und geprüft. Dennoch erfolgen alle Angaben ohne Gewähr. Eine Haftung des Autors oder des Verlages und seiner Beauftragten für Personen-, Sach- und Vermögensschäden ist ausgeschlossen.

ISBN 978-3-613-50983-2

1. Auflage 2024

Sie finden uns im Internet unter www.pietsch-verlag.de

Lektorat: Susanne Fischer
Innengestaltung: Jürgen Knopf, 74321 Bietigheim
Druck und Bindung: Graspo CZ, 76302 Zlin
Printed in Czech Republic

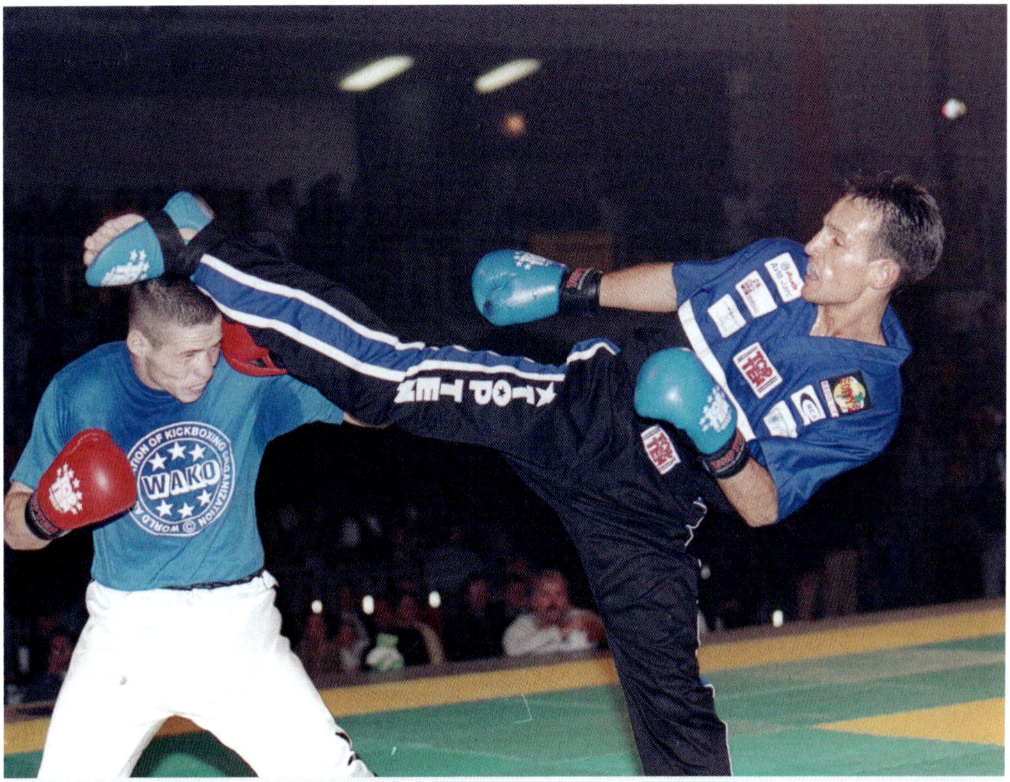

Kickboxen

Kickboxen ist eine moderne Kampfsportart, die in den 70er Jahren des letzten Jahrhunderts entwickelt wurde. In diesem Sport begeistern die Aktiven mit ihren Box- und Kickfähigkeiten. Kickboxen wird als Fitnesssport, Wettkampfsport und zur Selbstverteidigung trainiert.
Das Kickbox-Training fördert die Fitnesskomponenten Kraft, Ausdauer, Beweglichkeit, Koordination und Schnelligkeit. Mit regelmäßigem Training verbessern Sie Ihre körperliche Fitness und können diese langfristig bewahren.
Als Wettkampfsport fasziniert Kickboxen mit seinen sportlichen Vergleichen. Die Sportler attackieren sich mit schnellen Boxtechniken und spektakulären Kicktechniken. Außerdem gibt es Formendisziplinen, in denen die Sportler gegen imaginäre Gegner kämpfen und hierbei ihre technische Fähigkeiten perfekt präsentieren können.
Die Kickbox-Techniken können zur Selbstverteidigung übernommen werden. Die Sportler lernen, Angriffen auszuweichen und auf diese zu kontern. Ergänzend werden im Kickbox-Training besondere Aspekte der Selbstverteidigung trainiert, wie der Einsatz von Befreiungstechniken aus Haltegriffen.

Inhalt

Vorwort 6
Vorwort von Martin Albers 7

I. Hintergründe **8**
1. Was ist Kickboxen? 9
2. Geschichte des Kickboxens 14
3. Kickboxen heute 17
4. Wichtige Regeln 19

II. Der Einstieg **24**
1. Trainingsziele 25
2. Verhaltensregeln 30
3. Sportlerausrüstung 32
4. Trainerausrüstung 34

III. Grundlagen **36**
1. Der Trainingseinstieg 37
2. Kampfstellungen 38
3. Kampfdistanz 43
4. Beinarbeit 45
5. Erlaubte Angriffsziele 46

IV. Angriffstechniken **51**
1. Einleitung 52
2. Schlagtechniken 54
3. Kicktechniken 64

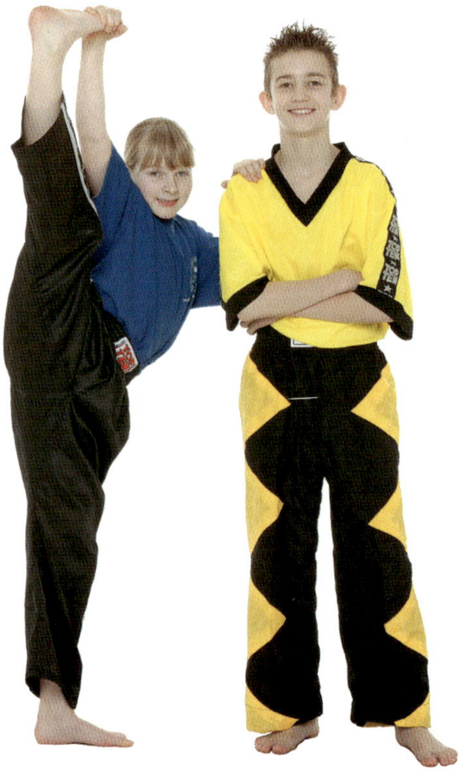

V. Kombinationen der Angriffstechniken **91**
1. Einsatz im Training 92
2. Kombinationsfolgen 93

VI. Verteidigungs- und Kontertechniken **104**
1. Grundlagen der Verteidigung 105
2. Auswahl geeigneter Techniken 112

VII. Training **125**
1. Trainingsinhalte 126
2. Aufwärmphase 128
3. Hauptteil 130
4. Abwärmphase 135

VIII. Solotraining **136**
1. Hintergründe 137
2. Techniktraining 138
3. Dehnen 139
4. Workouts 159
5. Trainingsplanung 168

Literaturverzeichnis 172
Internetquellen 172
Hilfreiche Adressen 172
Buchteam 174
Bildverzeichnis 175

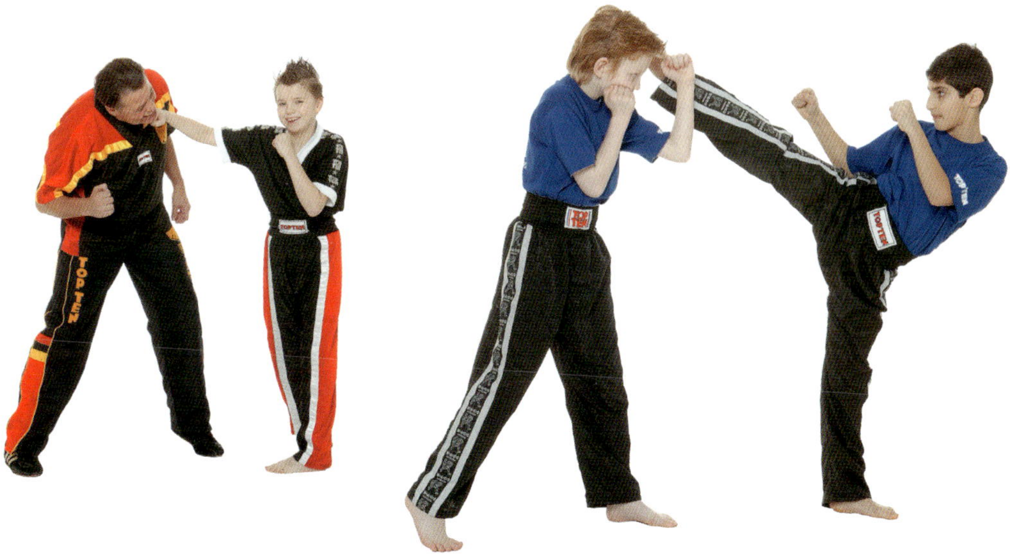

Vorwort

Begeistert von den spektakulären Kämpfen der Top-Kickboxer wie Don Wilson und Ferdinand Mack habe ich als Jugendlicher mit dem Kickbox-Training begonnen. Auch wenn ich nach einigen Trainingsjahren nach Thailand gegangen bin, um dort die Vollkontaktkampfkunst Muay Thai zu erlernen, habe ich die Faszination für das Kickboxen nie verloren. Dementsprechend schnell habe ich diesem Buchprojekt zugestimmt, als es mir vom Verlag angeboten wurde.
Mit dem Verband WAKO Deutschland e.V. habe ich nur die besten Erfahrungen gemacht. Beispielsweise im Verein Nippon Passau mit den Trainern Claudia Schregle und Markus Gattermann, in dem ich als junger Sportler einige Zeit trainiert habe, oder bei der Teilnahme an den Budo Open. Deshalb bin ich sehr froh darüber, dass ich bei diesem Buchprojekt mit einigen herausragenden Sportlern der WAKO e.V. zusammenarbeiten konnte.

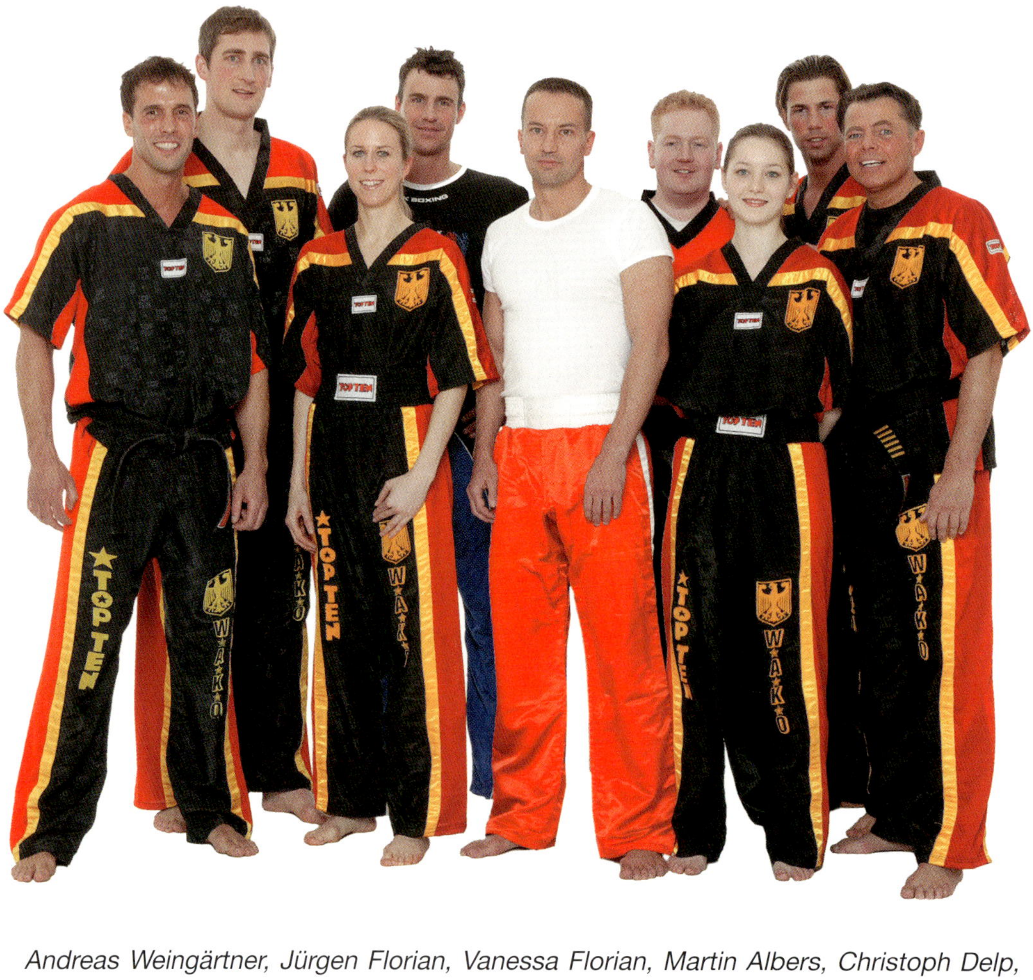

Andreas Weingärtner, Jürgen Florian, Vanessa Florian, Martin Albers, Christoph Delp, Oliver Glatow, Natalia Hein, Giovanni Nurchi und Peter Zaar (von links nach rechts).

Danksagung
Ein herzliches Dankeschön allen, die mir bei der Herstellung dieses Buches geholfen haben, insbesondere meiner Familie; Martin Albers für die zahlreichen Informationen und die Zusammenstellung des Teams; Oliver Glatow für die Hilfe bei der Durchführung der Fotoproduktion; Susanne Fischer (Verlag pietsch) für die Unterstützung zur Buchverwirklichung; Peter Kruckenhauser (Firma Budoland) und Jens Walbersdorf (JEWA-media) für die Bereitstellung von Fotomaterial; und natürlich den Darstellern Natalia Hein, Vanessa Florian, Andreas Weingärtner, Christian Brell, Giovanni Nurchi, Jürgen Florian, Steffen Bernhardt und Peter Zaar, ebenso wie den abgebildeten Jugendsportlern Isabelle Eberling, Janine Steiner, Natascha Schuchardt, Filip Ajvasov, Nico Rings, Robin Neuser und Peter Zaar jun.
Die Zusammenarbeit mit Euch allen hat mir sehr großen Spaß bereitet.
Christoph Delp

Vorwort von Martin Albers

Liebe Leserin, lieber Leser,
in den Medien wird der Kickboxsport oft in ein viel zu negatives Licht gerückt. Immer wieder werden Kampfszenen mit Personen in Hinterhofhallen gezeigt, die umfangreiche Kontakte zur Drogenmafia besitzen und sich an organisierten Prügeleien beteiligen.
Dieses Bild entspricht allerdings nur in den seltensten Fällen der Wirklichkeit. Kickboxen ist eine Wettkampfsportart, die nach neuesten sportwissenschaftlichen Erkenntnissen betrieben wird und in einem demokratisch gewählten Sportverband namens WAKO Deutschland e.V. organisiert ist. Der Verband erfüllt alle Kriterien des Deutschen Sportbundes, verfügt über ein ausgeprägtes Spitzensportangebot und eine vorbildliche Jugendarbeit.
Kickboxen ist ein Sport, der begeistert. Schnell rückte die Faszination dieser schnellkräftigen Sportart in den Mittelpunkt meines Lebens. Auf zahlreichen Wettkämpfen in Deutschland und Europa lernte ich nicht nur viele interessante Menschen kennen, sondern konnte mich mit ihnen auch unter fairen Wettkampfregeln messen. Es fällt mir nicht schwer, diesem Sport und den vielen Nachwuchsathleten das zurückzugeben, was ich vom Kickboxen erhalten habe: Selbstbewusstsein, Teamgeist sowie eine umfangreiche und ausgeglichene körperliche Fitness.
Lassen auch Sie sich auf den folgenden Seiten von der Faszination Kickboxen überzeugen. Das Werk von Christoph Delp enthält einen ausführlichen Überblick von der Entstehung einer noch jungen Sportart bis hin zu seinen heutigen vielseitigen und abwechslungsreichen Trainings- und Wettkampfformen.

Viel Spaß beim Lesen und Ausprobieren.

Martin Albers

I. Hintergründe

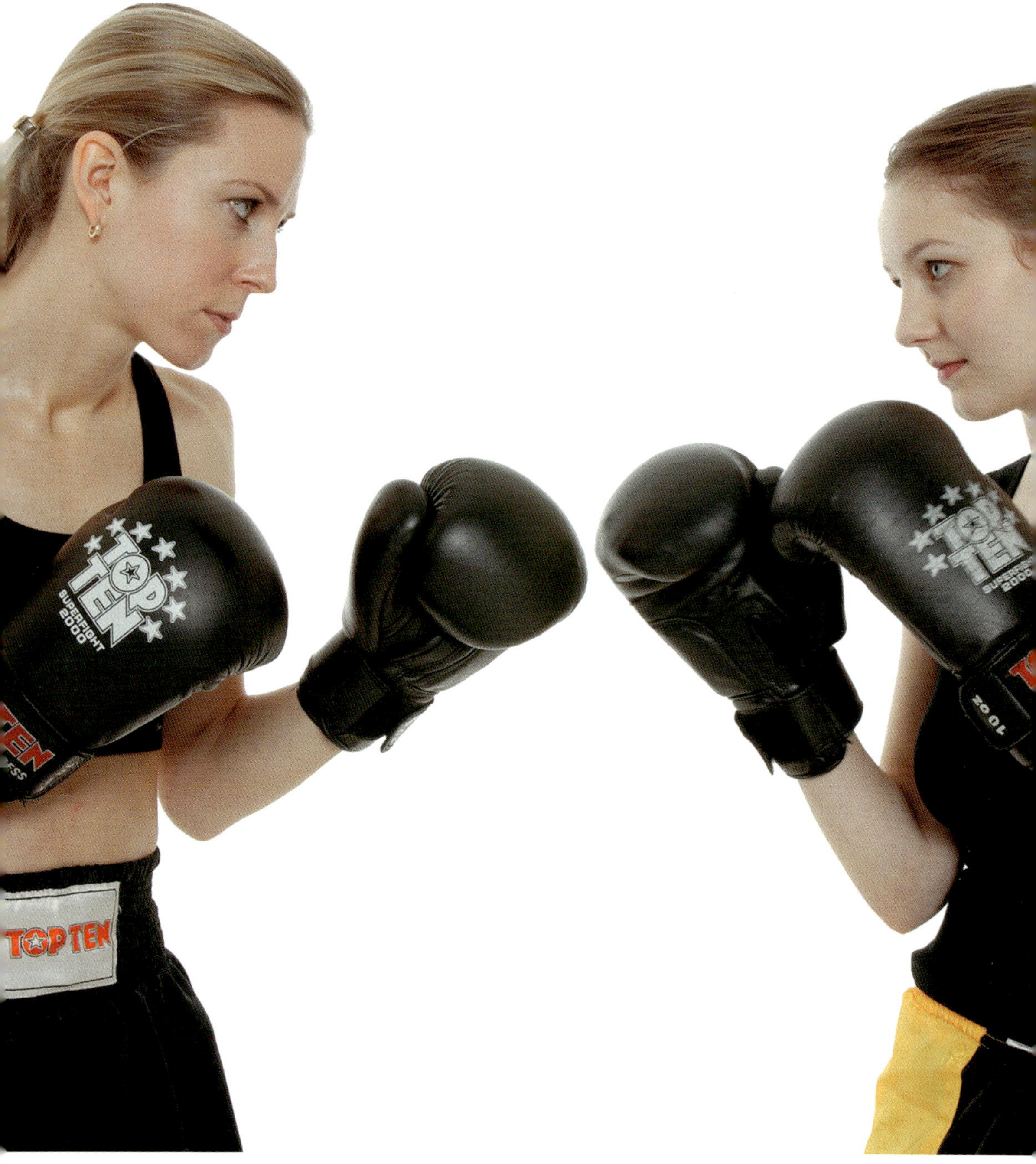

1. Was ist Kickboxen?

Im Kickboxen attackieren sich die Sportler mit blitzschnellen Box- und Kickkombinationen. Immer wieder setzen sie faszinierende Kicks aus der Drehung und im Sprung ein. Begeistert von den Darbietungen jubeln die Zuschauer ihrem Favoriten zu. So kennen wir das Kickboxen von Veranstaltungen und Übertragungen im Sportfernsehen, ebenso wie aus zahlreichen Kinofilmen, in denen die Darsteller Techniken aus diesem faszinierenden Kampfsport zeigen. Auf den folgenden Seiten wird die Sportart Kickboxen vorgestellt. Sie erfahren, wie diese Sportart entstanden ist und wie sie sich weiterentwickelt hat. Auch lernen Sie die Grundtechniken und die Trainingsmethoden kennen.

Kickboxen ist eine moderne Form des sportlichen Zweikampfs. Es werden die Fäuste und die Füße für eine Vielzahl von Kampftechniken eingesetzt. Kickboxen wurde im Jahr 1974 als Wettkampfsport mit dem Ziel gegründet, dass sich Sportler traditioneller Kampfkünste wie Karate, Taekwondo und Kung Fu in sportlichen Vergleichen nach einheitlichen Regeln messen können.

Kickboxen ist ein stark reglementierter Sport, bei dem auf den respektvollen Umgang mit Trainingspartnern und Mitmenschen großen Wert gelegt wird. Es werden keine Straßenschläger ausgebildet, sondern dieser Kampfsport fördert die Persönlichkeitsentwicklung. Der Körper wird in Form gebracht und Aggressionen und Ängste abgebaut. Sollte es aber zu einem Ernstfall kommen, erhöht das Training deutlich die Chancen einer erfolgreichen Selbstverteidigung.

Kickboxen ist ein Breitensport, der als Freizeitsport, Wettkampfsport und Selbstverteidigung betrieben wird. Grundsätzlich können alle gesunden Menschen diesen Sport trainieren. Damit auch Menschen, die nicht an Wettkämpfen interessiert sind, ihren Leistungsfortschritt mitverfolgen können, werden Prüfungen angeboten. Für das Bestehen der Prüfung wird der Sportler mit einem Gürtelgrad ausgezeichnet, der je nach Leistungsstand die Farben besitzt: Gelb, Orange, Grün, Blau, Braun und Schwarz für die Meistergrade (Dan-Grade).

Um den Interessen und körperlichen Voraussetzungen aller Aktiven zu entsprechen, wird Kickboxen mittlerweile in den Disziplinen **Point-Fighting (Semikontakt), Leichtkontakt** und **Vollkontakt (ohne Low Kicks, mit Low Kicks** und **K 1-Style)** trainiert. Außerdem werden Wettkämpfe in **Musikformen** im Verband WAKO angeboten.

Pointfighting (Semikontakt-Kickboxen)

In dieser Wettkampfdisziplin treten zwei Sportler gegeneinander an und versuchen Trefferpunkte zu erzielen. Die Techniken müssen sauber, kontrolliert und mit leichtem Kontakt ausgeführt werden. Nach jedem Treffer wird der Kampf unterbrochen und die Technik bewertet. Für das Treffen eines erlaubten Ziels erhält der Sportler 1–3 Punkte, was abhängig vom Schwierigkeitsgrad der Technik ist.

Leichtkontakt-Kickboxen

In dieser Wettkampfdisziplin kämpfen zwei Sportler über die vorgesehene Rundendauer gegeneinander. Dabei wird der Kampf nur nach Fouls unterbrochen, nicht aber nach Treffern. Es werden saubere, kontrollierte Techniken ausgeführt, die mit leichtem Kontakt treffen müssen.

Das Leichtkontakt-Kickboxen bietet eine gute Möglichkeit, sich auf das Vollkontakt-Kickboxen vorzubereiten, da kein K.o. angestrebt wird. Kämpft der Sportler hingegen mit hartem Kontakt, wird er vom Schiedsrichter verwarnt. Zahlreiche Sportler ziehen diese spektakuläre Disziplin aber auch langfristig dem Vollkontakt vor.

Vollkontakt-Kickboxen, Low Kicks, K 1

In diesen Wettkampfdisziplinen wird über die vorgesehene Zeitdauer mit vollem Kontakt gekämpft. Dabei besteht ein strenges Reglement über die erlaubten Techniken und Angriffsziele. Ein Kampf wird entweder durch Punktebewertung oder vorzeitig durch K.o. entschieden.

Für das Vollkontakt-Kickboxen gibt es mittlerweile unterschiedliche Ausprägungen. Ursprünglich waren Schläge und Tritte nur oberhalb der Hüften erlaubt; Tritte zu den Beinen waren verboten. Mittlerweile gibt es Kickboxen mit und ohne Tritte zu den Beinen (Low Kicks), ebenso wie K 1-Style, eine Vollkontaktvariante in Anlehnung an das thailändische Muay Thai mit einigen Modifikationen wie dem Verhindern von Clinchen und traditionellen Riten.

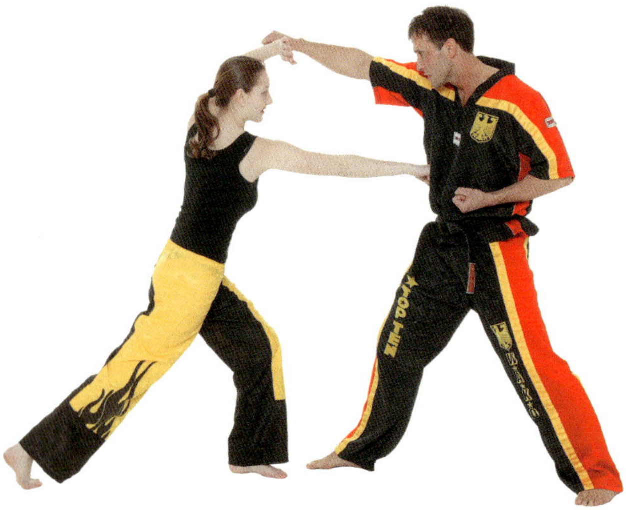

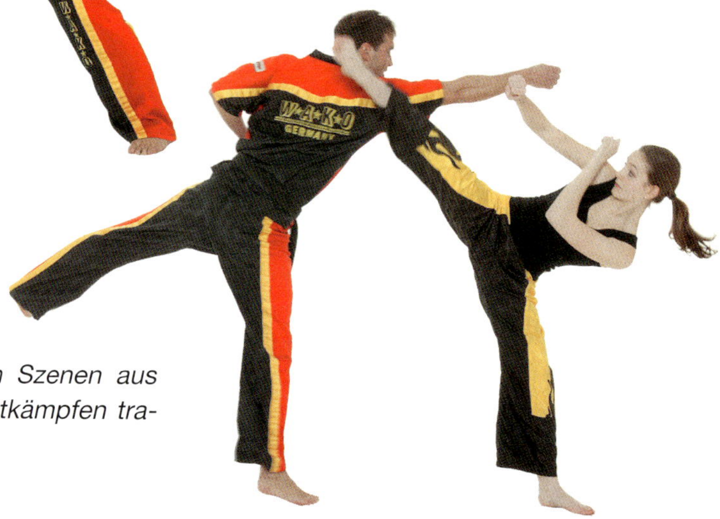

Natalia und Andreas zeigen Szenen aus dem Point Fighting. Bei Wettkämpfen tragen sie Schutzausrüstung.

Musikformen

In dieser Disziplin wird ein Formenlauf ausgeführt, bei dem der Sportler gegen einen oder mehrere imaginäre Gegner kämpft. Der Kampf wird üblicherweise mit Musik begleitet. Es gibt vier Disziplinen – zwei mit Waffen und zwei ohne Waffen.

Im **Hard-Style** werden vorwiegend »harte« Techniken aus den Kampfkünsten Karate und Taekwondo gezeigt; im **Soft-Style** werden vorwiegend »weiche« Techniken aus den Kampfkünsten Kung Fu, Wushu und Capoeira präsentiert.

Im **Waffen-Hard-Style** werden die Waffen Kama, Sai, Tonfa, Yari, Bo, dreiteiliges Nunchaku, Naginata, Nunchacku und Katana eingesetzt. Der **Waffen-Soft-Style** zeichnet sich aus durch den Einsatz der Waffen Lang-Stock, Tai-Chi-Chuan-Schwert, Doppel-Schwert, Doppel-Haken-Schwert, neunteilige Peitsche und Speer.

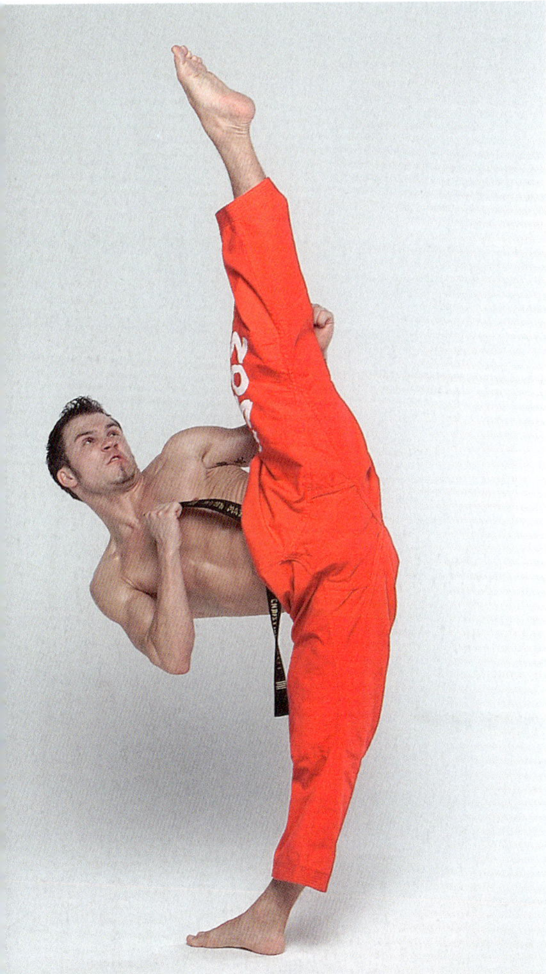

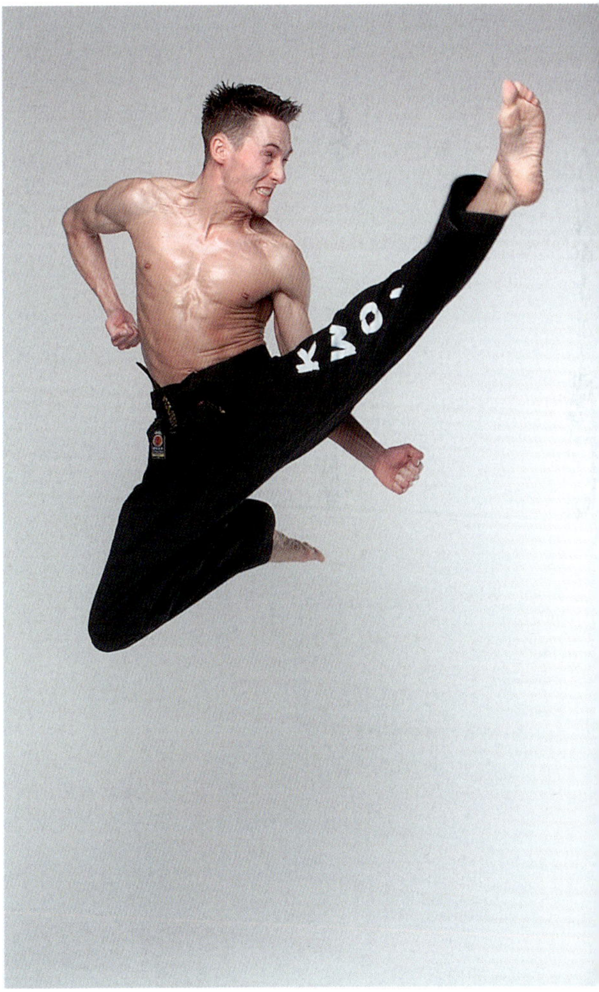

Christian Brell (Welt- und Europameister) und Steffen Bernhardt (u. a. mehrfacher Deutscher Meister) zeigen Techniken aus ihrem Formenprogramm.

Was bewirkt Kickbox-Training?

Durch regelmäßiges Kickbox-Training wird die Körperfitness aufgebaut und langfristig erhalten. Die Fitnesskomponenten Kraft, Ausdauer, Beweglichkeit, Koordination und Schnelligkeit werden im Training gefördert.

Auch zum Abnehmen eignet sich das Kickboxen, da in der Trainingsstunde eine hohe Kalorienzahl verbrannt wird. Ernähren Sie sich gleichzeitig gesund und bedarfsgerecht, dann können Sie leicht Körperfett reduzieren.

Das Kickboxen hilft auch, den Alltagsstress abzubauen, beispielsweise mit dem Training an Sandsack und Pratzen. Nach der Trainingseinheit werden Sie sich wieder ausgeglichen und zufrieden fühlen.

Regelmäßiges Training vergrößert das Selbstvertrauen. Die Aktiven wissen, dass sie sich im Ernstfall behaupten können und keine wehrlosen Opfer darstellen. Auch positive Rückmeldungen über den sportlichen Körper bewirken Zufriedenheit und Selbstvertrauen. Und letztlich werden Sie sich in einem trainierten Körper fit und wohl fühlen sowie voller Energie.

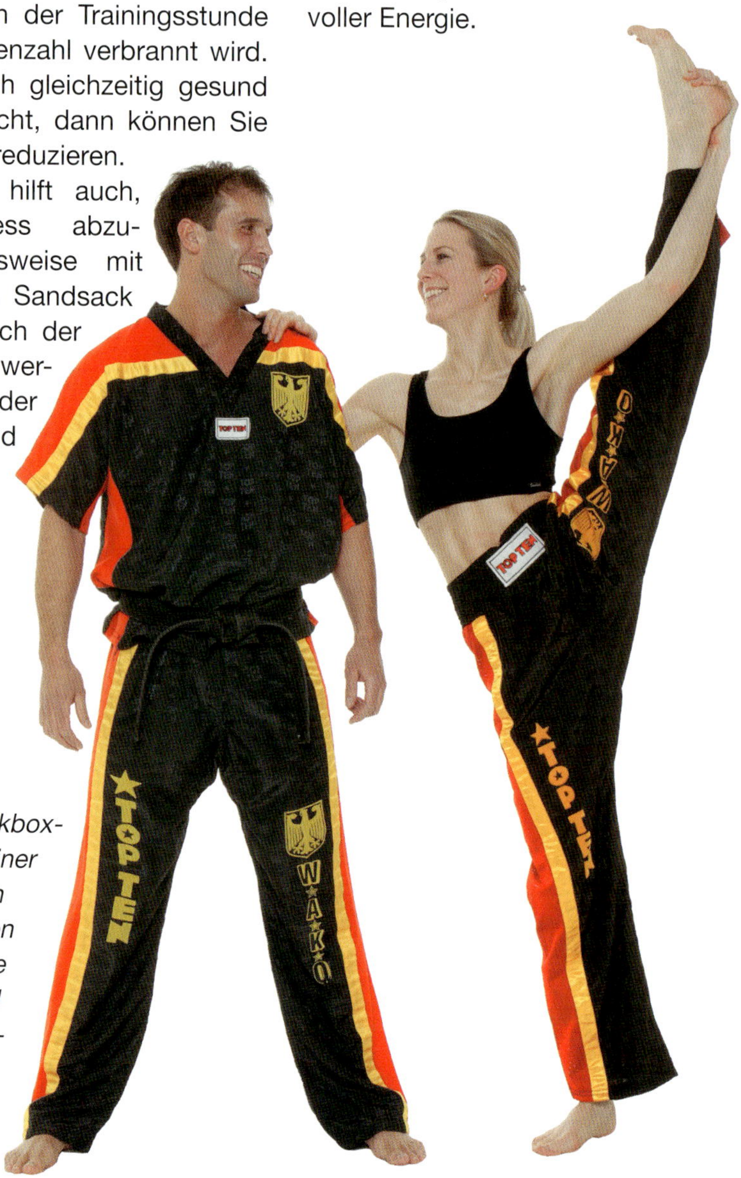

Regelmäßiges Kickbox-Training führt zu einer guten körperlichen Fitness. Sie werden beispielsweise Ihre Beweglichkeit und Koordination deutlich verbessern.

Wer kann Kickboxen trainieren?

Alle Menschen, die gesund sind, können mit dem Kickbox-Training beginnen. Das Training eignet sich für weibliche genauso wie für männliche Personen. Auch können Menschen aller Altersklassen am Training teilnehmen. Die Kickbox-Vereine bieten Einstiegsgruppen an, so dass jeder Interessierte den Sport von Grund auf erlernen kann.

Wettkämpfe sind jedoch an ein strenges Reglement gebunden, um die Verletzungsgefahr der Kämpfer zu minimieren. Beispielsweise dürfen die Sportler, die an Kontaktwettkämpfen teilnehmen wollen, keine gesundheitlichen Defizite an Augen und Ohren haben. Es gibt Altersbeschränkungen, und für die Kontaktkämpfe sind mehrere Gewichtsklassen festgelegt. Die Untersuchung durch einen Sportarzt ist vor dem ersten Kontaktkampf ebenso vorgeschrieben wie regelmäßige Kontrollen zwischen den Wettkämpfen.

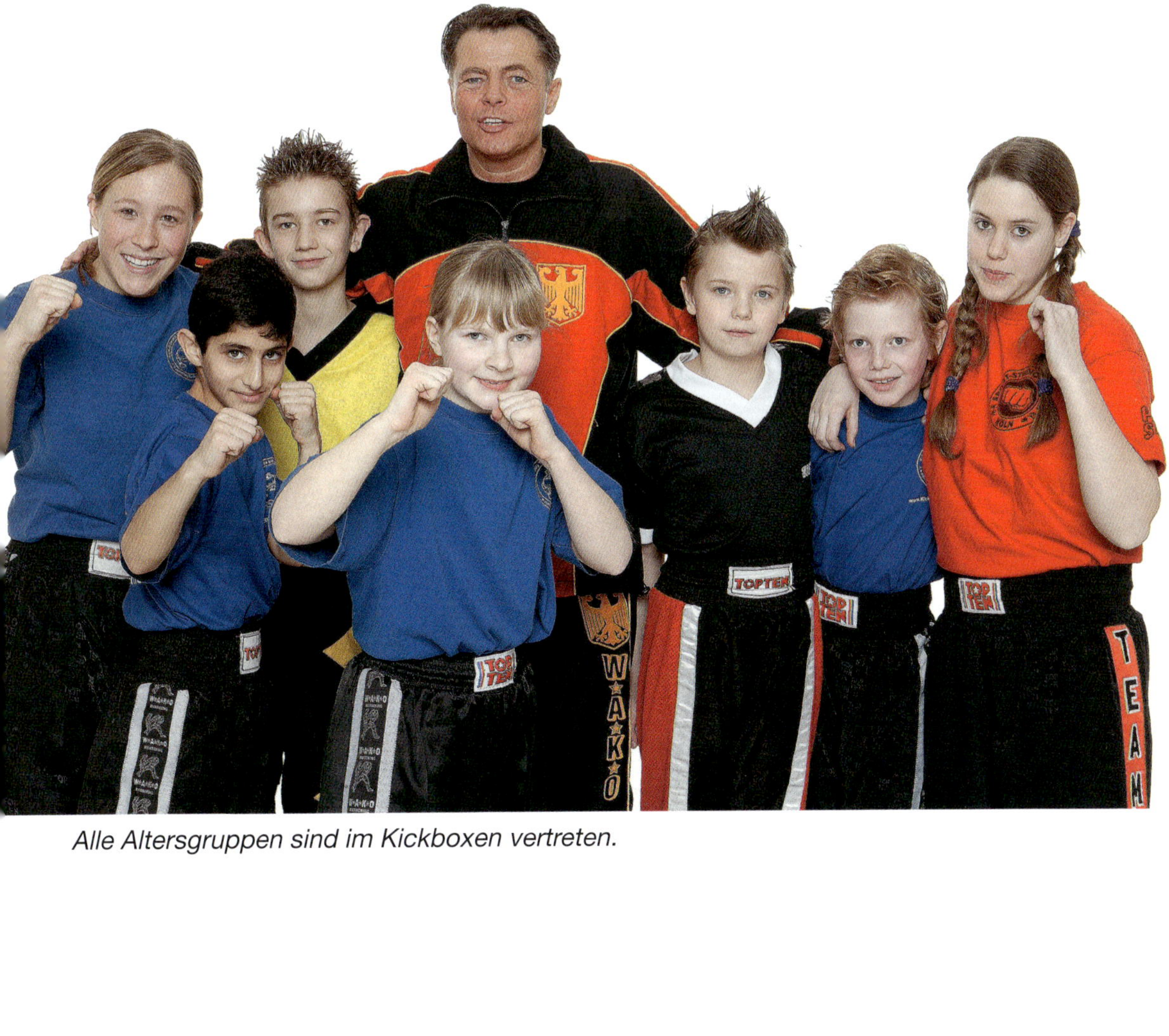

Alle Altersgruppen sind im Kickboxen vertreten.

2. Geschichte des Kickboxens

Anfang der 70er Jahre des letzten Jahrhunderts war das Karate weltweit verbreitet und genoss große Aufmerksamkeit in den Medien. Zahlreiche Auftritte in Hollywood-Filmen, beispielsweise der Kampfsportlegende Chuck Norris, führten mit zu dieser großen Popularität. Bei den Karate-Wettkämpfen wurden die Techniken kurz vor dem Treffen des Ziels gestoppt, wobei die Sportler ohne Schutzausrüstung agierten. Dabei kam es immer wieder zu Verletzungen aufgrund der Schwierigkeit, eine schnelle, kraftvolle Technik zu stoppen. Diese künstliche Form zu kämpfen wurde von zahlreichen Aktiven aller Kampfsportarten, unter ihnen Bruce Lee, kritisiert. Auch die Zuschauer, insbesondere in Amerika, waren wenig von diesen Wettkämpfen beeindruckt; bekamen sie doch im Kino begeisternde und spektakuläre Kampfkunst präsentiert.

Aufgrund dieser Missstände entwickelte Jhon Rhee eine Schutzausrüstung für Hände und Füße, wodurch Wettkämpfe mit Kontakt möglich wurden. Der Geschäftsmann Mike Anderson hatte sich bereits erfolgreich im Marktsegment Kampfsport etabliert. Gemeinsam mit seinen Partnern, zu denen auch Georg F. Brückner gehörte, hatte er die Idee, Vollkontakt-Karate mit Schutzausrüstung zu verbreiten. Bei Tests zeigten sich solche Wettkämpfe lebendig und spektakulär, mit nur geringer Verletzungsgefahr für die Sportler. Meister aller traditionellen Kampfkunstarten konnten nun zu Vergleichen antreten und die Effektivität ihrer Techniken testen.

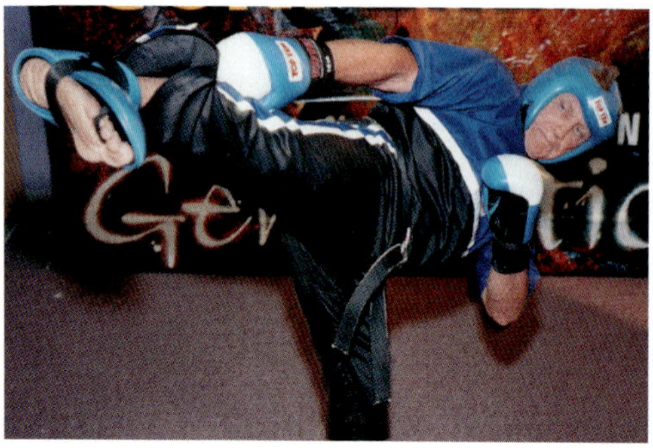

Joe Lewis, einer der ersten Kickbox-Weltmeister, auch im Alter noch gut in Form.

Im Jahr 1974 gründete Mike Anderson mit seinen Partnern die Professional Karate Association (PKA) und organisierte die ersten Weltmeisterschaften im Full Contact-Karate, wie das Kickboxen damals noch genannt wurde. Die Begeisterung für diese Weltmeisterschaft war so groß, dass in Los Angeles eine Sportarena mit 13.000 Zuschauern gefüllt werden konnte; darunter zahlreiche Prominente. Bereits die Vorentscheidungen in Berlin, die Georg F. Brückner organisierte, waren ein großer Erfolg und faszinierten 7.000 Zuschauer. Die ersten Weltmeister im Kickboxen waren u. a. Bill Wallace und Joe Lewis.

In den Folgejahren organisierte der Verband PKA regelmäßig große professionelle Kampfveranstaltungen in den USA. Auch die Europäer waren begeistert von den Kontakt-Kämpfen. Georg F. Brückner, unterstützt von Kollegen, veranstaltete zahlreiche Turniere in Europa. Kampfsportler aller traditionellen Stile traten an, um ihre Fähigkeiten zu testen.

Bill »Superfoot« Wallace wurde zum ersten Superstar der PKA. Er faszinierte die Zuschauer mit seinen spektakulären Kicks, die er aufgrund einer Knieverletzung nur mit einem Bein ausführte, und mit seinem intelligenten Kampfstil. Ein anderer Superstar des Kickboxens war Benny »The Jet« Urquidez. Er kämpfte in zahlreichen Ländern gegen die lokalen Champions nach deren Regeln, beispielsweise in Japan und in den Niederlanden. Aktiv war er für den professionellen Verband World Karate Association (WKA), der im Jahr 1976 von seinem Bruder mitgegründet wurde.

Im Jahr 1977 wurde in Berlin der Amateur-Weltverband World All-Style Karate Organization (WAKO) gegründet und gleichzeitig der deutsche WAKO-Verband. Einige Jahre später wurde der Name der WAKO zu World Association of Kickboxing Organizations geändert. Seit Gründung der WAKO wurden auf nationaler und internationaler Ebene zahlreiche Amateur-Turniere im Semikontakt und im Vollkontakt veranstaltet.

Im Jahr 1978 wurde in Berlin die erste WAKO-Weltmeisterschaft veranstaltet. Es nahmen 110 Kämpfer aus 18 Ländern an dieser Weltmeisterschaft teil; 8.000 Zuschauer besuchten das Ereignis. Treibende Kraft war Georg F. Brückner, der seine Energie und hohe finanzielle Investitionen in die Verbreitung dieses neuen Kampfsports einbrachte. Peter Harbrecht wurde in Berlin der erste deutsche Weltmeister.

Das Kontakt-Karate entwickelte sich zum Weltsport, wobei der Verband WAKO damals noch ausschließlich für den Amateursport zuständig war. Im professionellen Sport agierten die Verbände PKA und WKA; aber auch zahlreiche andere Privatpersonen gründeten professionelle Verbände, um von den lukrativen Fernsehgeldern zu profitieren. Diese Zersplitterung war für den Kickbox-Sport nicht förderlich, da nun immer öfter qualitativ schwache Titelkämpfe bei Veranstaltungen zu sehen waren, die auch im Fernsehen übertragen wurden.

Die zweite WAKO-Weltmeisterschaft fand im Jahr 1979 in den USA statt. Damals wurden die Welt- und die Europameisterschaften im Amateurbereich noch jährlich ausgetragen; heute findet jedes Jahr abwechselnd eine Welt- oder eine Europameisterschaft statt. Die frühere Überlegenheit der amerikanischen Sportler war nicht mehr festzustellen, da deren Topathleten mittlerweile als professionelle Sportler aktiv waren. Ferdinand Mack gewann bei diesen Weltmeisterschaften seinen ersten Titel im Vollkontakt. Er wurde in den folgenden Jahren innerhalb der WAKO der bis heute erfolgreichste Amateur-Kickboxer. Außerdem gewann er zahlreiche Profi-Titel.

Don »The Dragon« Wilson gewann im Jahr 1979 als 19-Jähriger seinen ersten professionellen Weltmeister-Titel und war in den folgenden 20 Jahren einer der größten Stars im Kickboxen. Er kämpfte weltweit gegen die besten Sportler nach unterschiedlichen Regeln; legendär ist u. a. sein Sieg im Vergleichskampf gegen Ferdinand Mack. Auch als Schauspieler in Kampfsportfilmen wie denen der »Bloodfist«-Reihe brachte Don Wilson das Kickboxen einem großen Publikum nahe. Noch heute tritt er zu Showkämpfen an.

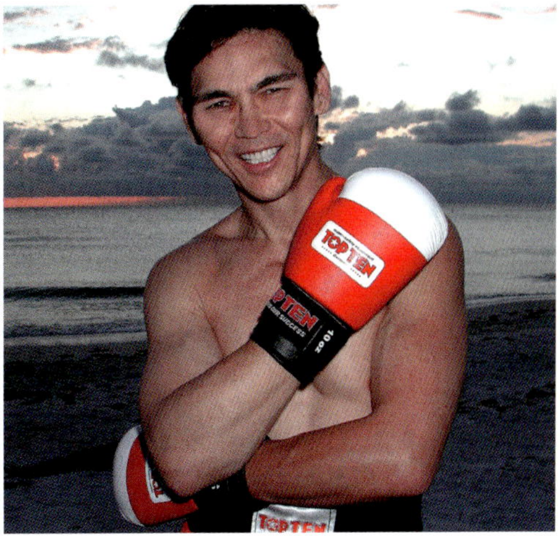

Don »The Dragon« Wilson – Kickboxlegende und Filmstar.

In den folgenden Jahren fanden regelmäßig Amateur-Weltmeisterschaften im Semikontakt und im Vollkontakt statt. Im Jahr 1987 wurden auch Formenwettbewerbe bei WAKO-Meisterschaften zugelassen. Das in Deutschland bereits seit dem Jahr 1983 betriebene Leichtkontakt-Kickboxen wurde im Jahr 1988 in das Programm von Welt- und Europameisterschaften aufgenommen.

Im Jahr 1991 wurde die WAKO-Pro gegründet. Von diesem Zeitpunkt an konnten die besten WAKO-Sportler auf professionellen Galas um Titel und Kampfbörsen kämpfen, ohne den Verband wechseln zu müssen. Das internationale Programm der WAKO wurde um Kickboxen mit Low Kicks (Tritte zu den Beinen) erweitert.

Georg F. Brückner, der Mitbegründer und Förderer des Kickboxens, starb 1993 in seiner Heimatstadt Berlin.

Im Jahr 2000 wurde das Programm der WAKO durch Thai-Kickboxing (K 1 Style) ergänzt.

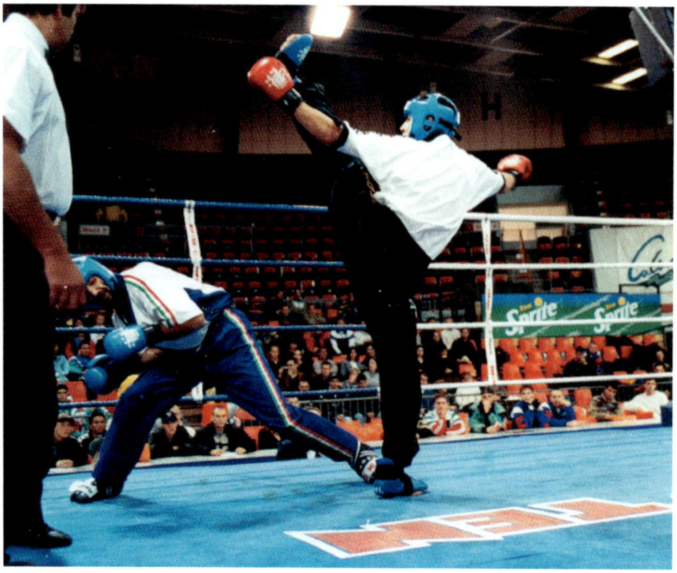

Entwicklung der Kickbox-Techniken

In das Kickboxen sind Fußtechniken aus den traditionellen Kampfkünsten wie Karate und Taekwondo eingeflossen. Die Boxtechniken wurden aus dem westlichen Boxen übernommen. Die traditionellen Kampfsportler, die in den Gründungsjahren des Kickboxens an den Wettkämpfen teilnahmen, mussten feststellen, dass auch eine Umstellung ihres Trainings notwendig war. Mit ihrem bisherigen Trainingsaufbau konnten die Sportler nicht über mehrere Runden intensiv kämpfen. Die Kickbox-Techniken wurden von diesem Zeitpunkt an mit Trainingsgeräten wie Sandsack und Pratzen intensiv geübt. Auch das Sparring wurde in das Training aufgenommen, um Timing, Ausdauer und Kraft zu entwickeln und sich außerdem an das Treffen und Getroffenwerden zu gewöhnen.

Bei der Entwicklung der Sportart Kickboxen musste keine Rücksicht auf Traditionen genommen werden, wie diese bei traditionellen Kampfkünsten vorhanden sind. Deshalb konnte eine Sportart entwickelt werden, in der moderne sportwissenschaftliche Erkenntnisse eingebracht wurden und immer noch werden. Das Kickboxen wird ständig weiterentwickelt, damit die Sportler ihr Leistungsvermögen optimieren können.

3. Kickboxen heute

Kickboxen ist mittlerweile eine weltweit verbreitete Sportart. Weit über eine Million Menschen trainiert Kickboxen, und die Mitgliederzahlen in den Verbänden steigen weiter. Diese Sportart besitzt ein riesiges Potential aufgrund der positiven Fitnesseffekte, des spektakulären Wettkampfsports und der effektiven Selbstverteidigung. Außerdem steigert die umfangreiche Präsentation in den Medien das Interesse, beispielsweise die zahlreichen Hollywood-Filme, in denen die Hauptdarsteller mit Schlag- und Kickfähigkeiten begeistern, ebenso wie Prominente, die mit Kickbox-Workouts ihren Körper in Form bringen.

Es gibt eine Vielzahl von Amateursportlern, die sich weltweit in Kickbox-Turnieren messen. Auch treten zahlreiche Sportler zu professionellen Wettkämpfen an. Allerdings werden die Wettkämpfe im deutschsprachigen Raum meistens von relativ wenigen Zuschauern besucht, weshalb die Kampfbörsen gering sind und nur wenige Sportler davon ihren Lebensunterhalt bestreiten können.

Vor 20–25 Jahren waren in Deutschland die Zuschauerzahlen bei Veranstaltungen deutlich höher; beispielsweise wurde der Kampf zwischen Ferdinand Mack und Frank Scheuermann vor einem großen Publikum in Mannheim veranstaltet. Es gab das Kampfsport-Magazin »Kick«, welches den Kickbox-Sport ausführlich präsentierte; auch deshalb waren damals die besten Sportler bekannter als heutzutage. Der Kickbox-Sport hatte höhere Zuschauerzahlen als der Box-Sport, bevor der Boxer Henry Maske einen großen Box-Boom auslöste. Obwohl auch heute noch deutlich mehr Sportler Kickboxen als Boxen trainieren, sind doch die professionellen Boxveranstaltungen hochwertig veranstaltet, von zahlreichen Prominenten besucht und werden zur besten Sendezeit im Fernsehen übertragen. Im Gegensatz dazu herrscht bei professionellen Kickbox-Galas teilweise noch eine Hinterhof-Atmosphäre.

Die Vielzahl der professionellen Kickbox-Verbände schadet der Verbreitung und Bekanntheit des Kickboxens. Viele professionelle Titelkämpfe werden mit Sportlern veranstaltet, die ihre Fähigkeiten noch nicht perfektioniert haben. Dabei sind Top-Sportler, welche die Zuschauer mit ihren Fähigkeiten begeistern, die Voraussetzung für ein gesteigertes Medieninteresse an professionellen Kickbox-Kämpfen. Zahlreiche Chancen für den Kickbox-Sport sind vorhanden, wie dies die Konzepte »K 1« in Japan beweisen.

Die WAKO ist weltweit der führende Kickbox-Verband. Die WAKO hat zahlreiche Mitgliedsstaaten auf allen Kontinenten; über 1.000.000 Aktive und über 6.000 Clubs sind dem Verband angeschlossen. In der WAKO steht der Sport im Vordergrund, es sind nicht die finanziellen Interessen von Privatpersonen ausschlaggebend. Bei Welt- und Europameisterschaften der WAKO dürfen nur eine Nationalmannschaft pro Land und nur ein Sportler je Gewichtsklasse und je Disziplin antreten. Außerdem müssen sich die Sportler zuerst bei nationalen Vorausscheidungen qualifizieren.

Der Weltverband der WAKO versucht, durch die Aufnahme von neuen Disziplinen wie Kick Light und K 1 Style (WAKO K 1) den Mitgliedern zu ermöglichen, im Dachverband alle ihre Kampfsportziele und Interessen zu verwirklichen. Dies birgt allerdings das Risiko, dass eine weitere Zersplitterung der Sportart Kickboxen eintritt, was für die Bekanntheit und die Vermarktung negative Auswirkungen hat. Die Aufnahme der Sportart K 1 Style ist beispielsweise kritisch zu sehen. Es stellt sich nämlich die Frage, warum Sportler, die in dieser Form kämpfen wollen, nicht zur traditionellen thailändischen Kampfkunst Muay Thai wechseln, in der diese Körperwaffen perfektioniert sind. Kickboxen war ursprünglich das Kämpfen mit Faust- und Kicktechniken (ohne Low Kicks) – mit dieser Kampfform begeisterten Spitzensportler wie Ferdinand Mack die Zuschauer.

Der Weltverband WAKO wird in Deutschland von der WAKO Deutschland e.V. vertreten. Das Ziel des demokratisch organisierten Verbandes WAKO Deutschland e.V. ist es, bestmöglich den Kickbox-Sport zu fördern. Dazu wird auf intensive Trainerausbildung und Jugendarbeit großen Wert gelegt. Der Verband hat eine Verbandsstruktur, die den Richtlinien des Deutschen Sportbundes entspricht. In Deutschland verbreitet sich das Kickboxen im Verband WAKO Deutschland kontinuierlich. Mittlerweile sind über 270 Vereine mit über 10.000 Kickboxern in diesem Verband organisiert. In dem deutschen Verband können die Mitglieder Point Fighting, Leicht- und Vollkontakt-Kickboxen, Low Kick und K 1 Style sowie freie Formen betreiben.

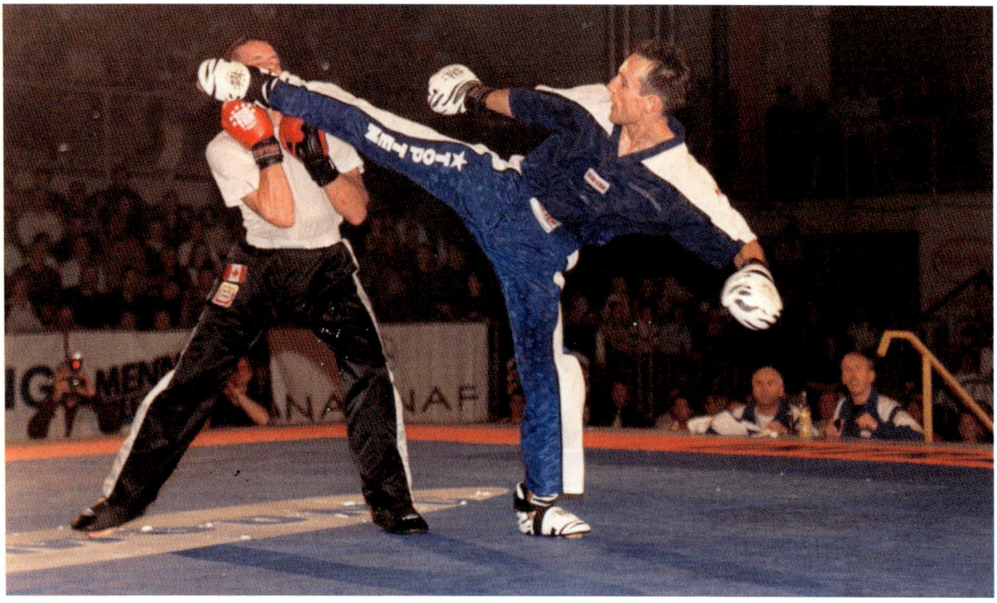

Tomasz Barada (rechts), weltweit einer der herausragenden Kickboxer, bei einem Profi-Kampf.

4. Wichtige Regeln

Die Wettkämpfe unterliegen einer strengen Reglementierung, um die Sportler vor Verletzungen zu schützen. Hier folgt ein Überblick über die wichtigsten Regeln, wobei eine Orientierung am Reglement der WAKO Deutschland e.V. erfolgt (siehe www.wako-deutschland.de). Bei anderen Verbänden kann ein leicht unterschiedliches Reglement bestehen.

1. Ärztliche Untersuchung

Jeder Sportler muss vor dem ersten Wettkampf seine Sport- und Wettkampftauglichkeit von einem Sportarzt überprüfen lassen. Diese Untersuchung muss jährlich wiederholt werden.

2. Kampfkleidung

Im Point Fighting (Semikontakt) und im Leichtkontakt wird als Oberteil ein viertelarmiges T-Shirt oder Trikot genutzt. Die Damen können auch mit einem Top/Bustier kämpfen. Als Alternative darf ein Kickbox-Anzug getragen werden. Im Vollkontakt mit und ohne Low Kicks sowie im K 1 Style kämpfen die Männer oberkörperfrei. Die Damen tragen ein viertelarmiges T-Shirt oder ein armloses Top/Bustier. Die Kickboxhosen (außer im K 1 Style) müssen bis zu den Fußknöcheln reichen, und um den Bund muss ein elastisches Hüftband angebracht sein.

In den Formendisziplinen haben die Sportler kampfkunsttypische Kleidung zu tragen. Es dürfen jedoch keine Kleidungsstücke aus unterschiedlichen Kampfkunststilen kombiniert werden. Im Soft-Style können die Sportler Kung Fu- und Wushu-Anzüge tragen oder eine Capoeira-Hose mit T-Shirt. Im Hard-Style treten die Sportler barfuß an; im Soft-Style sind Kampfkunstschuhe zulässig.

3. Schutzausrüstung

Im Point Fighting, Leichtkontakt und allen Vollkontaktarten müssen die Sportler eine komplette Schutzausrüstung tragen. Diese beinhaltet Kopfschutz, Wettkampfhandschuhe, Fußschutz, Schienbeinschutz, Zahnschutz und Tiefschutz. Frauen müssen außerdem einen Brustschutz verwenden. Welche Schutzausrüstung der verschiedenen Hersteller zulässig ist, erfahren Sie über den Wettkampf-Veranstalter.

4. Gewichtsklassen

Im Kontakt-Kickboxen werden die Sportler vor den Wettkämpfen gewogen und treten in den entsprechenden Gewichtsklassen an. Die Gewichtsklassen sind abhängig von der ausgewählten Disziplin.

Point Fighting und Leichtkontakt

Junioren (15–18 Jahre) und Herren (19–40 Jahre)	
Kampfklassen:	bis 57 kg
	bis 63 kg
	bis 69 kg
	bis 74 kg
	bis 79 kg
	bis 84 kg
	bis 89 kg
	bis 94 kg
	über 94 kg
Damen (16–40 Jahre)	
Kampfklassen:	bis 50 kg
	bis 55 kg
	bis 60 kg
	bis 65 kg
	bis 70 kg
	über 70 kg

Vollkontakt, Low Kicks und K 1 Style

Junioren (15–18 Jahre) und Herren (19–40 Jahre)	
Fliegengewicht	bis 51 kg
Bantamgewicht	über 51 kg bis 54 kg
Federgewicht	über 54 kg bis 57 kg
Leichtgewicht	über 57 kg bis 60 kg
Leicht-Weltergewicht	über 60 kg bis 63,5 kg
Weltergewicht	über 63,5 kg bis 67 kg
Leicht-Mittelgewicht	über 67 kg bis 71 kg
Mittelgewicht	über 71 kg bis 75 kg
Leicht-Schwergewicht	über 75 kg bis 81 kg
Cruisergewicht	über 81 kg bis 86 kg
Schwergewicht	über 86 kg bis 91 kg
Super-Schwergewicht	über 91 kg
Damen (16–40 Jahre)	
Fliegengewicht	bis 48 kg
Federgewicht	über 48 kg bis 52 kg
Leichtgewicht	über 52 kg bis 56 kg
Mittelgewicht	über 56 kg bis 60 kg
Leicht-Schwergewicht	über 60 kg bis 65 kg
Schwergewicht	über 65 kg bis 70 kg
Super-Schwergewicht	über 70 kg

5. Kampffläche

Im Point Fighting werden bei Bundesturnieren die Meisterschaftskämpfe auf Bodenmatten ausgetragen. Ansonsten können die Wettkämpfe auch auf einer markierten Kampffläche auf einem Hallenboden durchgeführt werden.
Im Leichtkontakt werden die Meisterschaftskämpfe auf einer Mattenkampffläche oder in einem Boxring ausgetragen. Nur Regionalturniere können auch auf einem Hallenboden veranstaltet werden.
In allen Vollkontaktarten werden Meisterschaftskämpfe in einem Boxring ausgetragen. Nachwuchsturniere können auch auf einer Mattenkampffläche durchgeführt werden.
Formenläufe werden auf einer Kampffläche von mindestens 10 x 10 m dargeboten.

6. Kampfzeit

Im Point Fighting wird üblicherweise 3 Runden à 2 Minuten gekämpft; die Kampfzeit wird aber bei Verletzungen und Treffern unterbrochen. Im Leichtkontakt wird auch 3 Runden à 2 Minuten gekämpft; bei Treffern wird die Kampfzeit aber nicht gestoppt. In diesen beiden Disziplinen kann die Kampfzeit in Turniervorkämpfen auch auf 2 Runden à 2 Minuten gekürzt werden. In den Vollkontaktarten wird im Amateursport immer 3 Runden à 2 Minuten gekämpft. Zwischen den Runden wird 1 Minute pausiert.
Eine Darbietung ohne Präsentation im Hard-Style darf nicht länger als 1:30 min sein und im Soft-Style nicht länger als 2 min. Die Präsentation darf maximal 30 sec dauern.

7. Erlaubte Techniken

Der Sportler muss über die gesamte Wettkampfzeit ausgewogen Hand- und Fußtechniken einsetzen. Als Fausttechniken sind Gerade, Seithaken und Aufwärtshaken zulässig. Im Leichtkontakt darf auch der Faustrückenschlag eingesetzt werden. Im Point Fighting dürfen zusätzlich Innen- und Außenhandkantenschläge genutzt werden.
Verboten ist in zahlreichen Disziplinen und Verbänden der Faustrückenschlag aus der Drehung.
Als Fußtechniken sind Vorwärtstritt, Seittritt, Rücktritt, Halbkreistritt mit dem Fußspann oder dem Fußballen, Hakentritt, Außen- und Innenristtritt, Axttritt und Fußfeger einsetzbar. Außerdem können die Fußtechniken aus der Drehung und im Sprung ausgeführt werden. Zusätzlich sind im Vollkontakt mit Low Kicks tiefe Tritte einsetzbar. Im K 1 Style werden auch noch Knietechniken ausgeführt.
In den Formendisziplinen Soft-Style und Soft-Style-Waffen sind alle akrobatischen Übungen erlaubt: Salto, freies Rad, Flickflack, Schrauben, Butterfly und Spagat.
In den Formendisziplinen Hard-Style und Hard-Style-Waffen sind nur drei akrobatische Übungen erlaubt, beispielsweise freies Rad, Salto, Flickflack, Schraube, Spagat.

8. Erlaubte Angriffsziele

Der Kopf darf von oben, von vorn und seitlich attackiert werden. Der Oberkörper darf von vorn und seitlich attackiert werden. Die Füße dürfen nur bei der Technik »Fußfeger« von innen oder außen bis Knöchelhöhe attackiert werden. Zusätzlich darf im Semikontakt der

Hinterkopf angegriffen werden.
Im Vollkontakt mit Low Kicks und im K 1 Style dürfen außerdem die Beine angegriffen werden.

9. Verbotene Angriffsziele und Foul

Es ist verboten, den Hinterkopf zu attackieren (außer im Point Fighting). Auch darf der Sportler keine Techniken zu Genick, Kehlkopf, Genitalien, Rücken, Gelenken und Beinen (außer im Vollkontakt mit Low Kicks und im K 1 Style) einsetzen.
Der Sportler darf den Gegner nicht attackieren, wenn dieser mit einem Bein zwischen die Ringseile gerät oder mit einem anderen Körperteil außer den Füßen den Boden berührt.
Der Sportler darf dem Gegner nicht den Rücken zudrehen, weglaufen, sich fallen lassen, auf den Boden knien oder Ähnliches, um den Kampfverlauf zu stören.
Der Sportler darf keine Wurf- und keine Ringtechniken einsetzen. Auch Faustrückenschläge aus der Drehung sind in den meisten Disziplinen verboten.
Nach einem Stopp-Kommando durch den Ringrichter oder nach dem Ende einer Runde dürfen keine weiteren Techniken eingesetzt werden.
Sprechen im Ring und unsportliches Verhalten wie Beißen und Spucken wird bei Wettkämpfen geahndet.
Zuwiderhandlungen werden je nach Art des Vergehens mit Verwarnung, Punktabzug oder Ausschluss vom Wettkampf bestraft.

10. Wertungen

Im Point Fighting wird jede saubere Technik, die ein erlaubtes Ziel mit leichtem Kontakt trifft, je nach Schwierigkeitsgrad mit 1–3 Trefferpunkten bewertet.
Im Leichtkontakt und allen Vollkontaktarten wird jede Runde von den Punktrichtern einzeln bewertet. Dabei werden Treffer, Technik, Taktik und Minuspunkte berücksichtigt. Nur in den Vollkontaktdisziplinen ist ein vorzeitiges Kampfende durch K.o. möglich.

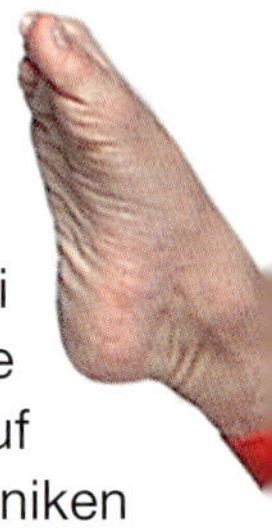

In den Formendisziplinen wird der Kampf gegen den oder die imaginären Gegner bewertet. Dabei wird besonders auf die gezeigte Balance (Gleichgewicht) und auf den Schwierigkeitsgrad der Techniken geachtet. Einbezogen in die Bewertung werden Elemente der traditionellen Kampftechniken wie Kraft und Spannung. Bei den Waffendisziplinen muss der Sportler die perfekte Ausführung der Technik und die absolute Beherrschung der Waffe demonstrieren. Für ihre Darbietungen erhalten die Sportler anschließend eine Benotung.

11. Ärztliche Versorgung und Schutzsperre

Wettkämpfe dürfen nur durchgeführt werden, wenn ein Sanitätsteam anwesend ist. Im Vollkontakt ist die Anwesenheit eines Arztes Pflicht. Verlässt das Sanitätsteam oder der Arzt die Veranstaltung vorübergehend, müssen die Wettkämpfe unterbrochen werden.
Der Sanitätsdienst/Arzt muss einen ausgezählten Sportler untersuchen und über weitere ärztliche Folgemaßnahmen entscheiden. Nach einem vorzeitigen Kampfabbruch aufgrund von Kopftreffern unterliegt der ausgezählte Sportler automatisch einer Schutzsperre. Seine Sporttauglichkeit muss der Sportler danach erneut von einem Sportarzt untersuchen lassen.

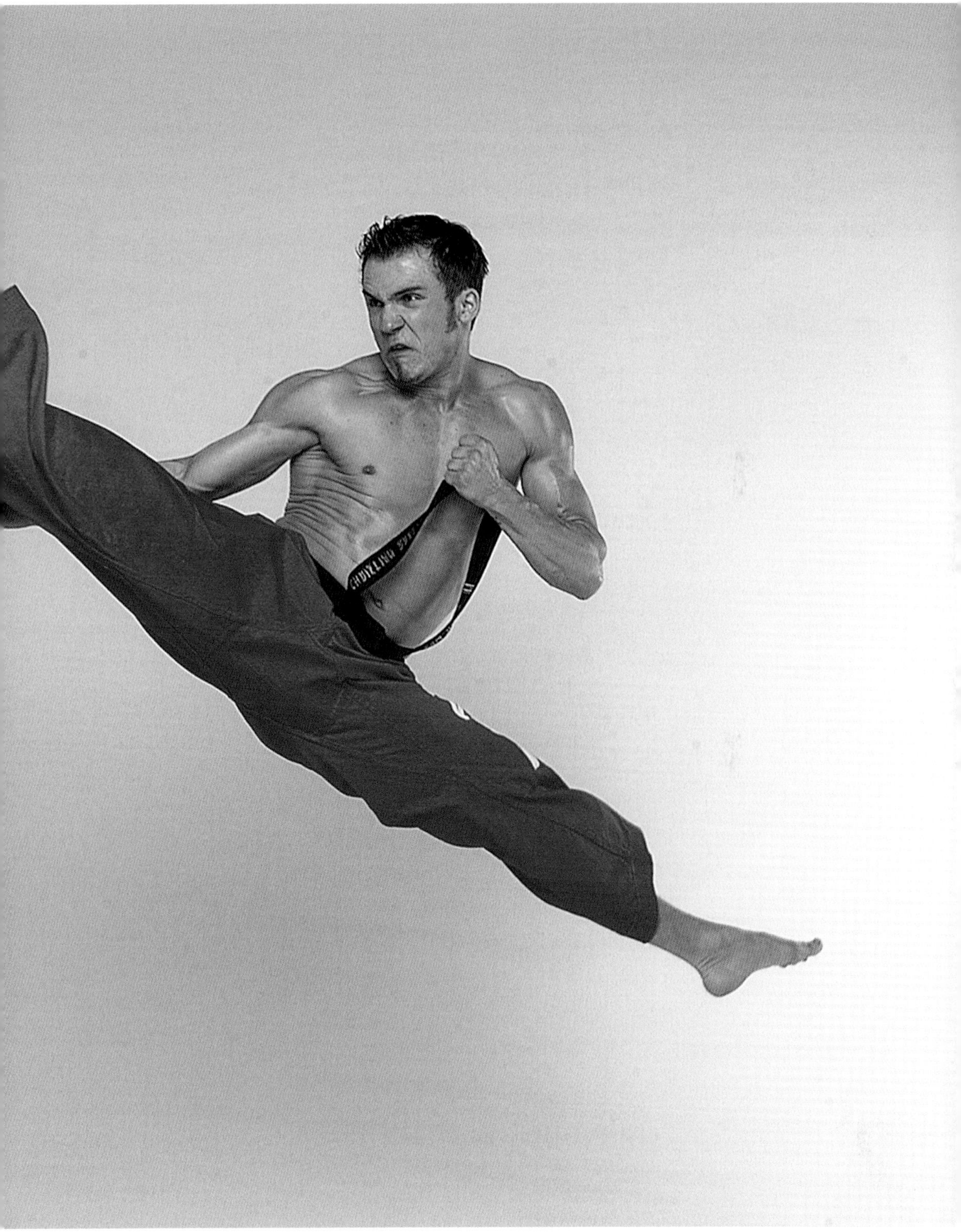

II. Der Einstieg

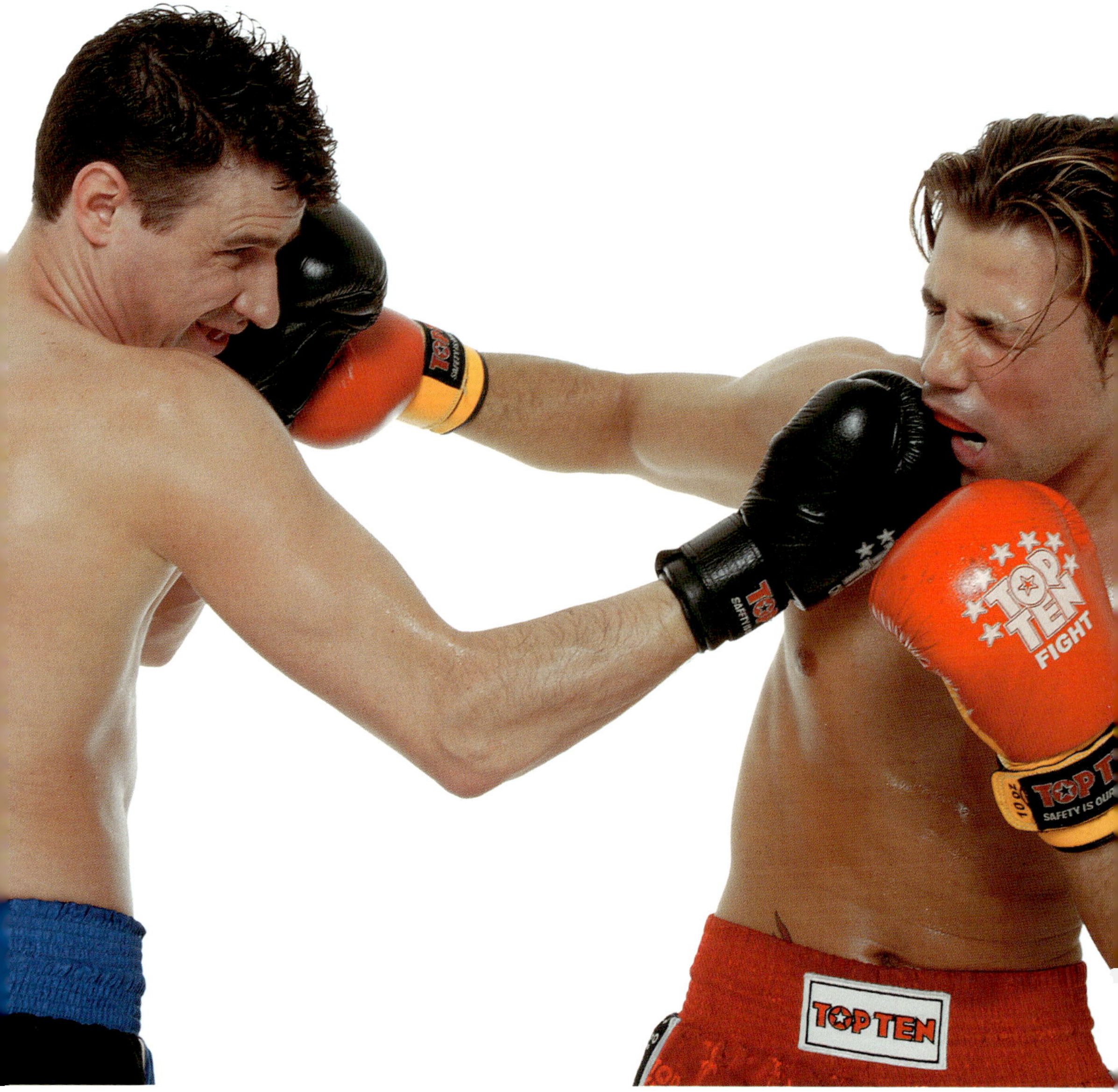

1. Trainingsziele

Sie können Kickboxen zur Verbesserung Ihrer Fitness, als Wettkampfsport und als Selbstverteidigung trainieren. Wenn Sie kontinuierlich trainieren, werden Sie körperlich fit und ein technisch guter Kickboxer, der sich selbst verteidigen kann. Ob Sie jedoch auch als Wettkampf-Sportler erfolgreich sein können, hängt neben Ihrer Motivation auch von Ihren körperlichen Voraussetzungen ab.

Kickboxen als Fitnesstraining

Kickboxen ist eine hervorragende Möglichkeit, um die Körperfitness zu verbessern, Stress abzubauen und Körpergewicht zu reduzieren. Wenn Sie durch das Training in Form kommen wollen, sollten Sie mindestens zweimal pro Woche trainieren. Machen Sie bereits regelmäßig eine andere Sportart, genügt es, um die Körperfitness zu fördern einmal wöchentlich Kickboxen zu üben. Ist hingegen die Körperfettreduktion Ihr vorrangiges Ziel, sollten Sie mindestens viermal pro Woche Sport treiben, wobei 2–3 Trainingseinheiten Kickboxen sinnvoll sind. Außerdem müssen Sie sich ausgewogen und bedarfsgerecht ernähren, da ansonsten nicht sichergestellt ist, dass Sie abnehmen werden. In zahlreichen Fitnessstudios werden mittlerweile Kickbox-Aerobic®-Kurse angeboten. Auch diese Kurse sind eine gute Möglichkeit, die Fitness zu verbessern.

Suchen Sie sich einen Kickboxverein, in dem Sie sich wohlfühlen, und lernen Sie zuerst die Grundlagen des Kickboxens kennen, bevor Sie sich auf eine der Disziplinen des Kickboxens konzentrieren.

Kickboxen als Wettkampfsport

Im Kickboxen gibt es die Kontakt-Disziplinen Point Fighting, Leichtkontakt, Vollkontakt mit oder ohne Low Kicks und K 1 Style. Auch in den Formen-Disziplinen Hard-Style, Soft-Style, Waffen-Hard-Style und Waffen-Soft-Style können die Sportler ihre Fähigkeiten auf Wettkämpfen testen.

Zuerst treten die Sportler bei regionalen Wettkämpfen an. Dort können sie sich für die Deutschen Meisterschaften qualifizieren. Die besten Aktiven dürfen bei Europa- und Weltmeisterschaften teilnehmen.

Wenn Sie bei regionalen Amateur-Wettkämpfen starten wollen, sollten Sie dreimal wöchentlich Kickboxen trainieren. Für die Wettkampfteilnahme im Kontakt-Kickboxen müssen Sie zusätzlich die Ausdauer und Kraft trainieren, auf die Ernährung achten und gegebenenfalls Körperfett reduzieren, um in der geeigneten Gewichtsklasse antreten zu können. Für die Teilnahme an nationalen und internationalen Meisterschaften ist diese Trainingsintensität aufgrund der Leistungsdichte der Sportler schon nicht mehr ausreichend.

Professionelle Sportler müssen ihr ganzes Leben auf das Kickboxen ausrichten. Sie müssen technisch perfekt sein, da der Gegner jede Schwäche für einen harten Gegenangriff nutzt. Außerdem müssen sie in optimaler körperlicher Verfassung sein, keine Kraft- oder Ausdauerdefizite und keinen hohen Körperfettanteil besitzen. Dazu sind mindestens fünf Einheiten kickboxspezifisches Training pro Woche notwendig, ebenso wie mehrere Ausdauer- und Krafteinheiten. Außerdem müssen die Sportler streng auf ihre Ernährung achten und ihr Gewicht kontrollieren.

Um als Wettkampf-Sportler erfolgreich zu werden, ist es grundlegend, den geeigneten Trainer zu finden und gute Trainingspartner zu haben.

Kickboxen als Selbstverteidigung

Im Kickbox-Sport werden Einsatz und Verteidigung von Faust- und Kicktechniken geübt. Die Sportler lernen, kraftvolle Techniken im Distanzkampf auszuführen, und sind gewohnt, Treffer einzustecken, so dass in einer Selbstverteidigungssituation nicht so leicht ein Schockzustand entsteht. Allerdings werden im Kickboxen keine Befreiungs- und keine Fixierungstechniken geübt. Auch werden keine Ellbogentechniken und keine Techniken für den Bodenkampf erlernt, und der Einsatz von Knietechniken wird nur im K 1 Style trainiert. Weiterhin ist im Ernstfall zu beachten, dass sich andere Körperziele als im Sport anbieten.

Der Verband WAKO Deutschland e.V. ist sich des Unterschieds zwischen Sport und Selbstverteidigung bewusst. Deshalb wird in diesem Verband das Kickbox-Training durch Selbstverteidigungsunterricht ergänzt. Die Selbstverteidigung wird entweder am Ende einer Übungsstunde trainiert, oder es werden eigenständige Trainingseinheiten veranstaltet. Der Übungsleiter kann dann auf alle Aspekte der Selbstverteidigung eingehen, wozu das Vermeiden von Ernstfällen und das Verteidigen in allen Kampfdistanzen gehört. So können Kickboxer zu kompletten Kampfkünstlern ausgebildet werden. Für den Ernstfall ist es nicht notwendig, eine Vielzahl von Techniken zu beherrschen. Es genügt, wenn Sie lernen, sich gegen die typischen Angriffsmuster zu verteidigen. Sie müssen trainieren, einen Aggressor von sich zu halten, z.B. mit Geraden und Vorwärtstritten. Ebenso müssen Sie üben, ihn in naher Distanz kampfunfähig zu machen, z.B. mit Kniestößen und Ellbogenstößen, oder ihn zu fixieren, z.B. mit Hebeltechniken. Diese Techniken müssen Sie dann so oft trainieren, bis Sie diese verinnerlicht haben und instinktiv ausführen können.

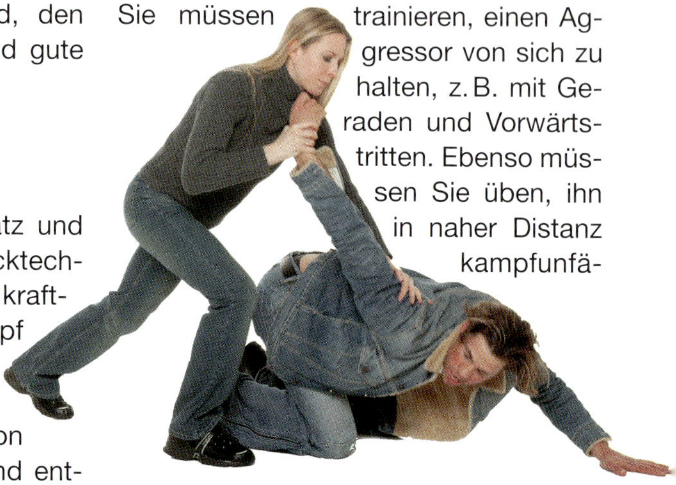

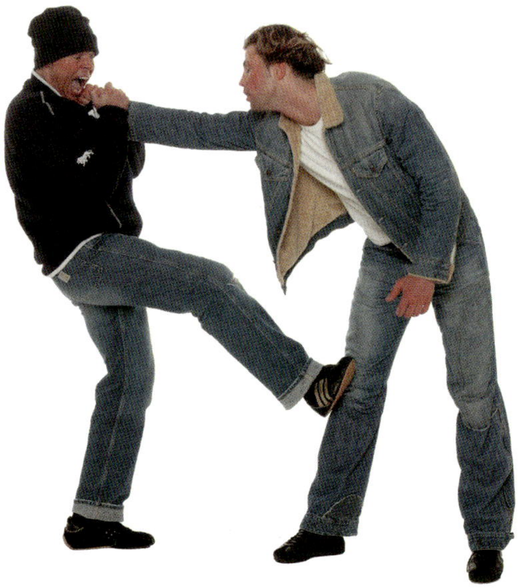

Zur Selbstverteidigung können Hebeltechniken und Ellbogenstöße eingesetzt werden.

Interview mit Martin Albers, Weltmeister, Europameister und Deutscher Meister

Woher kam Ihr Interesse für das Kickboxen und in welchem Alter haben Sie mit dem Training begonnen?

Durch meinen Bruder Michael bzw. meinem Vater Helmut bin ich im Alter von 14 Jahren zum Kickboxen gekommen. Michael trainierte bereits Kickboxen bei Jochen Böckmann in Cloppenburg. Ins kalte Wasser geworfen, holte ich mir zwar gleich ein blaues Auge von meinem Bruder, ließ mich aber von weiteren Kickbox-Einheiten nicht abhalten. Parallel zum Kickboxen nahm ich regelmäßig am Taekwondo-Training von Jochen Böckmann teil.

Waren Sie von Anfang an beweglich? Wie lange hat es gedauert, bis Sie hohe Kicktechniken und Kicktechniken aus der Drehung erfolgreich einsetzen konnten?

In meiner Kindheit habe ich viel Zeit auf dem Fußballplatz verbracht. Durch mein schnelles Wachstum während der Pubertät wie auch durch das Fußballtraining wies ich große Defizite in der Koordination und in der Beweglichkeit auf. Jochen Böckmann legte immer großen Wert auf ein intensives Dehnungs- und Tritttraining, so dass ich schnell Fortschritte aufwies. Das Kombinieren von Hand- und Fuß-

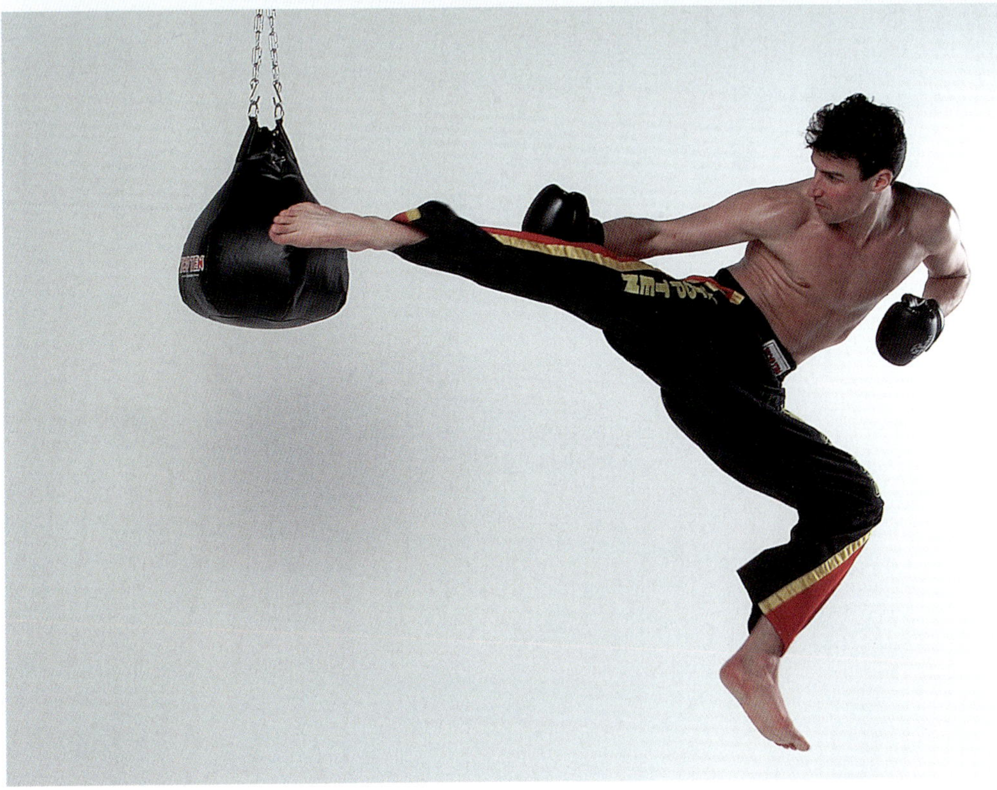

techniken war in meiner damaligen Wachstumsphase ein großer Vorteil, um mein koordinatives Verhalten im und außerhalb des Sports gezielt zu verbessern. Nach zwei bis drei Jahren waren Tritte in Kopfhöhe gesprungen und mit Drehung problemlos möglich.

Wann haben Sie den ersten Kampf bestritten und wie ist dieser verlaufen?
Mein erstes Turnier habe ich 1991 in Dalfsen/Holland bestritten. Als Gelbgürtel hatte ich damals gleich einen Blaugürtel knapp im All-Style-Karate besiegt. Alle weiteren Kämpfe verliefen erst nicht so erfolgreich. Auf das nächste Erfolgserlebnis musste ich über 18 Monate warten. Aber meine Geduld in Verbindung mit der Motivation meines Trainers Jochen Böckmann hat sich später ausgezahlt.

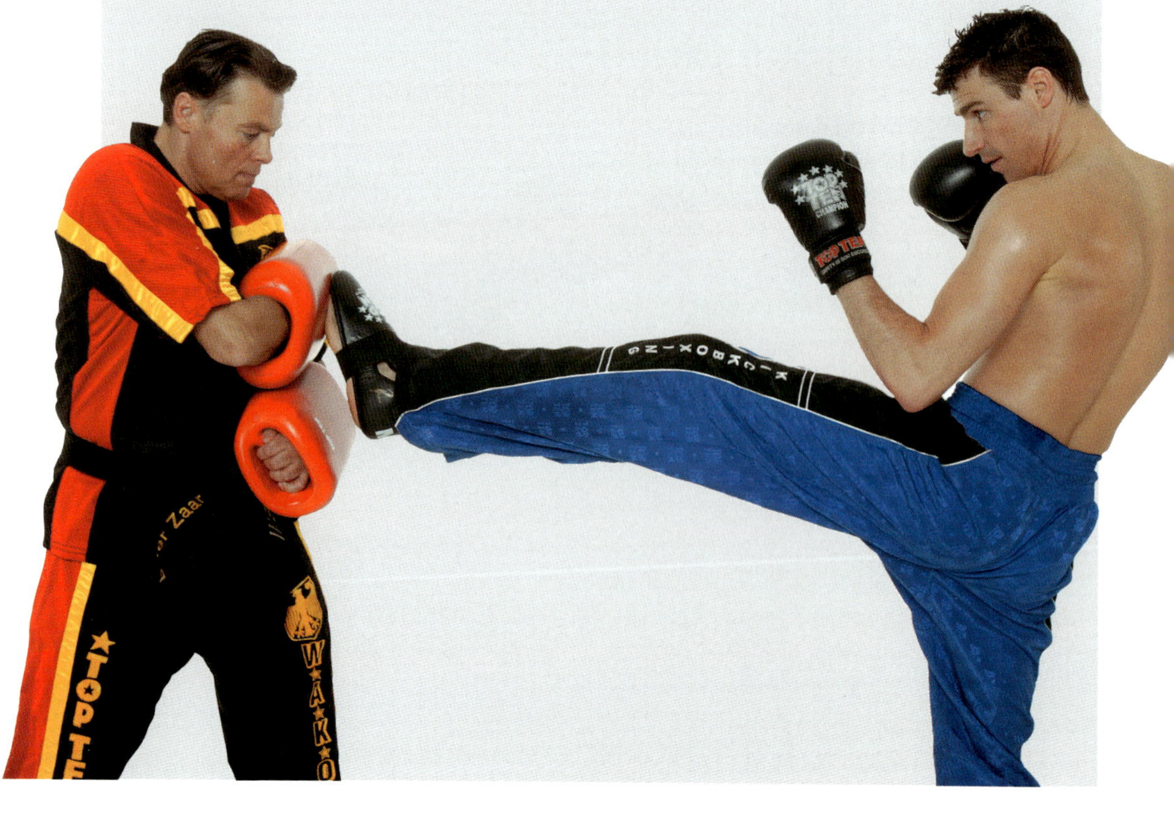

Wie verlief Ihre weitere sportliche Karriere? Welche Erfolge konnten Sie erzielen?

Bis 1997 habe ich überwiegend an Turnieren im Semikontakt/Point Fighting bzw. All-Style-Karate teilgenommen. Diese verliefen mehr oder weniger gut. Peter Zaar formte mich anschließend zum Wettkämpfer im Leichtkontakt, wo sich schnell Erfolge einstellten. Nachdem ich 1997 erste Platzierungen in der WAKO holte, war 1998 das Jahr meines Durchbruchs. Es folgten Siege auf der Deutschen Meisterschaft und überraschend auch auf der Europameisterschaft in Leverkusen. In den folgenden Jahren holte ich vier weitere Titel als Deutscher Meister, zwei weitere Titel als Europameister und wurde 1999 Weltmeister.

Wie haben Sie sich auf Wettkämpfe vorbereitet?

Peter Zaar gestaltet seine Trainingseinheiten entsprechend dem Wettkampfkalender der WAKO Deutschland e. V. So startet die Saison im Januar mit einem umfassenden allgemeinen Grundlagentraining. Konditions- und Koordinationsübungen sowie Lauftests und Überprüfungen der Kraftausdauer bilden den Schwerpunkt in dieser Trainingsphase. Im Februar schließt sich ein spezielles Grundlagentraining an. Endlich wird die Kickbox-Ausrüstung wieder eingesetzt, um konditionelle Übungen am Sandsack oder am Partner zu üben. Es folgen auch erste Sparringsrunden, die aber mit speziellen Handicaps versehen werden.

Im März startet dann die unmittelbare Wettkampfvorbereitung. Neben Schnelligkeitseinheiten werden viele Sparringsrunden absolviert. Weiterhin wird das Training durch gezielte taktische und strategische Elemente erweitert.

Ich habe das regelmäßige Training in der Gruppe weiterhin mit eigenen Laufeinheiten sowie mit speziellen Hausaufgaben, die ich von meinem Trainer erhalten habe, ergänzt. Somit war ich in der heißen Wettkampfphase täglich, oft sogar zweimal am Tag, mit Kickboxen oder regenerativen Einheiten beschäftigt.

Haben Sie sich jemals bei Training oder Wettkampf schwer verletzt?

Ich hatte während meiner aktiven Zeit als Wettkämpfer großes Glück, von schweren Verletzungen verschont geblieben zu sein. Nur kleinere Verletzungen wie ein blaues Auge oder verstauchte Zehen konnten mein Training manchmal bremsen.

Beste Voraussetzungen für ein verletzungsarmes Training ist eine optimale Ausrüstung, die alle Sportler besitzen sollten. Von Bundestrainer Peter Zaar ist immer zu hören, dass der beste Schutz gerade gut genug ist. Immerhin sind in seinem Training Verletzungen äußerst selten.

2. Verhaltensregeln

Im Kickboxen wird den Sportlern vermittelt, sich respektvoll gegenüber den Mitmenschen zu verhalten. Der respektvolle Umgang mit anderen Personen sollte Ziel eines jeden Menschen sein. Durch das Kickboxen erlangt man einen körperlichen Vorteil gegenüber Untrainierten. Niemals dürfen die Techniken genutzt werden, um andere Menschen zu unterdrücken. Die Techniken sind nur zur Selbstverteidigung oder zum Schutz anderer Menschen einzusetzen. Wer hingegen Kickboxen trainiert, um egoistische Interessen mit der erlangten körperlichen Überlegenheit durchzusetzen, sollte des Trainings verwiesen werden.

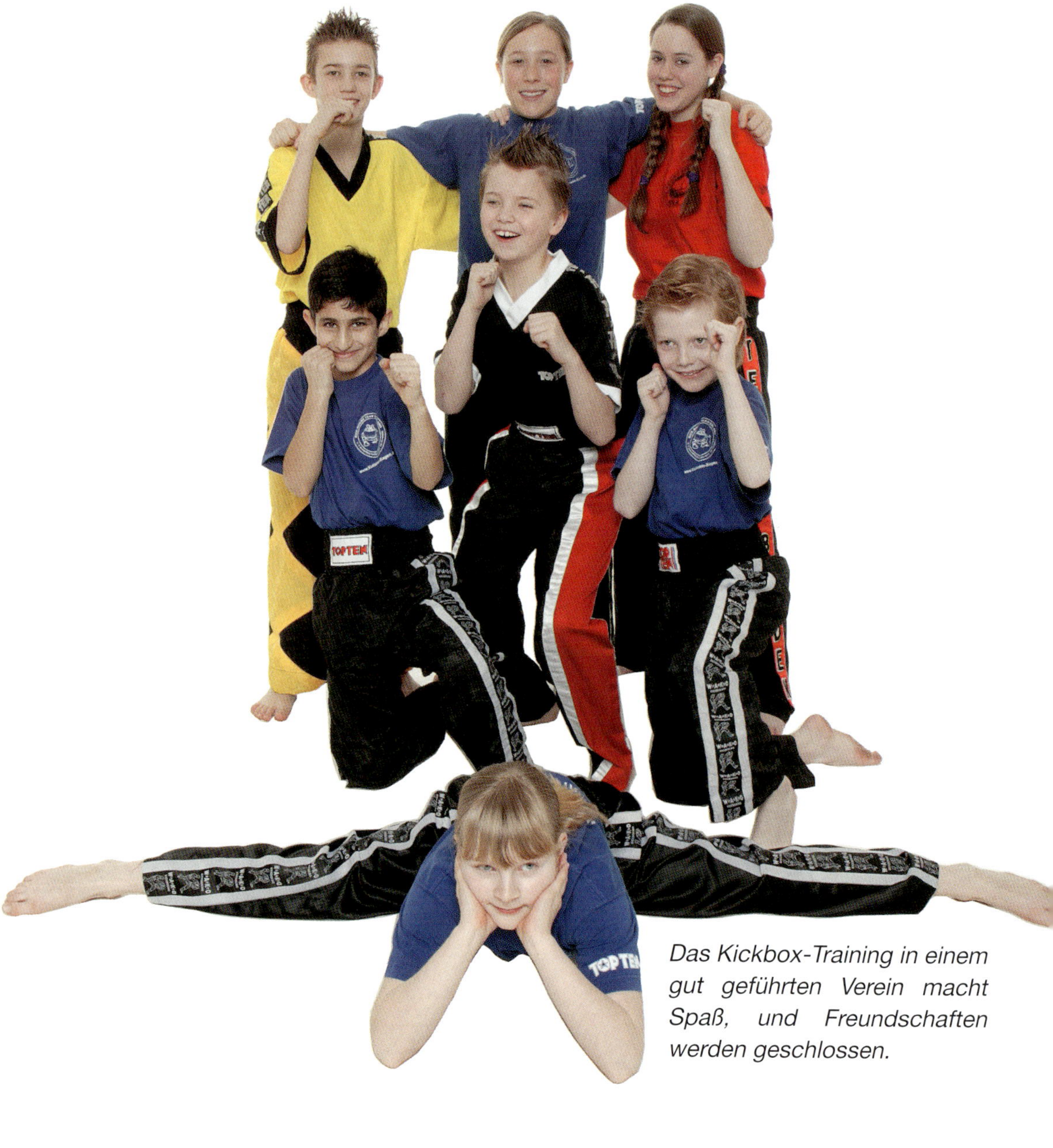

Das Kickbox-Training in einem gut geführten Verein macht Spaß, und Freundschaften werden geschlossen.

Verhalten im Training

Der Sportler muss pünktlich zum Training erscheinen. Gelingt dies ausnahmsweise nicht, hat er sich beim Trainer abzumelden und zu entschuldigen.

Der Sportler muss gepflegt und in sauberer Kleidung zum Training antreten. Schmuckstücke wie Ringe, Ketten und Uhren sind vorher abzulegen.

Lautes Lachen und lautes Sprechen sind im Training unerwünscht. Generell sollen nur Gespräche mit Bezug zum Unterricht geführt werden.

Die Anweisungen des Trainers sind zu befolgen. Fragen können zwar während des Trainings an ihn gerichtet werden, es kann aber nicht alles hinterfragt werden, da dies den Unterrichtsablauf stört. Der Trainer hat nur eine bestimmte Zeit für den Unterricht und muss sich auch um die anderen Sportler kümmern. Bei echten Verständnisschwierigkeiten hilft der Trainer, die Probleme zu klären. Ein Sportler muss sich bewusst sein, dass er nicht nach wenigen Unterrichtsstunden alles wissen kann.

Die Sportkameraden haben höflich und respektvoll miteinander umzugehen. Sie gehen ins Training, um den Sport Kickboxen zu erlernen. Es darf niemals versucht werden, den Trainingspartner zu verletzen. Auch geht es nicht darum, ihm seine Überlegenheit zu beweisen. Vielmehr arbeiten die Sportler zusammen, um gemeinsam ein höheres Leistungsniveau zu erreichen. Hält sich der Partner nicht an diese Vorgabe und versucht er stattdessen, im Sparring überhart zu attackieren und möglicherweise sogar bewusst zu verletzen, sollten Sie dies mit ihm besprechen. Wenn er sich dann nicht einsichtig zeigt, wechseln Sie den Trainingspartner. Falls der Trainer verlangt, dass Sie sich mit diesem Übenden weiter »prügeln«, sind Sie im falschen Verein. Beispielsweise führen auch professionelle thailändische Thai-Boxer das Sparring selten mit vollem Krafteinsatz aus, um sich nicht zu verletzen und möglicherweise bei einem Wettkampf nicht antreten zu können. Ansonsten gäbe es keine Aktiven in Thailand mit über 300 Profikämpfen.

Verhalten im Wettkampf

Die Sportler bereiten sich eine lange und enthaltsame Zeit auf Wettkämpfe vor. Sie begrüßen sich vor dem Kampf, um sich Respekt für die als Sportler erbrachte Leistung zu zeigen. Ziel ist es aber zu gewinnen, deshalb dürfen die Aktiven von nun an alles unternehmen, was diesem Zweck dient; vorausgesetzt es ist regelkonform. Dazu gehört auch, den Gegner im Kontakt-Kickboxen mit Gesten einzuschüchtern, z. B. aggressives Anstarren. Es gibt aber Provokationen, die nicht hinnehmbar sind. Dazu zählen Beleidigungen, Anspucken und der bewusste Einsatz von verbotenen Techniken, z.B. Aktionen gegen die Genitalien. Führt ein Kämpfer dies wiederholt aus, wird er vom Wettkampf ausgeschlossen.

Nach dem Kampf verabschieden sich die Sportler voneinander. Jeder hat sein Bestes gegeben, und dies gilt es zu respektieren.

3. Sportlerausrüstung

Die aufgelistete Ausrüstung wird von Kickboxern verwendet. Für Ihre erste Trainingsstunde genügt es, wenn Sie in langer Sporthose und im T-Shirt erscheinen. Üblicherweise besitzt jeder Verein ein Grundsortiment an Ausrüstung, das den Übenden zur Verfügung gestellt wird. Wenn Sie sich entscheiden, kontinuierlich Kickboxen zu trainieren, lohnt sich die Anschaffung einer eigenen Ausrüstung. Welche Produkte für Ihre Trainingsziele wichtig sind, besprechen Sie am besten mit Ihrem Trainer. Oftmals haben die Trainer gute Beziehungen zu Händlern und können Produkte günstig erwerben.

- **Bekleidung:** Kickboxen wird üblicherweise im kurzen T-Shirt trainiert. Als Hose wird eine spezielle lange Hose aus Nylon, Satin oder Baumwolle genutzt. Ein solches Modell ist im Fachhandel ab zirka 30 EUR erhältlich. Die Übungen werden barfuß ausgeführt, da Schuhe bei den Kicktechniken stören. Im Wettkampf ist die Bekleidung von der Disziplin abhängig.

- **Bandagen:** Für den Wettkampf, ebenso wie für das Training, müssen die Hände bandagiert werden, um Verletzungen an Hand- und Fingergelenken zu vermeiden. Im Wettkampf werden üblicherweise lange Bandagen verwendet, deren Befestigung und Sitz der Trainer genau überprüft. So wird sichergestellt, dass der Kämpfer bestmöglich geschützt ist und ein gutes Gefühl in den Händen besitzt. Für das Training genügen jedoch zwei kurze Standard-Tapes aus dem Fachhandel für etwa 8 EUR.

- **Sandsackhandschuhe:** Beim Training an Geräten wie Sandsack und Maisbirne werden Sandsackhandschuhe getragen. Diese sind in akzeptabler Qualität ab zirka 35 EUR im Fachhandel erhältlich. Sie können zwar auch Boxhandschuhe verwenden, da diese aber erheblich teurer sind, werden für das Gerätetraining üblicherweise Sandsackhandschuhe benutzt, um nicht die Boxhandschuhe zu verschleißen. Ein weiterer Grund, sich sowohl Sandsackhandschuhe als auch Boxhandschuhe zuzulegen ist, dass im Partnertraining ebenso wie im Wettkampf ausschließlich neuwertige Boxhandschuhe benutzt werden dürfen. Beim Einsatz von beschädigten Schützern besteht ansonsten die Gefahr, den Partner beziehungsweise den Gegner zu verletzen.

- **Boxhandschuhe:** Für das Training werden üblicherweise große Modelle von 16 oder 18 Unzen benutzt, um den Partner ebenso wie sich selbst bestmöglich zu schützen. Im sportlichen Wettkampf werden stattdessen kleine und leichte Boxhandschuhe getragen. Abhängig von der Gewichtsklasse des Sportlers sind Modelle mit acht oder zehn Unzen im Regelwerk vorgeschrieben. Die Auflagen für die Boxhandschuhe für den Wettkampf sind strenger als die Auflagen für die Boxhandschuhe für das Training. Deshalb ist die Herstellung der Wettkampf-Modelle aufwendiger, und sie werden von den Anbietern teurer verkauft. Ein Paar Boxhandschuhe für den Wettkampf kostet ab zirka 80 EUR, eines für das Training ab zirka 55 EUR.

- **Mundschutz:** Für das Kontakttraining benötigen Sie einen Mundschutz. Damit dieses Produkt Ihnen optimalen Schutz gewährleistet, muss es exakt Ihrer Gebissform angepasst sein. Zum Selbstanpassen gibt es die günstigsten Modelle bereits ab zirka 15 EUR, es sind jedoch auch weitaus aufwendigere Modelle erhältlich. Sie können sich von Ihrem Zahnarzt einen Mundschutz nach vorherigem Gebissabdruck anfertigen lassen, der Preis hierfür beträgt ab zirka 300 EUR.

- **Tiefschutz:** Trifft Sie der Gegner im Genitalbereich, gleich ob beabsichtigt oder nicht, kann dies zu ernsthaften Verletzungen führen. Deshalb müssen Sie sowohl im Wettkampf als auch beim Kontakttraining einen Tiefschutz tragen. Die einfachsten Modelle sind ab zirka 15 EUR erhältlich, aufwendigere Modelle, insbesondere die für Profi-Kickboxer, können über 100 EUR kosten.

- **Kopfschutz:** Wenn Sie im Training Sparring machen, sollten Sie einen Kopfschutz tragen. Für Amateur-Wettkämpfe ist ein Kopfschutz vorgeschrieben, hingegen wird bei professionellen Kämpfen oft darauf verzichtet. Der Preis für ein einfaches Modell beträgt zirka 50 EUR. Für intensives Boxsparring lohnt sich der Kauf eines sehr dicken Kopfschützers, der im Fachhandel ab zirka 70 EUR verkauft wird. Auch professionelle Boxer tragen im Sparring stark gepolsterte Modelle, meistens jedoch qualitativ sehr hochwertige, die erheblich teurer sind.

- **Fuß- und Schienbeinschutz:** Zum Training können Sie Fuß- und Schienbeinschoner einsetzen. Dieser Schutz ist für Kontakt-Wettkämpfe im Amateurbereich vorgeschrieben. Bei professionellen sportlichen Vergleichen ist ein solcher Schutz in einigen Kickbox-Verbänden nicht erlaubt. Es kann dann auf Fußbandagen zurückgegriffen werden. Ein einfacher Fuß- und Schienbeinschutz ist im Fachhandel ab zirka 20 EUR erhältlich, aufwendige Modelle kosten jedoch wesentlich mehr. Die Fußbandagen werden ab zirka 5 EUR angeboten.

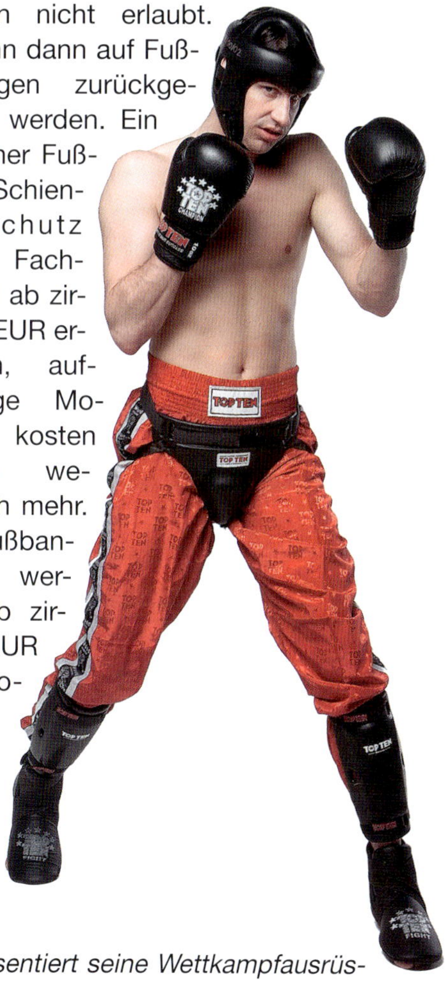

Martin präsentiert seine Wettkampfausrüstung.

4. Trainerausrüstung

Kickbox-Trainer benutzen verschiedene Arten von Pratzen, um die Sportler zu unterrichten. An diesen Produkten können einzelne Techniken und Technikkombinationen geübt werden. Für fortgeschrittene Sportler kann der Trainer mit dem Equipment auch kampfähnliche Situationen erzeugen. Er simuliert beispielsweise einen angreifenden Gegner, indem er mit angehobenen Pratzen auf den Übenden zukommt. Der Sportler muss dann zur Seite ausweichen oder eine Vielzahl von Techniken gegen die Pratzen ausführen, um den Trainer zu bremsen. Entsprechend kann der Trainer auch zurückweichen und so den Sportler veranlassen, ihm mit Techniken zu folgen. Mit Neueinsteigern dürfen solche Trainingsvarianten jedoch nicht ausgeführt werden, da ansonsten für den Pratzenhalter ebenso wie für den Sportler große Verletzungsgefahr besteht.

Die aufgelistete Ausrüstung ist in den Vereinen bereits vorrätig. Wenn Sie jedoch auch privat mit Freunden solches Equipment nutzen wollen, können Sie die Produkte im Fachhandel erwerben.

Zusätzlich zu den vorgestellten Pratzen und Kickkissen benutzen einige Vollkontakt-Trainer noch dicken Fuß- und Schienbeinschutz, um intensiv mit den Sportlern das Treten und das Blocken von Low Kicks zu üben.

- **Box-Pratzen:** Box-Pratzen sind kleine Pratzen, die an den Händen getragen werden. Sie eignen sich insbesondere für das Training von Fausttechniken. Für das Training von kraftvoll ausgeführten Kicktechniken sind sie nicht geeignet, da die Pratzen erhebliche Trefferwirkung durchlassen. Außerdem besteht die Gefahr, dass die ausgeführte Technik die Pratzen verfehlt beziehungsweise abrutscht und den Trainer so verletzt. Eine Kunstleder-Pratze kostet ab zirka 25 EUR und eine Leder-Pratze ab zirka 35 EUR.

- **Targets (Kombinierte Schlag- und Kickpolster):** An diesen Polstern können alle Schlag- und Kicktechniken trainiert werden. Diese Polster werden aus dem Sicherheitsmaterial BayFlex, einem hochelastischen PU-Integralschaum, hergestellt. Diese Trainingshilfe der Marke TOP Ten ist beim Kampfsporthändler Budoland ab zirka 55 EUR zu erwerben.

- **Thai-Pads:** Die Thai-Pads sind lange und dickgepolsterte Pratzen. Sie wurden für das professionelle Thai-Box-Training in Thailand entwickelt, um alle Körperwaffen mit hartem Krafteinsatz zu üben. Eine Leder-Pratze mit fester Füllung wird im Fachhandel ab zirka 60 EUR angeboten.

  Es sind auch luftgefüllte Kunststoff-Pratzen erhältlich, die für das Frauen- und Kindertraining genutzt werden können. Zum intensiven Wettkampftraining ist der Einsatz einer luftgefüllten Pratze allerdings nicht sinnvoll, da beim Tretenden keine Abhärtung erfolgt und der Trainer viel Trefferwirkung aushalten muss. Eine solche Pratze wird ab zirka 35 EUR verkauft.

- **Kickkissen:** Ein Kickkissen ist ein großes Polster, das vor dem Körper mit beiden Armen gehalten wird. Es ist insbesondere zum Üben von Seit- und Rücktritten geeignet. Daran können beispielsweise eine Vielzahl solcher Tritte hintereinander kraftvoll ausgeführt werden, um die entsprechende Muskulatur aufzubauen. Ein Kickkissen aus Kunstleder wird im Fachhandel ab zirka 65 EUR angeboten.

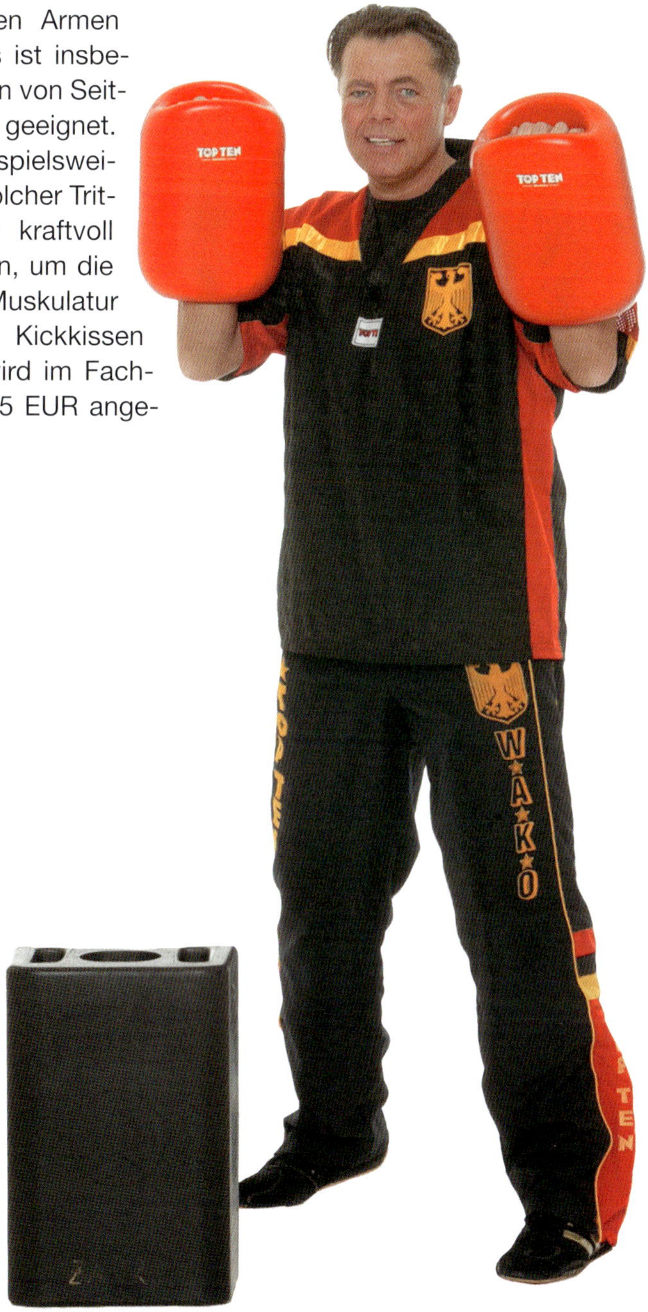

Der erfahrene Trainer Peter Zaar zeigt das Trainer-Equipment: Targets und Kickkissen.

III. Grundlagen

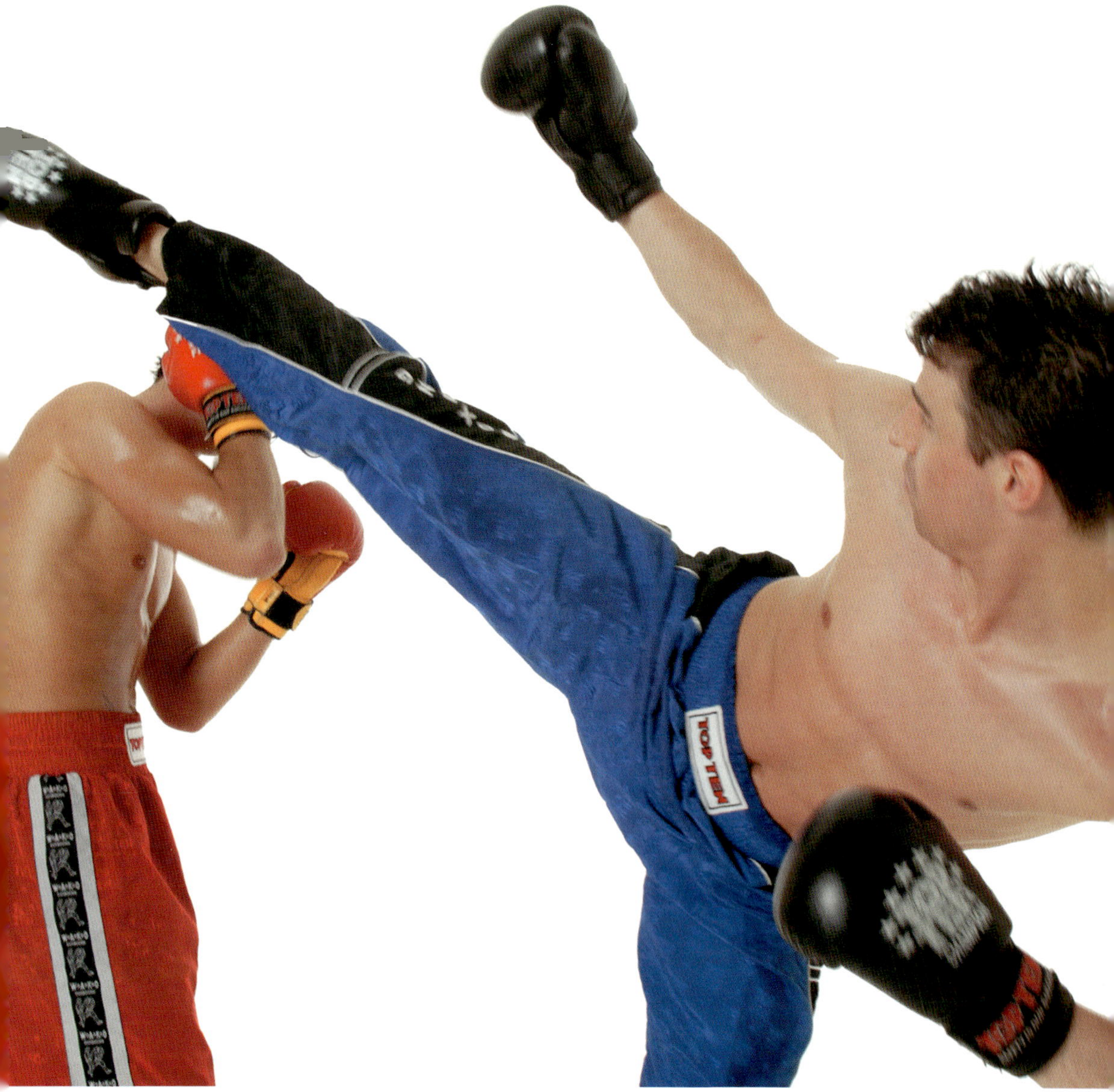

1. Der Trainingseinstieg

Als Anfänger im Kickboxen müssen Sie zuerst die richtige **Kampfstellung** erlernen. Aus dieser Position heraus werden die gegnerischen Techniken abgewehrt und dann der Kontrahent mit eigenen Techniken attackiert.

Nach dem Beherrschen der Kampfstellung üben Sie die **Beinarbeit**. Es werden Schritte nach vorne, nach hinten und zur Seite ausgeführt, um sich immer wieder in andere **Kampfdistanzen** zu bewegen und kein festes Ziel für den Gegner darzustellen. Solange Sie sich in der Kampfdistanz befinden, müssen Sie auch immer die Kampfstellung beibehalten.

Erst nach dem Beherrschen von Kampfstellung und Beinarbeit wird mit dem Training der Angriffstechniken begonnen. Üben Sie die Angriffstechniken zuerst einzeln, bevor Sie diese als Kombinationen trainieren. Nachdem Sie eine Vielzahl von Angriffstechniken erlernt haben, beginnen Sie, eine Auswahl von Angriffs- und Verteidigungstechniken einzustudieren. Das Repertoire an diesen Techniken wird schrittweise erweitert, um sich so zu einem fortgeschrittenen Kickboxer zu entwickeln.

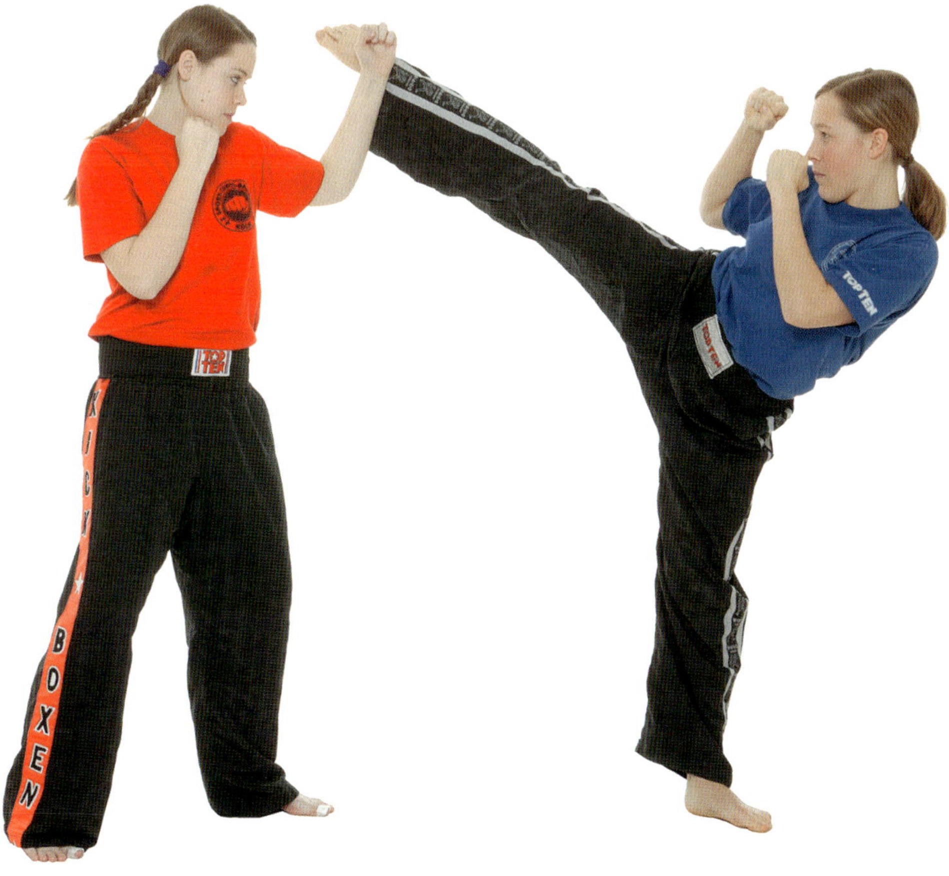

2. Kampfstellungen

Zwei unterschiedliche Kampfstellungen sind typisch für das Kickboxen: die Frontstellung und die Seitstellung.
Im Vollkontakt- und im Leichtkontakt-Kickboxen wird die Rundendauer durchgekämpft. Der Schiedsrichter unterbricht das Kampfgeschehen nur bei Regelverstößen. So werden zahlreiche Kombinationen eingesetzt, deren Einsatz und Verteidigung dem Kickboxer am besten in der **Frontstellung** gelingt.
Üblicherweise hält der Kickboxer in dieser Kampfstellung seinen stärken Arm hinten und benutzt den schwächeren Arm zum Vorbereiten von Techniken.
Im Point Fighting (Semikontakt) wird nach jedem Treffer das Kampfgeschehen unterbrochen. Die **Seitstellung** bietet sich besonders für diese Disziplin an, da aus dieser Position schnelle Treffer erzielt werden können. Der Kickboxer kämpft dabei oft mit seiner stärken Körperseite vorne.

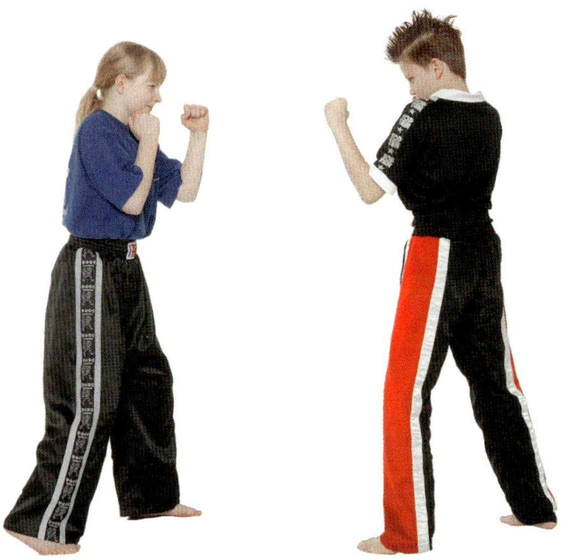

Frontstellung.

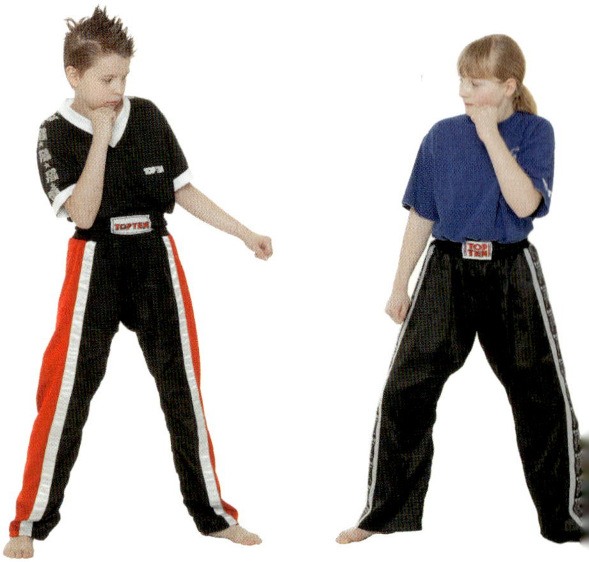

Seitstellung.

Frontstellung

In der Frontstellung halten die Kickboxer üblicherweise die stärkere Hand hinten. So können sie mit der schwächeren Hand Kombinationen beginnen und mit der stärkeren Hand kraftvolle Techniken einsetzen, was insbesondere im Vollkontakt wichtig ist. Als Rechtshänder nehmen Sie die Linkauslage ein, d. h. Sie haben das linke Bein vorne und halten die linke Hand vorne. Linkshänder kämpfen in der Rechtsauslage, d. h. rechtes Bein und rechte Hand sind vorne.
Im Folgenden bekommen Sie die Linksauslage beschrieben. Wenn Sie die Rechtsauslage einnehmen wollen, führen Sie die Beschreibung seitenverdreht aus.

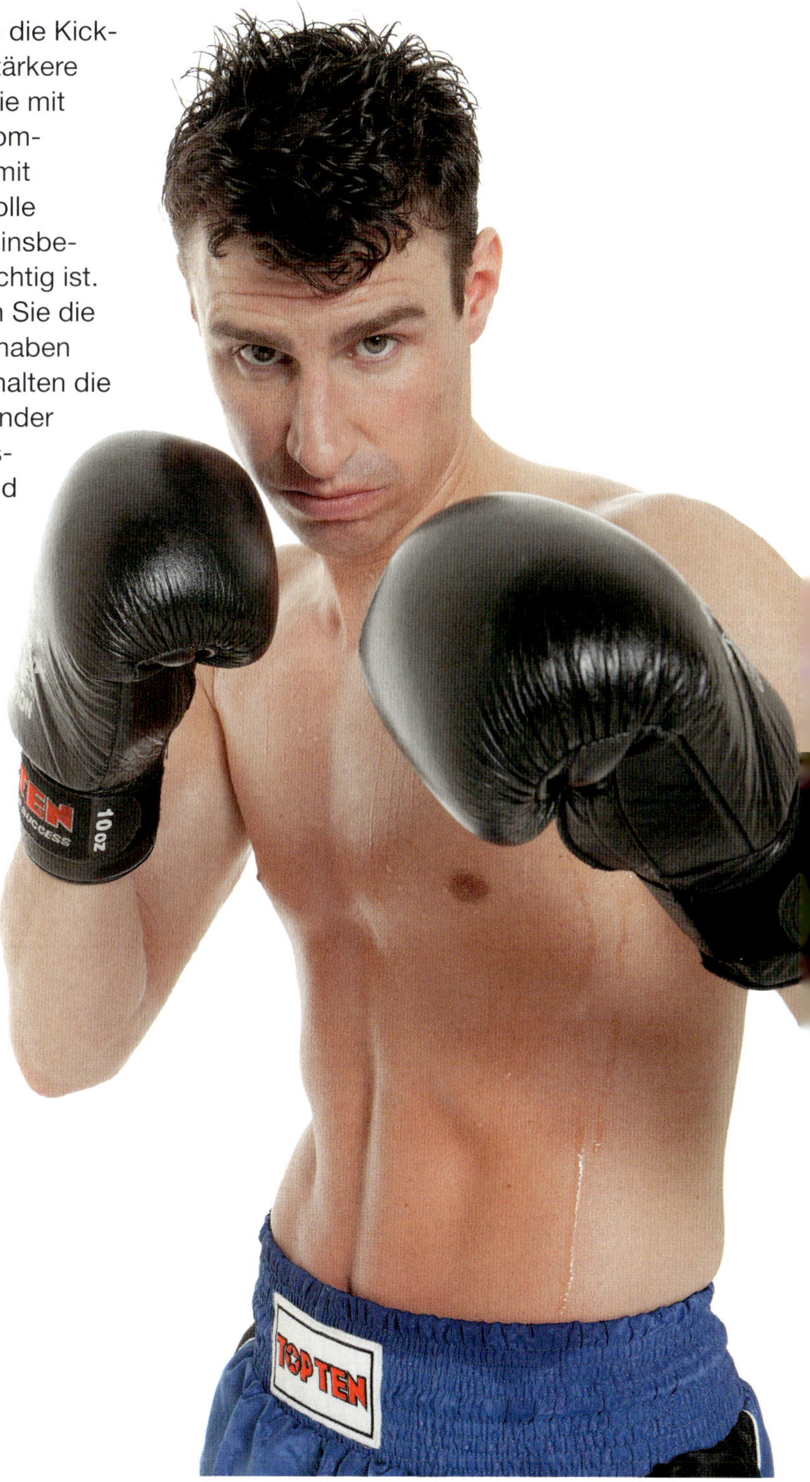

Stand

Als Rechtshänder haben Sie den linken Fuß etwas vorne; als Linkshänder den rechten Fuß. Der vordere Fuß zeigt zum Gegner oder wird geringfügig eingedreht. Der hintere Fuß ist etwa 45 Grad zur Seite gedreht.
Der vordere Fuß wird ganz aufgesetzt, wobei vorrangig die Fußballen belastet sind. Heben Sie die hintere Ferse etwas an. Das Körpergewicht ist gleichmäßig auf beide Füße verteilt.

Deckung

Halten Sie den Körper aufrecht und drehen ihn etwas seitlich vor. Gleichzeitig beugen Sie das Kinn leicht zur Brust. Die vordere Hand halten Sie in Höhe der Augenbrauen und die hintere Hand etwas über dem Kiefer. Die Muskulatur, insbesondere die der Schultern, wird dabei locker gehalten. Am Anfang ist es schwer, diese Handhaltung über einen längeren Zeitraum beizubehalten, da das Anheben der Arme die Muskulatur anstrengt. Nach einigen Wochen regelmäßigem Üben ist die Muskulatur gekräftigt.

Blick

Richten Sie Ihren Blick auf den Körpermittelpunkt des Gegners. Fixieren Sie dabei nicht eine Stelle, sondern versuchen Sie, den ganzen Körper im Blick zu haben. So können Sie am besten sehen, mit welcher Körperwaffe der Kontrahent als nächstes angreift. In der Nahdistanz ändern Sie Ihren Blick auf Kopfhöhe des Gegners, um dessen mögliche Aktionen frühzeitig entdecken zu können.

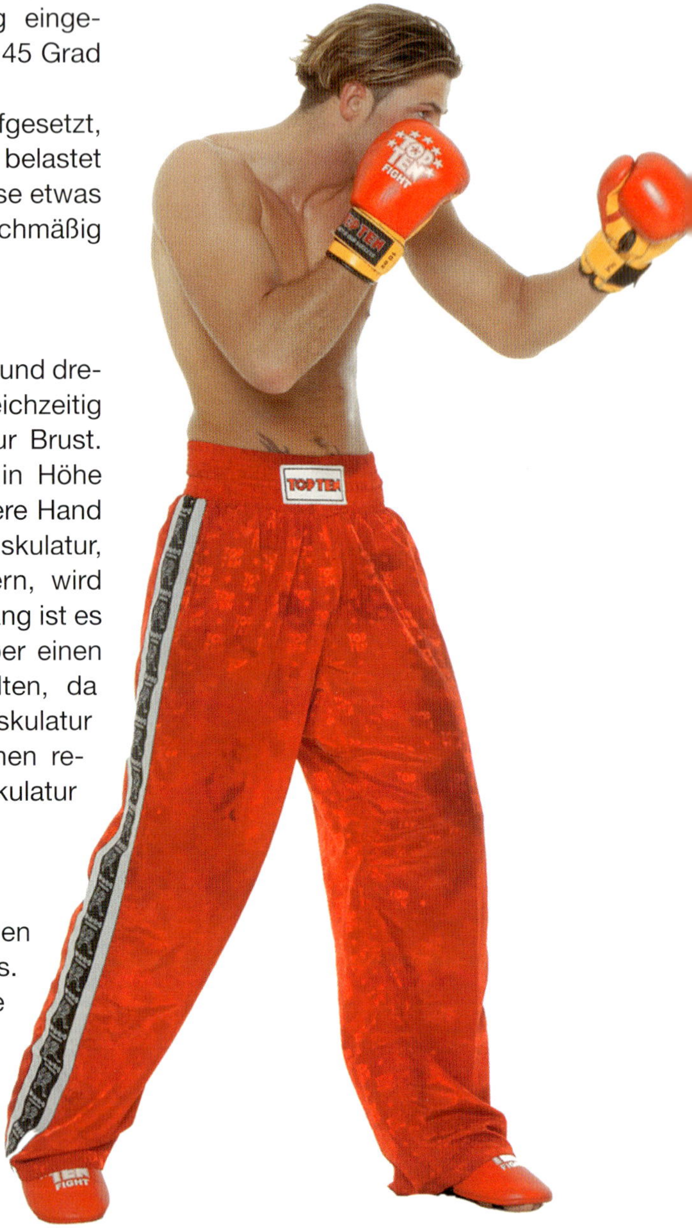

Giovanni zeigt die Frontstellung.

Seitstellung

Die Sportler im Point Fighting (Semikontakt) kämpfen häufig in der Seitstellung. So können sie besonders gut mit Seittritten und Faustrückenschlägen agieren. Da der Kampf im Point Fighting nach jedem Punkt unterbrochen wird, halten diese Kickboxer oft die stärkere Körperseite vorne, damit sie ihre besten Techniken schnellstmöglich einsetzen können. Allerdings muss vieles versucht werden, um den Gegner zu täuschen. Deshalb wechseln manche Sportler während der Runde mehrfach ihre Position und bewegen abwechselnd die linke und die rechte Körperseite vor. Aber auch mit der traditionellen Karate-Stellung sind einige Sportler im Point Fighting aktiv.

Stand

Die Füße stehen parallel und seitlich zum Gegner. Das Körpergewicht ist gleichmäßig auf beide Füße verteilt, wobei die Beine leicht gebeugt sind.

Deckung

Drehen Sie Ihren Oberkörper seitlich zum Gegner. Der vordere Arm deckt die dem Gegner zugewandte Körperseite, vorrangig den seitlichen Rumpf, und die hintere Hand befindet sich am Kopf. Halten Sie Ihre Muskulatur locker, insbesondere die Schultermuskulatur, um nicht zu verkrampfen.

Blick

Richten Sie Ihren Blick auf den Körpermittelpunkt des Gegners. Fixieren Sie dabei nicht eine Stelle, sondern versuchen Sie, den ganzen Körper im Blick zu haben. In der Nahdistanz ändern Sie Ihren Blick auf Kopfhöhe des Gegners.

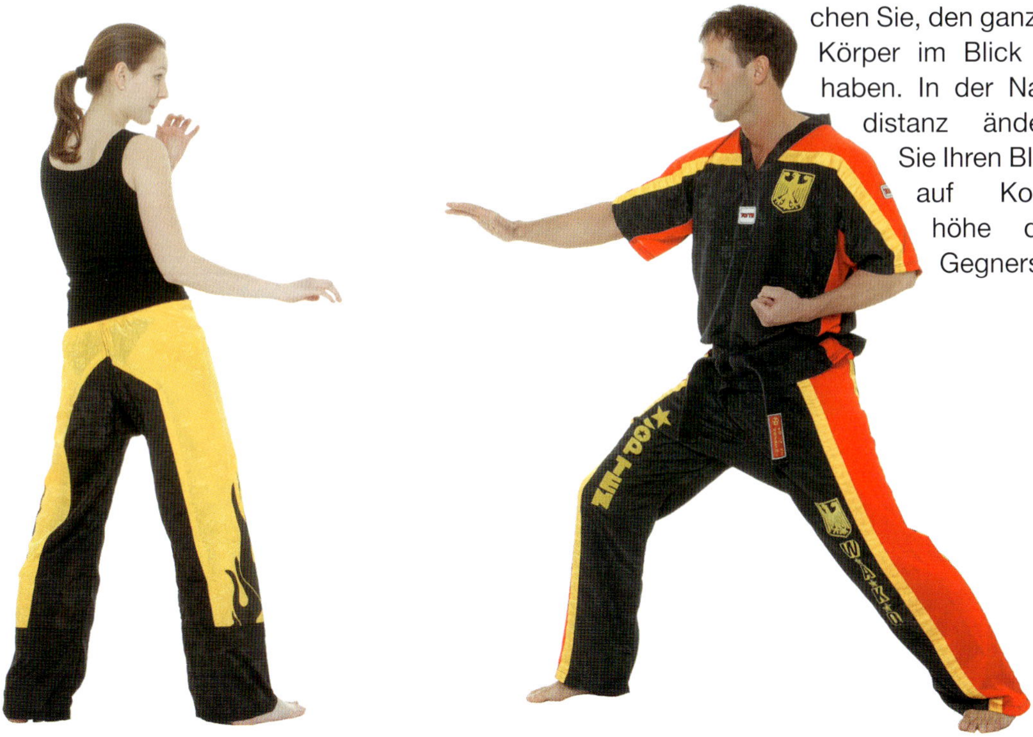

Natalia zeigt die Seitstellung. Andreas zeigt eine Alternative für das Point Fighting – die traditionelle Karate-Stellung.

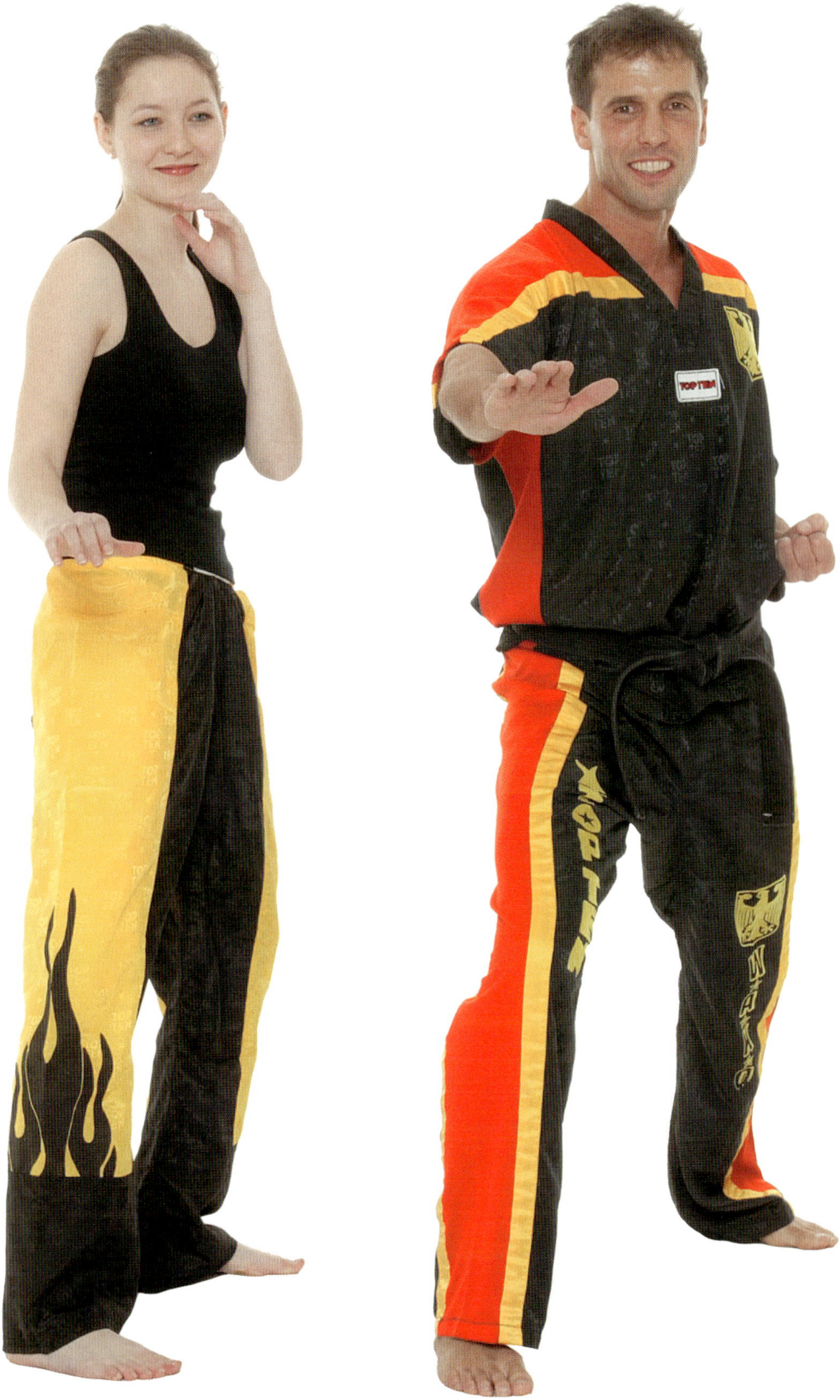
TOP TEN

3. Kampfdistanz

Von einer Kampfdistanz wird erst dann gesprochen, wenn Sie sich in Reichweite des Gegners befinden. Solange jedoch zwischen zwei Kickboxern durchschnittlicher Körpergröße ein Abstand von zirka anderthalb Metern besteht, können von diesen keine Techniken direkt angebracht werden. Der Angreifer muss zuerst einen Schritt auf seinen Kontrahenten zugehen oder in dessen Richtung springen, bevor er eine Technik einsetzen kann. Der Verteidiger kann dem Kampf ausweichen, indem er einen Schritt zurückgeht oder sich zur Seite bewegt.

Ist dieser Sicherheitsabstand jedoch nicht gegeben, befinden Sie sich in der sogenannten Kampfdistanz. Diese wird genauer unterschieden in Weit-, Halb- und Nahdistanz.

Weitdistanz

Es werden vorwiegend Tritte eingesetzt, beispielsweise Vorwärtstritte, Seittritte und Sprungtritte. Um Schlagtechniken einzusetzen, müssen Sie zuerst einen Schritt nach vorne machen. Eine geeignete Möglichkeit, die Weitdistanz zu überbrücken oder sich vom Gegner zu lösen, ist es, den Schritt mit einer vorderen Geraden zu kombinieren. Durch eine harte Tritttechnik können Sie den Kontrahenten aus der unmittelbaren Kampfentfernung wegbefördern.

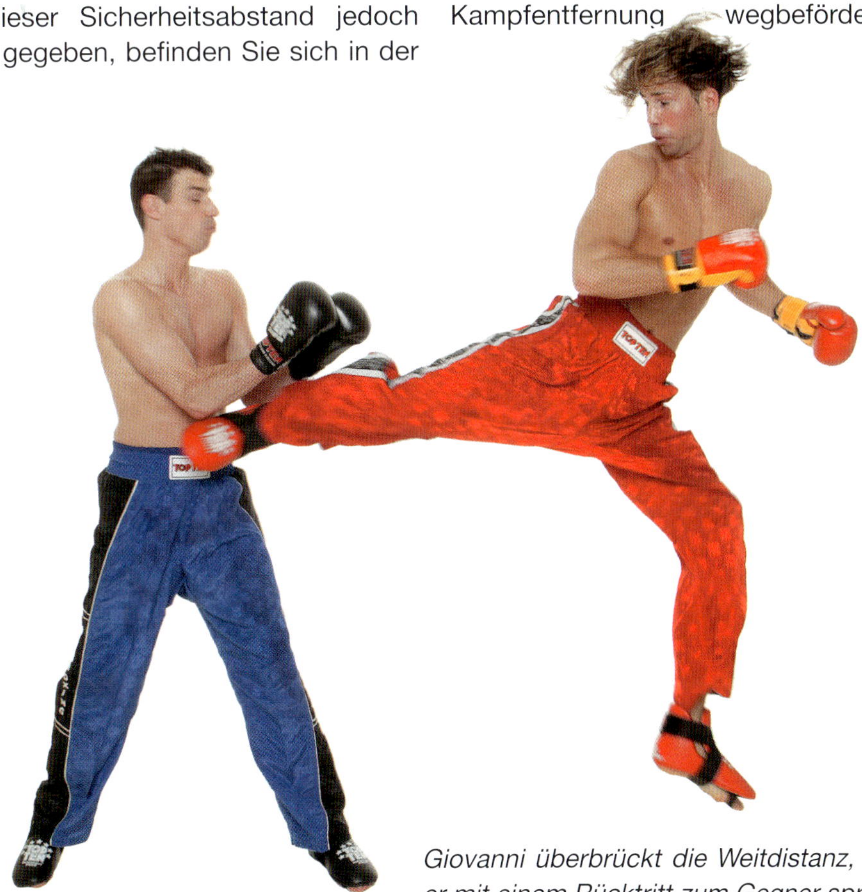

Giovanni überbrückt die Weitdistanz, indem er mit einem Rücktritt zum Gegner springt.

Halbdistanz

Es werden Schlagtechniken und Kicks ausgeführt und im K 1 Style auch Knietechniken. Kickboxer mit einem aggressiven Kampfstil suchen diese Entfernung, um den Gegner mit zahlreichen Technikkombinationen zu attackieren. Der Verteidiger kann versuchen, aus dieser Distanz zurückzuweichen oder aber durch einen Schritt nach vorne diese Distanz zu überbrücken, um den Kontrahenten zu klammern. Spitzensportler in den Vollkontaktdisziplinen belauern sich oft in der Halbdistanz und versuchen, Stärken, Schwächen und Verhaltensweisen des Gegners herauszufinden.

Nahdistanz

Es werden vorwiegend Seithaken und Aufwärtshaken zum Körper und Kopf eingesetzt. Diese Techniken werden ohne Unterbrechung ausgeführt, bis es einem der beiden Kickboxer gelingt, sich zu lösen oder zu klammern.

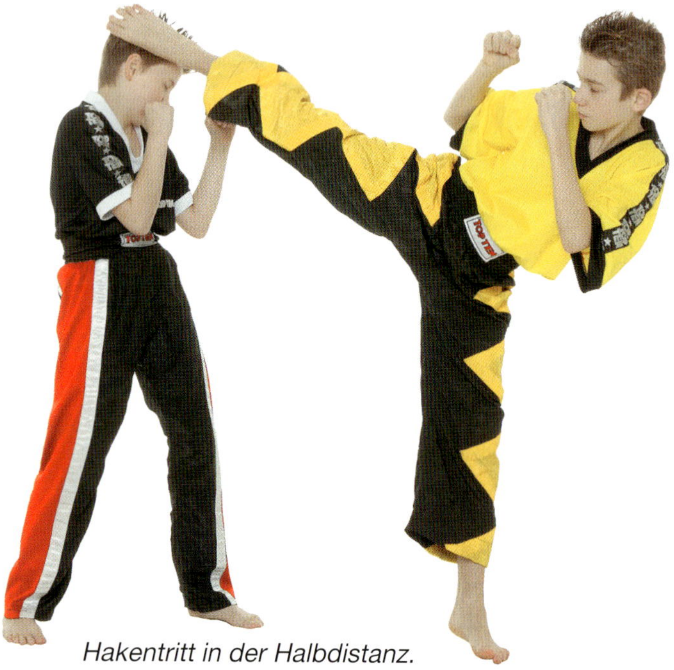

Hakentritt in der Halbdistanz.

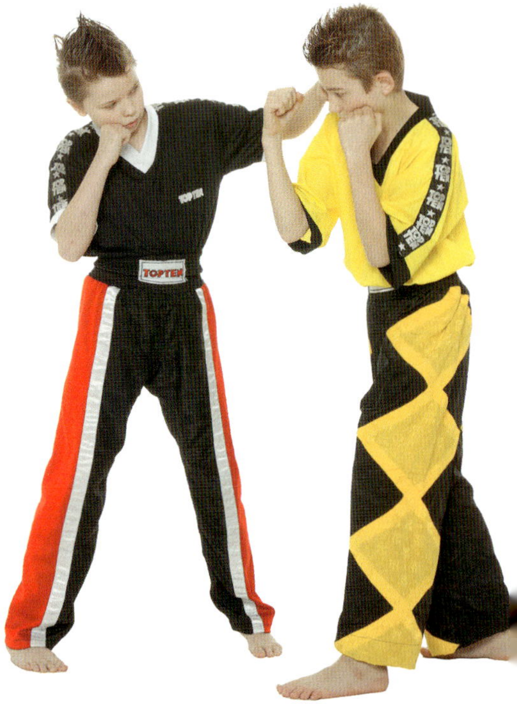

Seithaken in der Nahdistanz.

4. Beinarbeit

Nachdem Sie die Kampfstellung erlernt haben, beginnen Sie mit dem Training der Kickbox-Beinarbeit. Die Schritte nutzen Sie, um auf den Gegner zuzugehen, sich von ihm wegzubewegen oder ihm auszuweichen.
Sie befinden sich dabei immer in der Kampfstellung. Bleiben Sie bei allen Bewegungen unverkrampft und achten Sie darauf, dass Sie Ihre Deckung nicht vernachlässigen. Machen Sie die Schritte auf den Fußballen, um sich schnell zu bewegen. Am Ende dieser Bewegungen stehen Ihre Füße wieder im gleichen Abstand zueinander wie in der Ausgangsposition.
Die Beinarbeit müssen Sie zumindest in den ersten Trainingsstunden als eigenständige Einheit üben. Ihr Beherrschen ist die Voraussetzung für den Einsatz der Angriffstechniken und der Verteidigungs- und Kontertechniken. Wenn Sie beispielsweise die Distanz zum Gegner für den Einsatz einer Technik überbrücken wollen, müssen Sie einen schnellen Vorwärtsschritt ausführen.
Für das Training der Beinarbeit ebenso wie für das Schattenboxen können Sie sich ein Gebiet als Kampffläche abgrenzen, beispielsweise in der Größe eines Kampfringes, und bewegen sich in diesem. Wenn Sie an die vordere beziehungsweise hintere Grenze dieses abgesteckten Feldes kommen, bewegen Sie sich mit seitlichen Schritten.

Vorwärtsschritt

Aus der Kampfstellung stellen Sie den vorderen Fuß nach vorne, wobei der Fußballen zuerst wieder Bodenkontakt haben muss. Dann ziehen Sie den hinteren Fuß nach, so dass Sie sich wieder in der Kampfstellung befinden.

Rückwärtsschritt

Aus der Kampfstellung stellen Sie den hinteren Fuß nach hinten, wobei der Fußballen zuerst wieder Bodenkontakt haben muss. Dann ziehen Sie den vorderen Fuß nach, so dass Sie sich wieder in der Kampfstellung befinden.

Seitwärtsschritt nach links

Aus der Kampfstellung stellen Sie den linken Fuß nach links, wobei der Fußballen zuerst wieder Bodenkontakt haben muss. Dann ziehen Sie den rechten Fuß nach, so dass Sie sich wieder in der Kampfstellung befinden.

Seitwärtsschritt nach rechts

Aus der Kampfstellung stellen Sie den rechten Fuß nach rechts, wobei der Fußballen zuerst wieder Bodenkontakt haben muss. Dann ziehen Sie den linken Fuß nach, so dass Sie sich wieder in der Kampfstellung befinden.

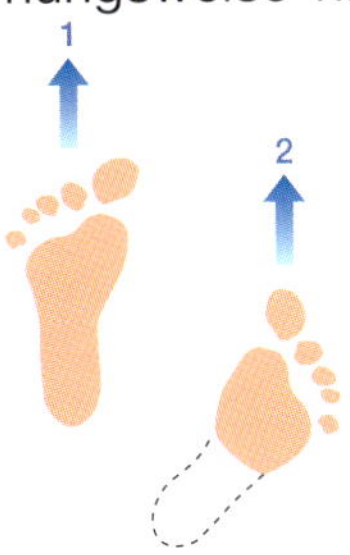

Vorwärtsschritt

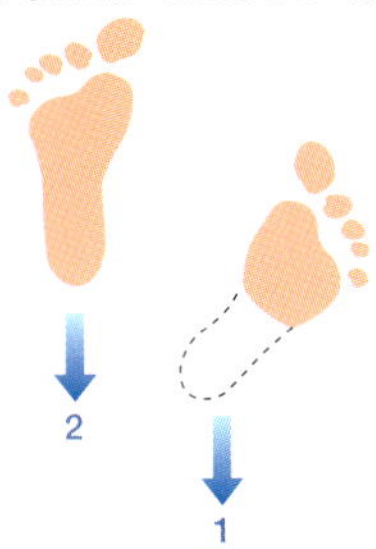

Rückwärtsschritt

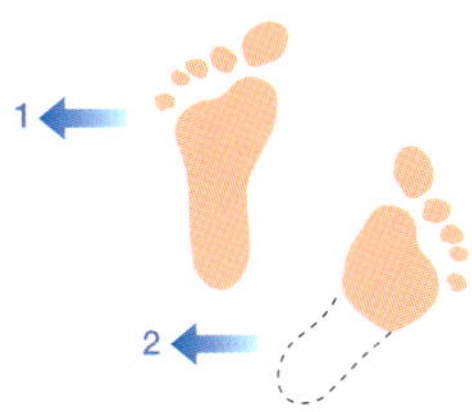

Seitwärtsschritt nach links

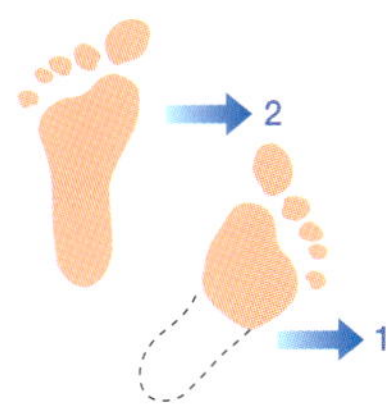

Seitwärtsschritt nach rechts

5. Erlaubte Angriffsziele

Im Kickboxen dürfen die Sportler mit den erlaubten Kampftechniken die folgenden Körperpartien attackieren (siehe Allgemeine Wettkampfregeln § 7 in »Sportordnung und Wettkampfregeln« der WAKO Deutschland e.V.):

- Der Kopf darf oben, vorne und seitlich attackiert werden.
- Der Oberkörper darf vorne und seitlich attackiert werden.
- Die Füße dürfen nur zum Fegen von innen und außen bis zur Knöchelhöhe attackiert werden.
- Im Point Fighting darf außerdem der Hinterkopf attackiert werden.
- Im Vollkontakt mit Low Kicks und im K 1 Style dürfen außerdem die Ober- und Unterschenkel attackiert werden.

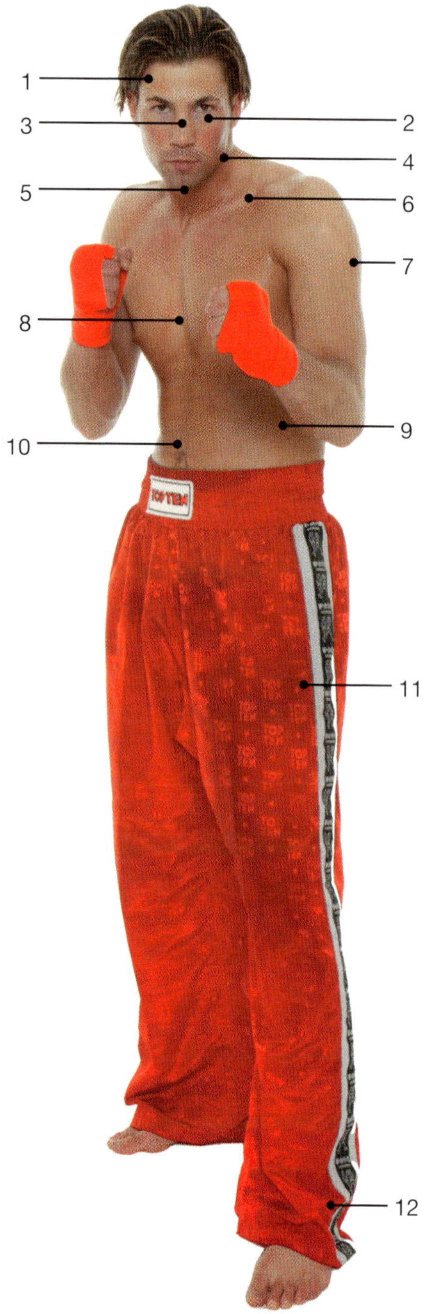

TIPP

Besonders wirkungsvolle Angriffsstellen

1) **Schläfe**
2) **Bereich um Auge und Jochbein**
3) **Nasenbein**
4) **Seitliche Mitte des Unterkiefers**
5) **Kinnspitze**
6) **Bereich um das Schlüsselbein**
7) **Ansatz des Oberarms**
8) **Solarplexus**
9) **Untere Rippen**
10) **Magen**
11) **Äußere Oberschenkelmuskulatur**
12) **Füße**

Beachten Sie, dass es in den verschiedenen Kickbox-Verbänden und Disziplinen einige Unterschiede bezüglich der erlaubten Trefferpunkte gibt. Auch ist nur in den Vollkontaktdisziplinen ein K.o. des Gegners angestrebt.

1. Schläfe

Das Treffen der Schläfe führt zur Benommenheit des Gegners und kann auch dessen Bewusstlosigkeit bewirken. Als Techniken bieten sich beispielsweise der Seithaken, der Halbkreistritt, der Hakentritt und der Außenristtritt an.

2. Bereich um Auge und Jochbein

Harte Treffer bewirken Schwellungen. Dieser Bereich muss mehrfach hart getroffen werden, um durch die Schwellung einen Kampfabbruch zu erreichen. Einsetzbare Techniken sind z. B. die vordere und die hintere Gerade und der Seittritt mit der Ferse.
Stiche in die Augen, beispielsweise mit dem Daumen, sind im Wettkampfsport streng verboten.

3. Nasenbein

Ein harter Treffer auf die Nase verursacht Schmerzen, Schwindel und Blutungen. Allerdings sind die Schmerzen und Blutungen des Gegners, selbst bei einem Nasenbeinbruch, oftmals nicht so stark, dass der Kampf abgebrochen wird. Sie können die Gerade und den Seittritt zum Nasenbein ausführen. Auch mit einem Axttritt können Sie das Nasenbein treffen.

4. Seitliche Mitte des Unterkiefers

Am Unterkiefer liegen zahlreiche Nervenpunkte, deren hartes Treffen ein K.o. bewirken kann. Techniken dorthin sind insbesondere dann wirkungsvoll, wenn der Mund offen und somit der Kiefer nicht fixiert ist. Achten Sie deshalb bei einem Schlagabtausch immer darauf, dass Sie den Mund geschlossen halten. Als Techniken bieten sich der Seithaken und der Hakentritt an.

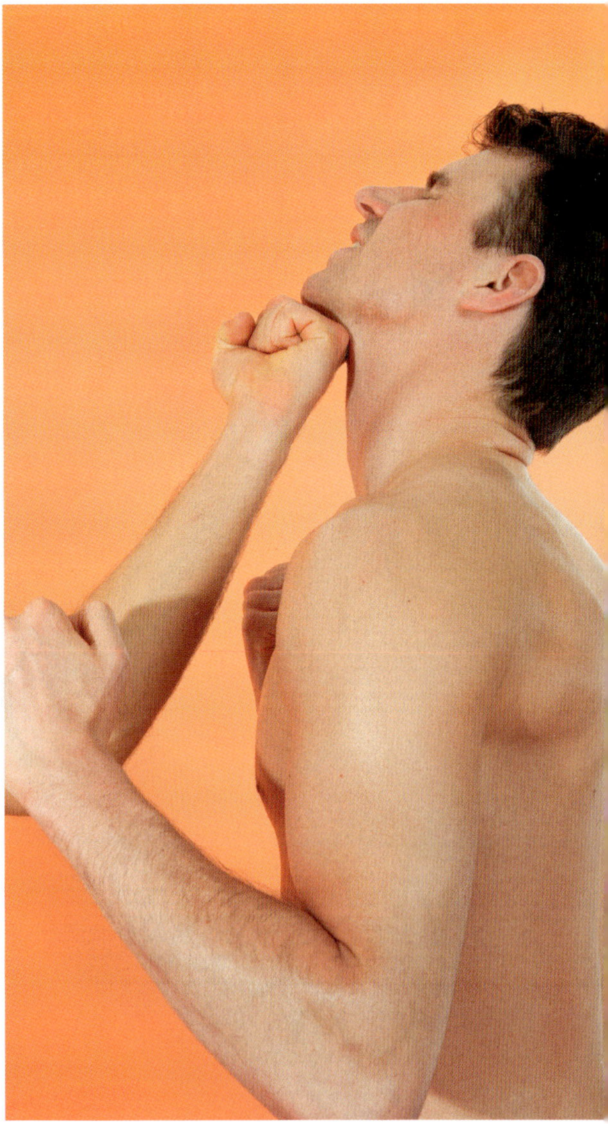

Der Aufwärtshaken zum Kinn.

5. Kinnspitze

Am Kinn befinden sich Nervenpunkte, deren Treffen zur Bewusstlosigkeit führen kann. Als optimale Technik können Sie den Aufwärtshaken von unten zum Kinn schlagen. Sie können aber auch die Gerade, den Vorwärtstritt und den Seittritt zum Kinn einsetzen.

6. Bereich um das Schlüsselbein

Harte Treffer zu diesem Körperbereich führen zu starken Schmerzen. Bricht dabei das Schlüsselbein – was nicht das Ziel eines sportlichen Kickbox-Wettkampfs ist – hat der Gegner so starke Schmerzen, dass er den Arm dieser Körperseite nicht mehr einsetzen kann. Dieser Bereich kann mit Techniken von oben nach unten attackiert werden, wozu sich der Axttritt eignet.

7. Ansatz des Oberarms

Eine harte Technik zum Bizepsansatz oder zur Oberarminnenseite kann zu kurzzeitigen Lähmungserscheinungen führen, so dass der Gegner für einige Sekunden seinen Arm nicht bewegen kann. Techniken mit harter und kleiner Trefferfläche erzielen an dieser Körperstelle die größte Wirkung, beispielsweise ein Tritt mit der Ferse. Auch Schlagtechniken können Trefferwirkung erzielen, was jedoch aufgrund der gro-

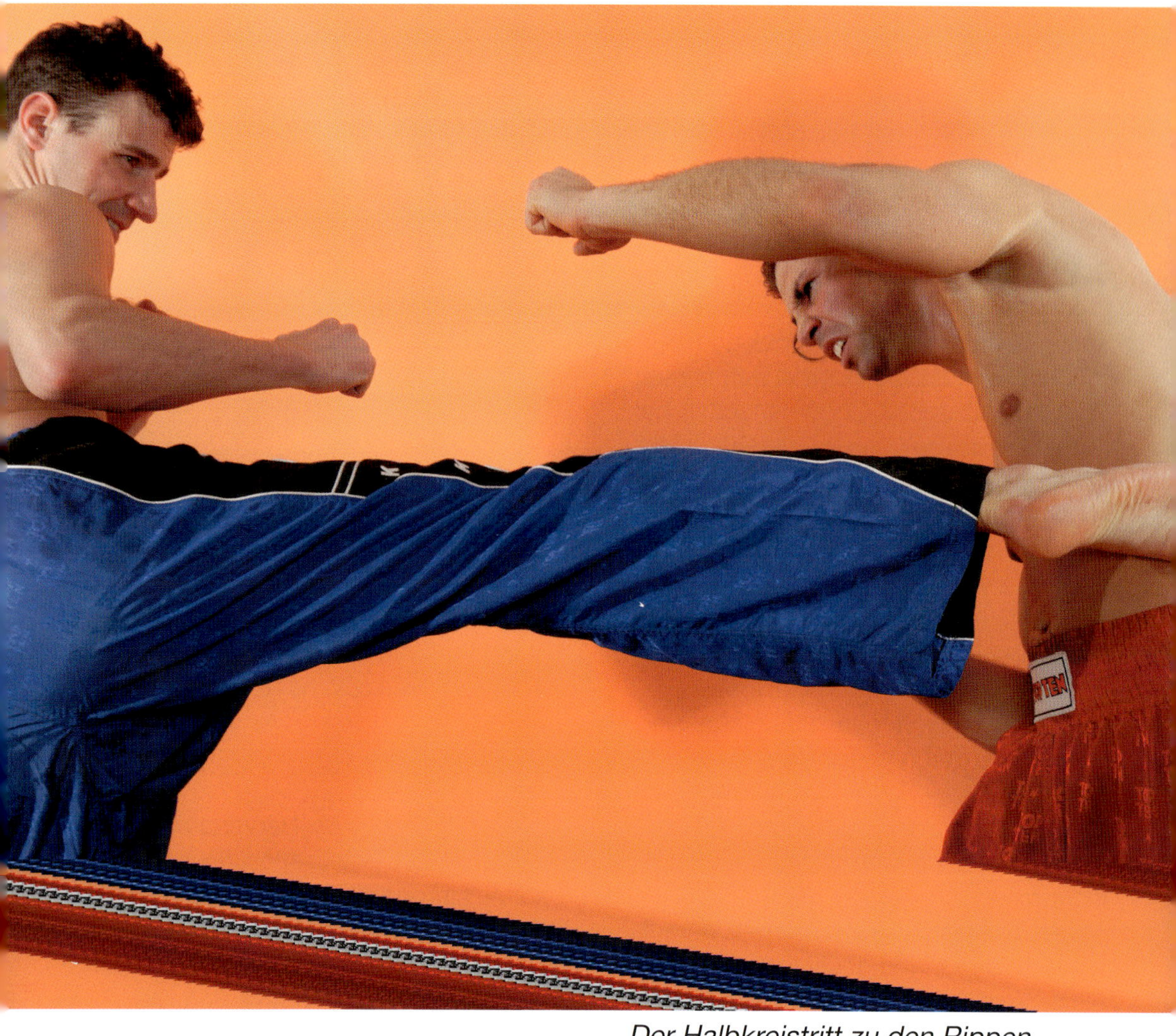

Der Halbkreistritt zu den Rippen.

ßen und weichen Trefferfläche der Boxhandschuhe nicht einfach ist.

8. Solarplexus
Eine harte Technik auf den Solarplexus macht den Gegner benommen und verursacht Schwindelgefühle. Sie müssen dazu den Gegner hart treffen, beispielsweise mit einer hinteren Geraden, einem Vorwärtstritt oder einem Seittritt.

9. Untere Rippen
Die unteren Rippen sind ein gutes Ziel für den Wettkampf. Treffer führen zu Schmerzen und Atemnot. Nach harten Treffern bekommt ein Kämpfer keine Luft mehr und kann nicht mehr weiterkämpfen. Allerdings bewirkt selten der erste Treffer ein vorzeitiges Kampfende. Deshalb müssen Sie nach einer Trefferwirkung den Gegner mit weiteren Techniken attackieren. Zu den unteren Rippen können Sie den Seithaken, den Aufwärtshaken und den Halbkreistritt einsetzen.

10. Magen
Eine Technik zum Magen kann zu großen Schmerzen führen und bewirken, dass die Luftzufuhr kurzzeitig unterbrochen wird. Allerdings hat sich möglicherweise der Gegner eine so gute Bauchmuskulatur antrainiert, dass er die Trefferwirkung aushält. Zum Magen können Sie die Gerade, den Aufwärtshaken, den Vorwärtstritt, den Seittritt und den Rücktritt einsetzen.
Zwischen Magen und Genitalbereich befindet sich die Blase, dorthin dürfen Sie zwar nicht attackieren und attackiert werden, dies kann aber im Wettkampf passieren und wird möglicherweise vom Schiedsrichter übersehen. Treffer der Blase führen zu großen Schmerzen, sie kann sogar platzen. Dieses Risiko besteht insbesondere bei gefüllter Blase, weshalb Sie vor einem Wettkampf Ihre Blase immer entleeren müssen.

11. Äußere Oberschenkelmuskulatur
Dieses Trefferziel dürfen Sie nur im Kickboxen mit Low Kicks und im K 1 Style attackieren. Kraftvolle Low Kicks bewirken starke Schmerzen an den Oberschenkeln. Eine solche Technik kann sogar zu kurzzeitigen Lähmungserscheinungen führen und den Gegner kampfunfähig zu Boden gehen lassen.

12. Füße
Sie dürfen die Füße von innen und von außen bis zur Knöchelhöhe attackieren, um einen Feger einzusetzen. Durch einen solchen Angriff verliert der Gegner das Gleichgewicht und kann dann wirkungsvoll mit weiteren Techniken attackiert werden. Ein Fußfeger kann den Gegner aber auch hart zu Boden fallen lassen.

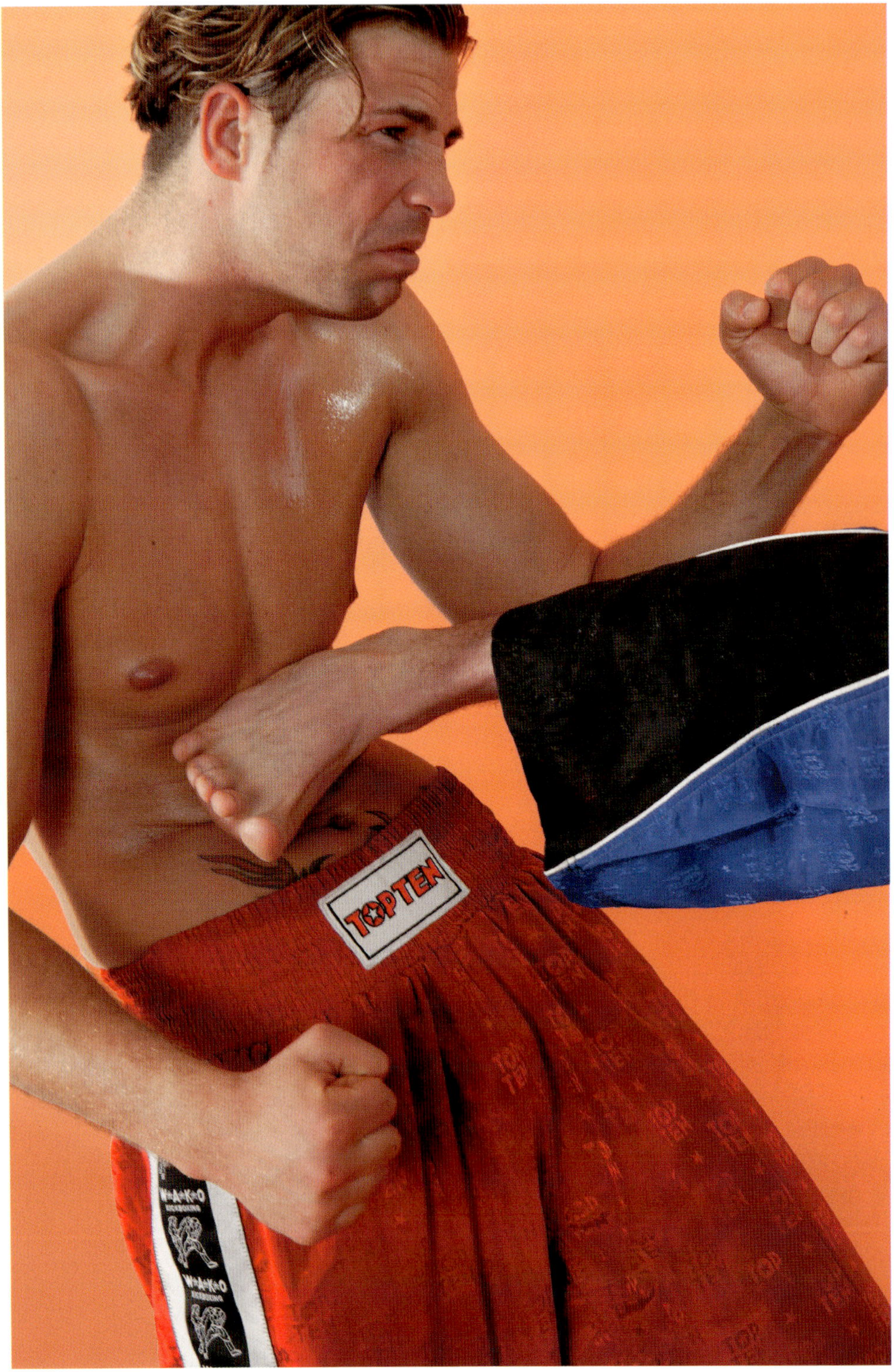

Der Seittritt zum Magen.

IV. Angriffstechniken

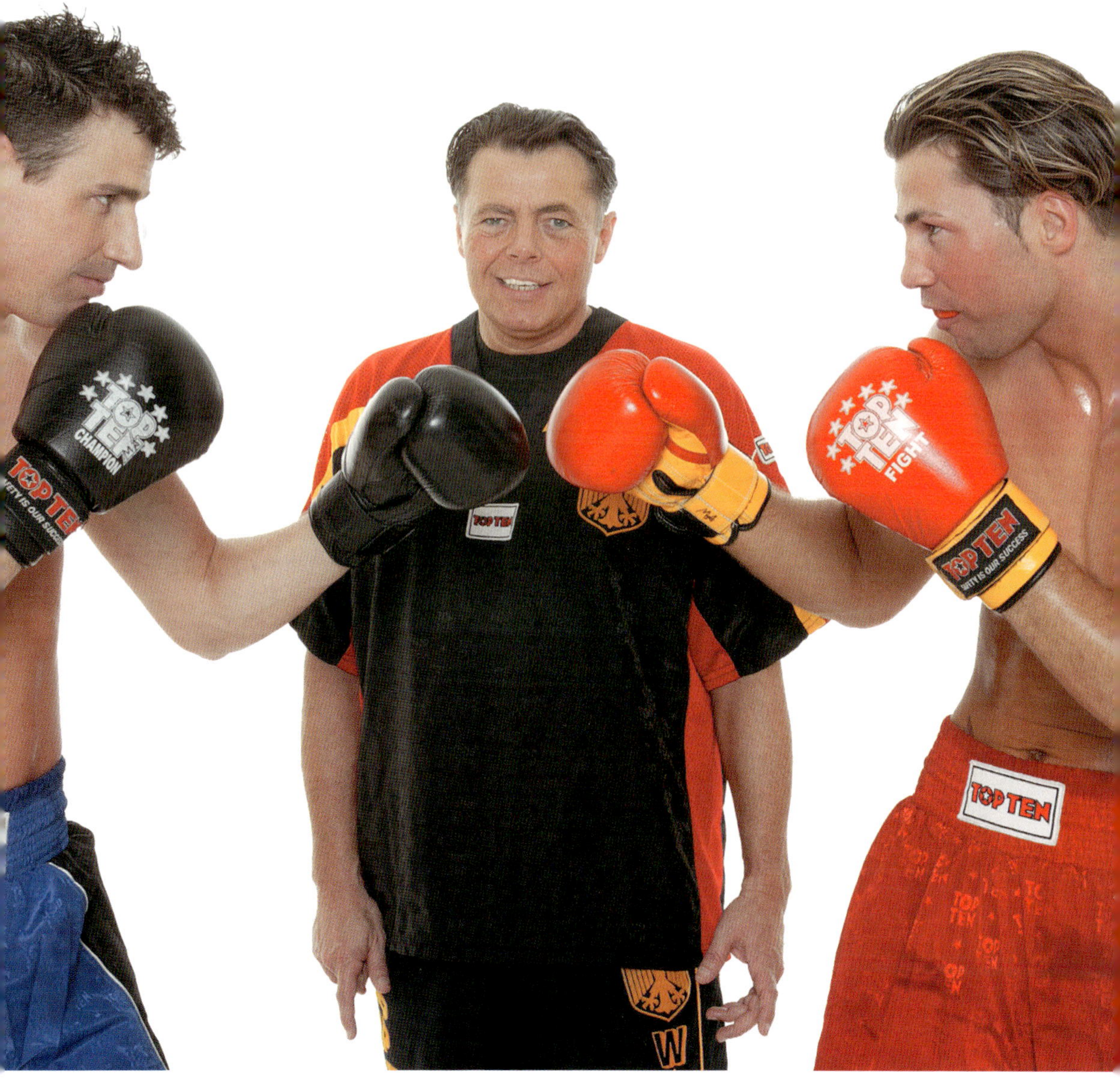

1. Einleitung

Nachdem Sie die Kampfstellung und die Beinarbeit beherrschen, beginnen Sie, die Angriffstechniken einzustudieren. Es wird einige Zeit dauern, bis Sie sich alle Techniken aneignen können. Die hohen Kicktechniken setzen beispielsweise eine gute Beweglichkeit voraus; gedrehte und gesprungene Techniken erfordern eine gute Ausbildung der Koordination und Kraft. Wie lange Sie für das Erlernen der Techniken benötigen, hängt davon ab, ob Sie regelmäßig trainieren und wie Ihre körperlichen Voraussetzungen sind. Sie müssen nicht alle Techniken beherrschen, um an Kickbox-Wettkämpfen teilnehmen zu können. Doch die Techniken, die im Wettkampf eingesetzt werden, müssen kraftvoll, schnell und präzise sein, da ansonsten der Gegner wirkungsvoll kontern kann. Je mehr der vorgestellten Techniken Sie perfekt einsetzen können, desto schwerer kann Sie der Gegner im Kampf einschätzen.

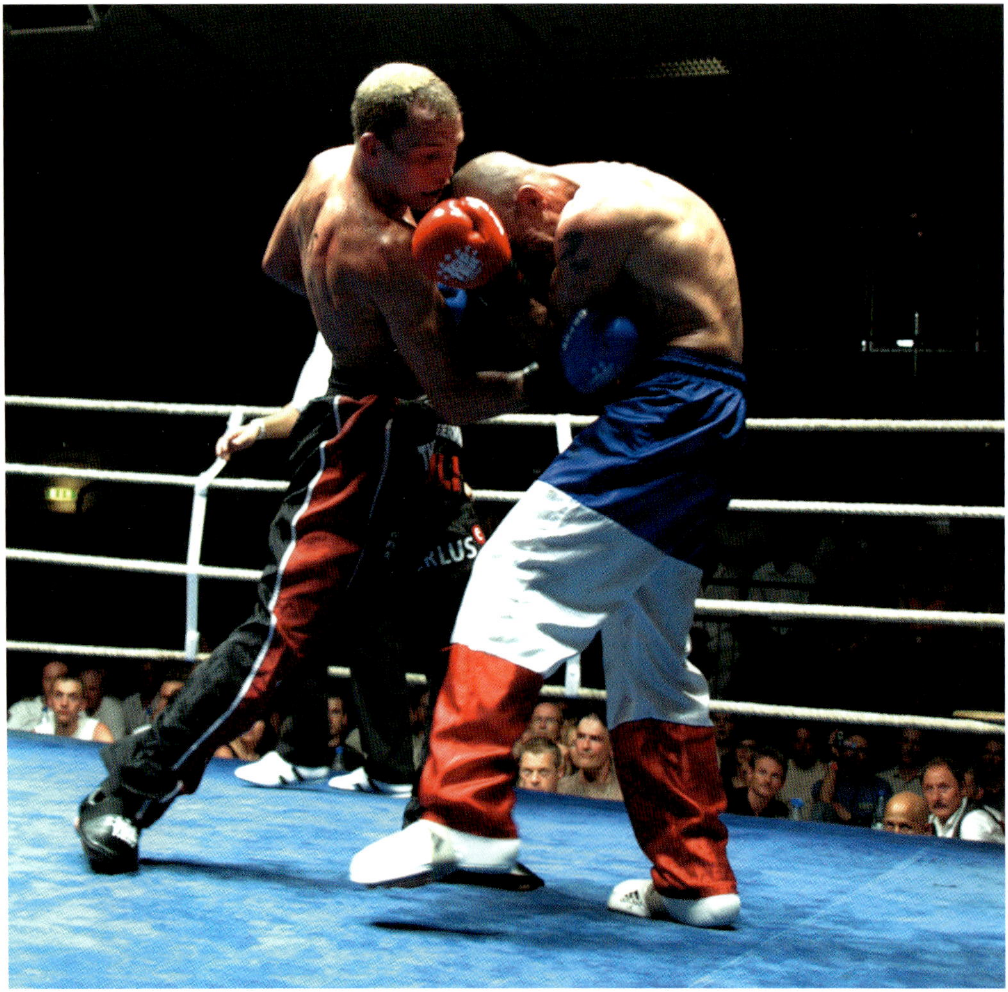

Dominik Haselbeck trifft mit einem Körperhaken, Weltmeisterschaftskampf in Nürnberg.

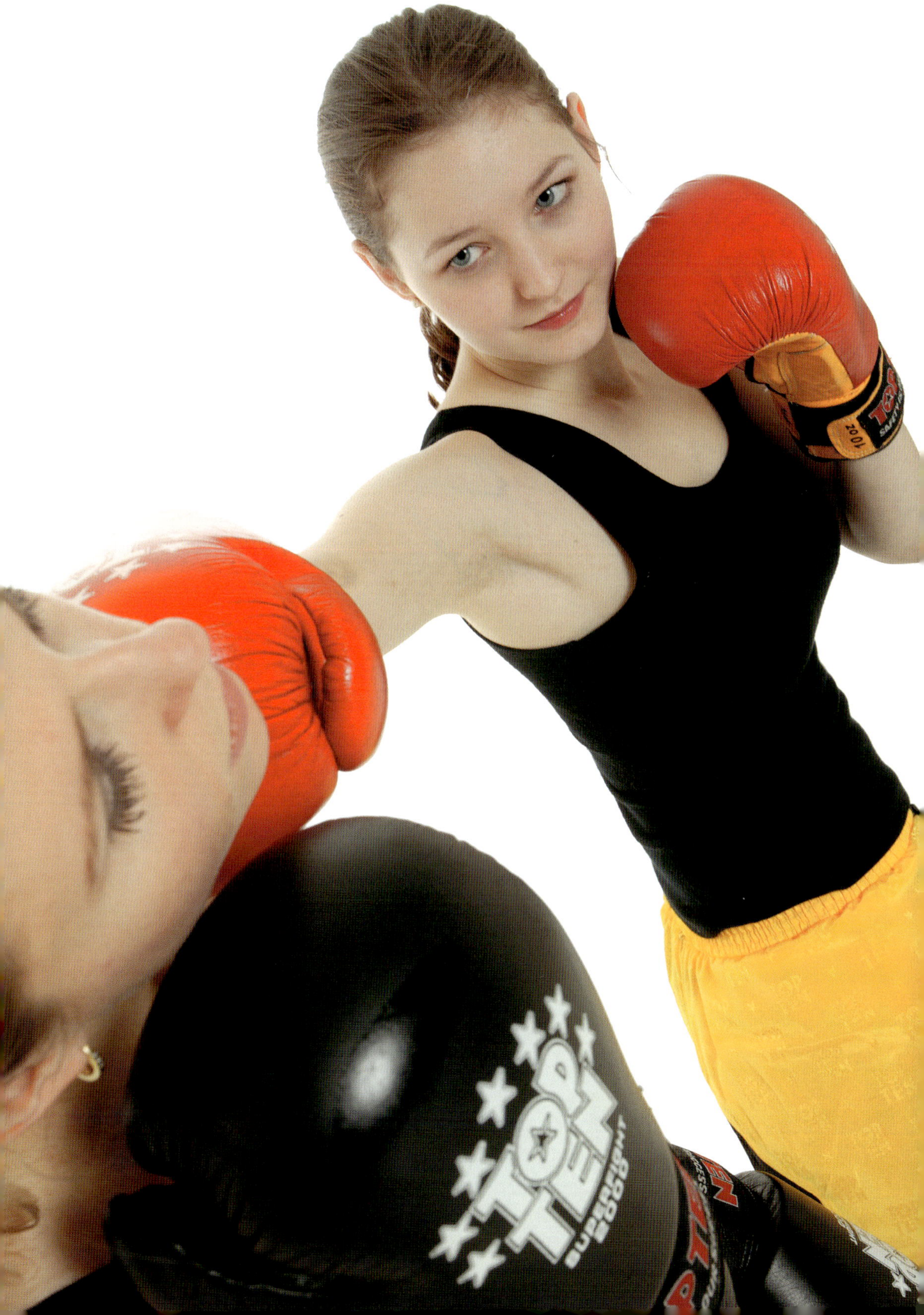
TOP TEN

2. Schlagtechniken

In diesem Abschnitt werden die Schlagtechniken vorgestellt. Sie bekommen die Techniken gezeigt, die häufig in Kickbox-Wettkämpfen eingesetzt werden. Dabei ist zu beachten, dass in den unterschiedlichen Kickbox-Verbänden die Reglements nicht vollständig identisch sind. Beispielsweise ist der Faustrückenschlag aus der Drehung nicht in jedem Verband und in jeder Disziplin zulässig.

Info

Die verschiedenen Schlagtechniken

Gerade (Punch)

1. Vordere Gerade
2. Hintere Gerade

Seithaken (Hook)

3. Vorderer Seithaken
4. Hinterer Seithaken

Aufwärtshaken (Uppercut)

5. Vorderer Aufwärtshaken
6. Hinterer Aufwärtshaken
7. Aufwärtshaken zum Körper

Faustrückenschlag (Backfist)

8. Vorderer Faustrückenschlag
9. Faustrückenschlag aus der Drehung

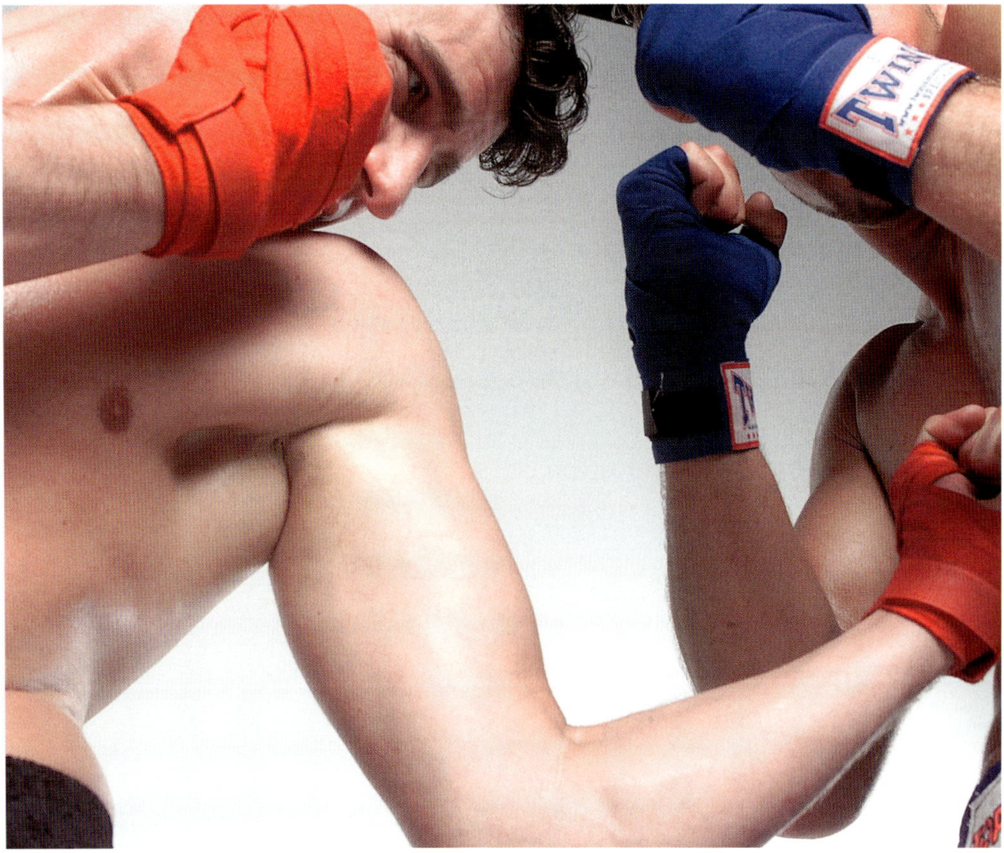

Vordere Gerade

Ziele:
Nase, Kinn, Augen.

Durchführung:
Aus der Kampfstellung beginnen Sie die Technik, indem Sie sich mit der Ferse des vorderen Fußes etwas vom Boden abdrücken. Schlagen Sie die vordere Faust in gerader Linie zum Gegner und halten Sie dabei möglichst lange den Ellbogen unten, da der Gegner ansonsten Ihre Technik frühzeitig erkennt. Die hintere Faust bleibt über dem Kiefer als Schutz vor einer Technik des Gegners.
Während der Schlagbewegung wird die Hüfte eingedreht und das Gewicht nach vorne verlagert, um die Technik kraftvoll auszuführen. Kurz vor dem Treffen des Ziels drehen Sie die Faust so, dass die Handfläche nach unten zeigt. Nach dem Schlag führen Sie die Faust schnell in die Kampfstellung zurück.
Setzen Sie die vordere Gerade möglichst oft ein, um das Timing des Gegners zu stören.

A–C: Die vordere Gerade, die auch Jab genannt wird.

A
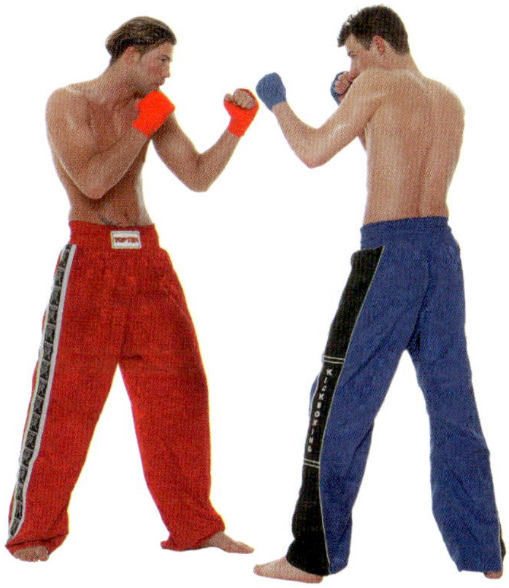

B
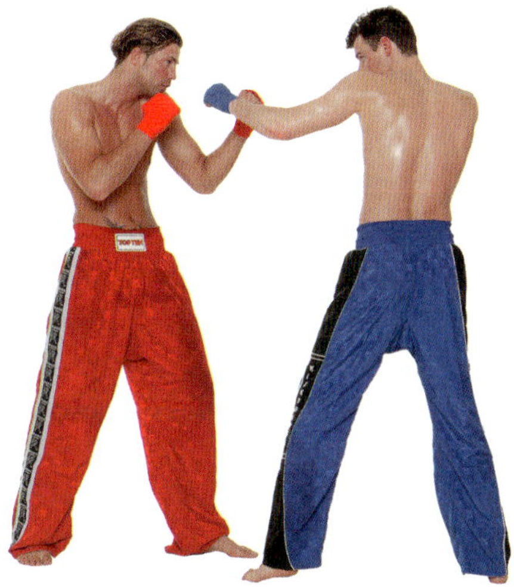

C
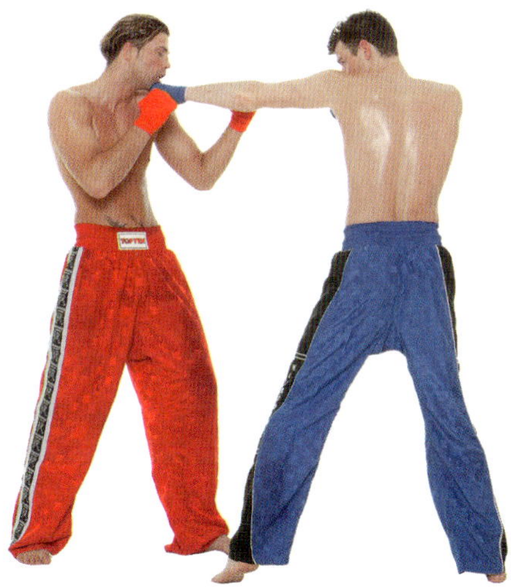

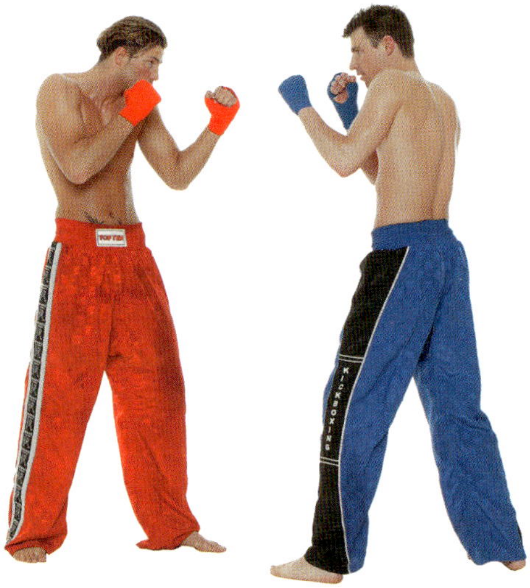

A

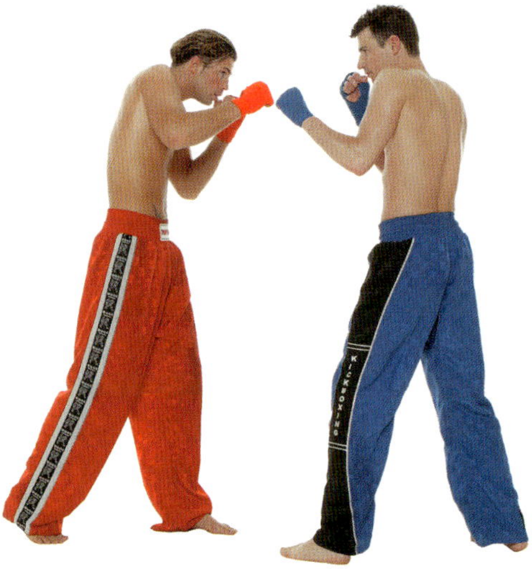

B

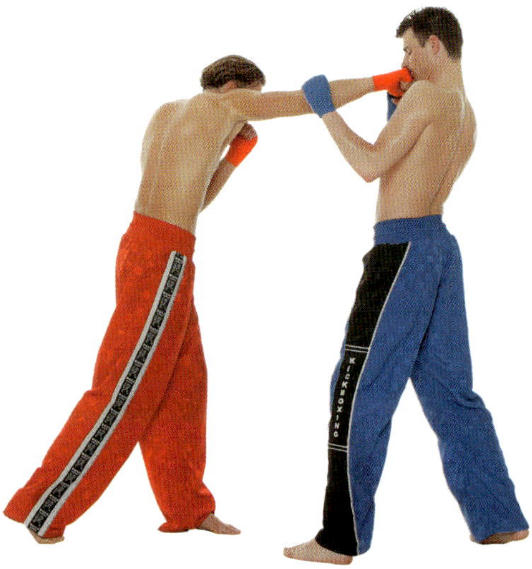

C

Hintere Gerade

Ziele:
Nase, Kinn, Augen, Solarplexus, Magen.

Durchführung:
Sie befinden sich in der Kampfstellung. Beginnen Sie die Technik, indem Sie sich mit der Ferse des hinteren Fußes etwas vom Boden abdrücken. Schlagen Sie die hintere Faust in gerader Linie zum Gegner, wobei Sie den Ellbogen möglichst lange unten halten. Die vordere Faust befindet sich als Schutz etwas über Ihrem Kiefer.
Während des Schlages drehen Sie die Hüfte ein und verlagern das Gewicht nach vorne. Kurz vor dem Treffen drehen Sie die Faust so, dass die Handfläche nach unten zeigt. Anschließend bewegen Sie die Faust schnell in die Kampfstellung zurück.
Vermeiden Sie es, den Schlag zu schieben und führen Sie ihn stattdessen explosiv aus.

A–C: Giovanni zeigt die hintere Gerade zum Kinn.

Vorderer Seithaken

Ziele:
Kiefer, Schläfen, Rippen.

Durchführung:
Aus der Kampfstellung heben Sie die vordere Faust seitlich an, so dass sich der Arm fast parallel zum Boden befindet. Gleichzeitig verlagern Sie Ihr Gewicht auf das vordere Bein und lehnen den Oberkörper etwas zu dieser Seite. Die andere Faust wird über dem Kiefer gehalten, um mögliche gegnerische Techniken zu blocken.
Führen Sie eine seitliche Schlagbewegung aus, wobei Sie den Körper und die Hüfte in Schlagrichtung mitdrehen und das Gewicht in die gleiche Richtung verlagern. Anschließend bewegen Sie die Faust schnell in die Kampfstellung zurück.

A–C: Martin zeigt den Seithaken mit dem vorderen Arm.

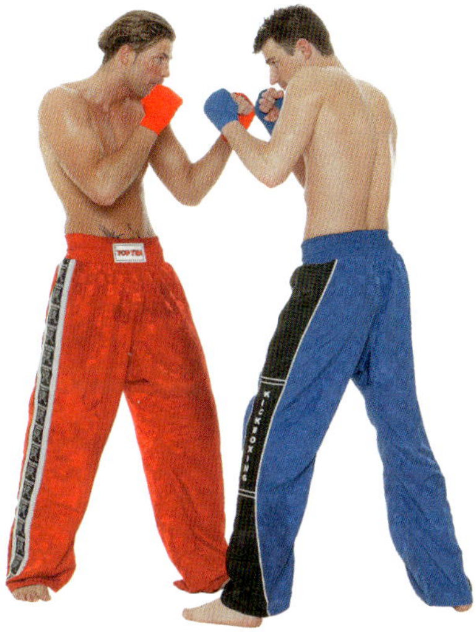

A

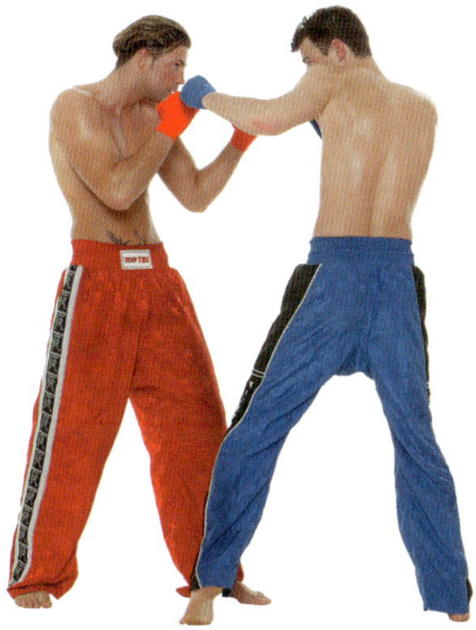

B

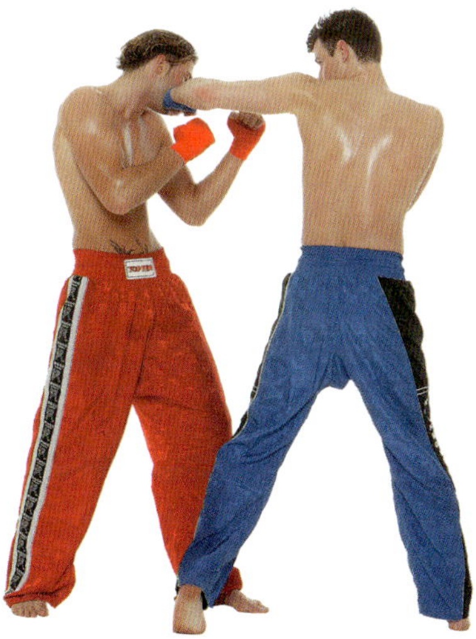

C

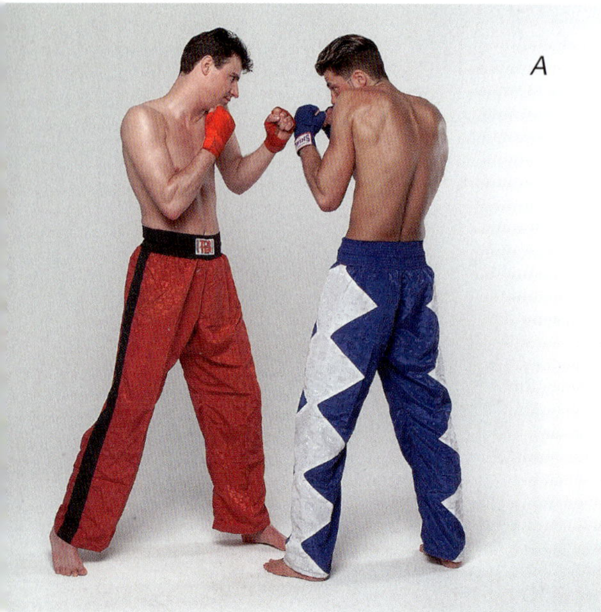

Hinterer Seithaken

Ziele:
Kiefer, Schläfen, Rippen.

Durchführung:
Sie befinden sich in der Kampfstellung und heben die hintere Faust seitlich an, so dass sich der Arm fast parallel zum Boden befindet. Gleichzeitig verlagern Sie Ihr Gewicht auf das hintere Bein und lehnen den Oberkörper etwas zu dieser Seite. Die andere Faust wird als Schutz über dem Kiefer gehalten.
Machen Sie eine seitliche Schlagbewegung. Dabei drehen Sie den Körper und die Hüfte in Schlagrichtung mit und bringen das Gewicht ein. Anschließend ziehen Sie die Faust schnell in die Kampfstellung zurück.

A–C: Der Seithaken mit dem hinteren Arm.

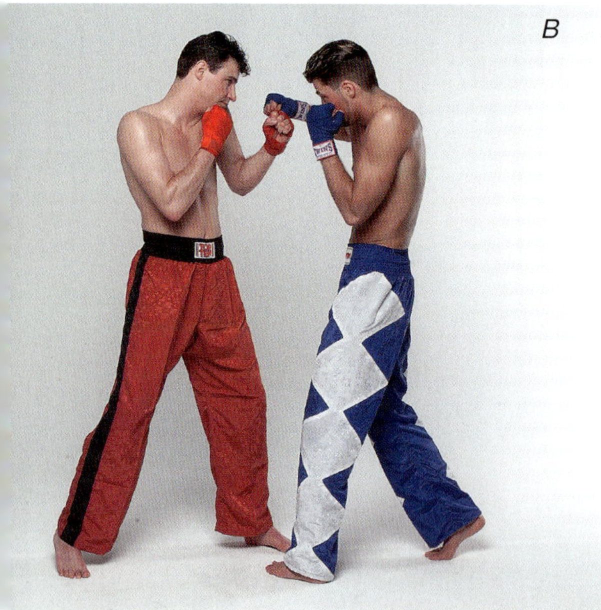

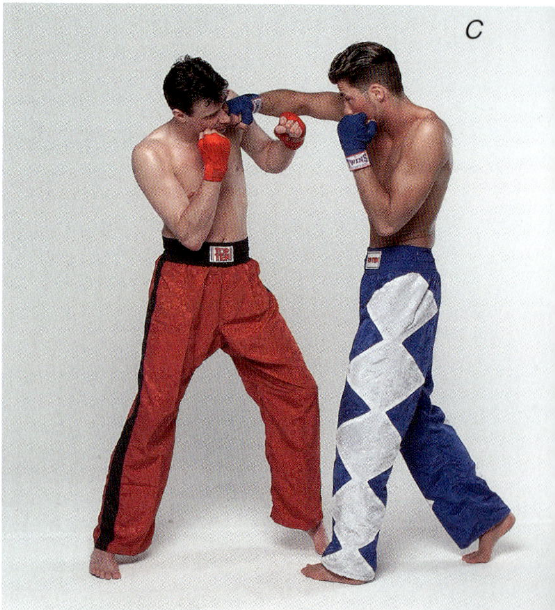

Vorderer Aufwärtshaken

Ziele:
Kinn, Solarplexus.

Durchführung:
Sie befinden sich in der Kampfstellung. Bewegen Sie den vorderen Unterarm nach unten und drehen Sie dabei die Faust, so dass sich Unterarm und Oberarm fast im rechten Winkel befinden. Dabei verlagern Sie Ihr Gewicht auf das vordere Bein und beugen beide Beine etwas. Die hintere Faust wird als Schutz vor einem Konter des Gegners über dem Kiefer gehalten.
Schlagen Sie die vordere Faust ruckartig nach oben. Dabei strecken Sie die Beine, drehen Körper und Hüfte mit und verlagern das Gewicht nach vorne. Achten Sie darauf, dass Sie mit den Knöcheln das Ziel treffen, und darauf, dass Sie den Schlag nach oben durchziehen und nicht in der Bewegung stoppen. Anschließend führen Sie die Faust schnell in die Kampfstellung zurück.

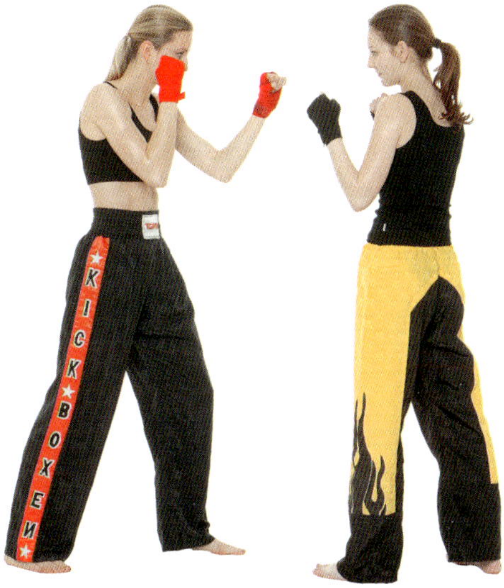

A

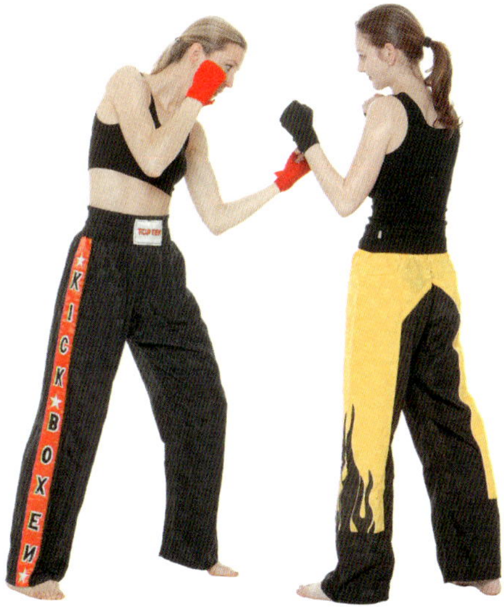

B

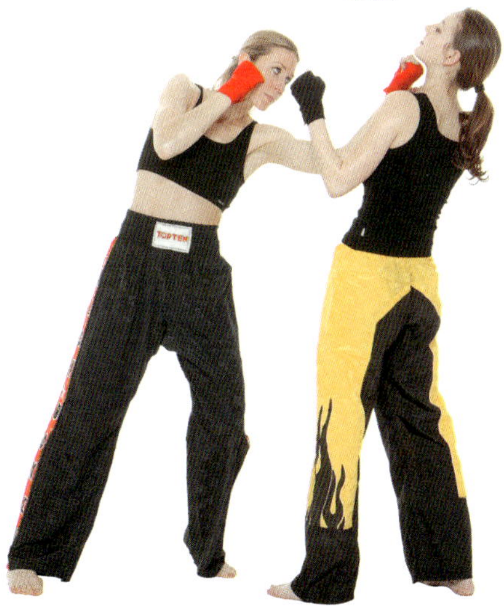

C

A–C: Vanessa zeigt den Aufwärtshaken mit dem vorderen Arm.

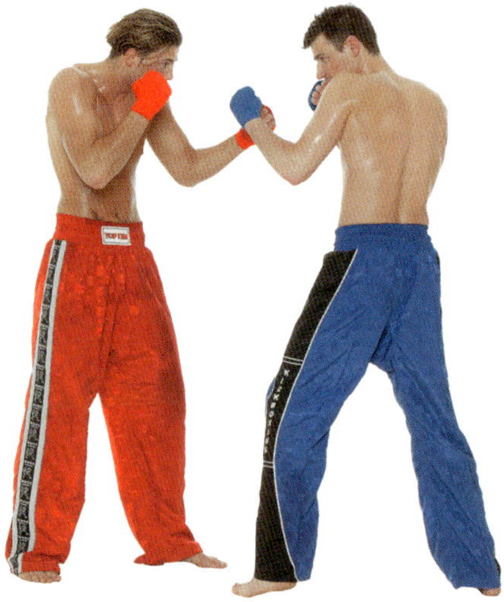

A

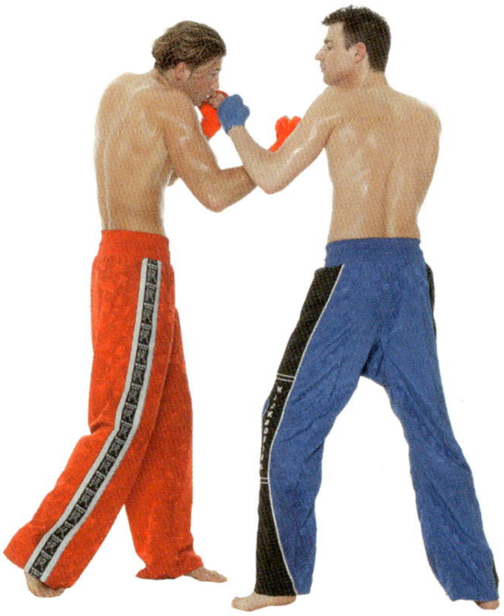

B

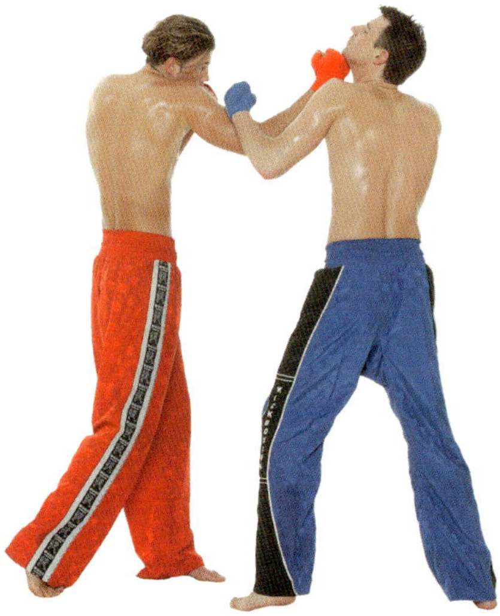

C

Hinterer Aufwärtshaken

Ziele:
Kinn, Solarplexus.

Durchführung:
Aus der Kampfstellung bewegen Sie den hinteren Unterarm nach unten und drehen die Faust; Unterarm und Oberarm befinden sich nun fast im rechten Winkel. Dabei verlagern Sie Ihr Gewicht auf das hintere Bein und beugen beide Beine etwas. Die vordere Faust wird als Schutz über dem Kiefer gehalten.
Schlagen Sie die hintere Faust ruckartig nach oben. Gleichzeitig strecken Sie die Beine, drehen Körper und Hüfte mit und bringen das Gewicht ein. Achten Sie darauf, dass Sie mit den Knöcheln das Ziel treffen. Ziehen Sie den Schlag nach oben durch und stoppen Sie nicht in der Bewegung. Danach bringen Sie die Faust schnell in die Kampfstellung zurück.

A–C: Der Aufwärtshaken mit dem hinteren Arm.

Aufwärtshaken zum Körper

Ziele:
Rippen, Solarplexus, Magen.

Durchführung:
Aus der Kampfstellung bewegen Sie einen Unterarm nach unten und drehen dabei die Faust, so dass sich Unterarm und Oberarm fast im rechten Winkel befinden. Gleichzeitig verlagern Sie Ihr Gewicht auf das Bein der ausführenden Seite und lehnen den Oberkörper etwas zu dieser Seite. Die andere Faust wird als Schutz über dem Kiefer gehalten.
Schlagen Sie Ihre Faust ruckartig zum Ziel, wobei Sie die Hüfte eindrehen und das Gewicht nach vorne verlagern. Anschließend führen Sie die Schlaghand schnell in die Kampfstellung zurück.

A–C: Martin zeigt einen Körperhaken zum Magen mit dem vorderen Arm.

D: Die Technik mit dem hinteren Arm.

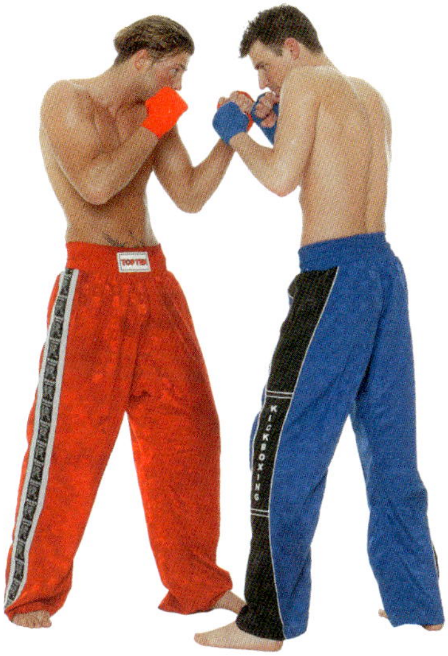

A

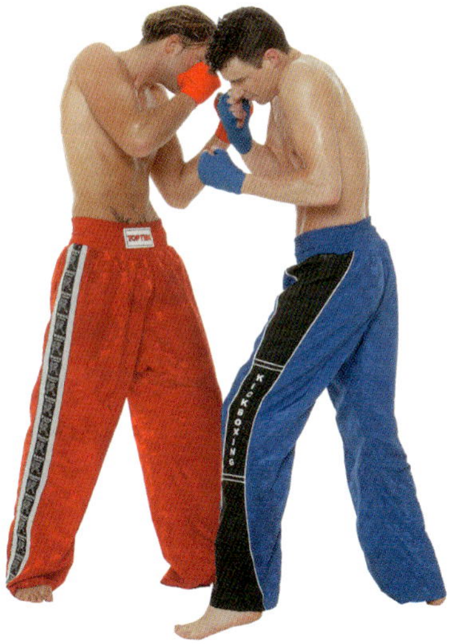

B

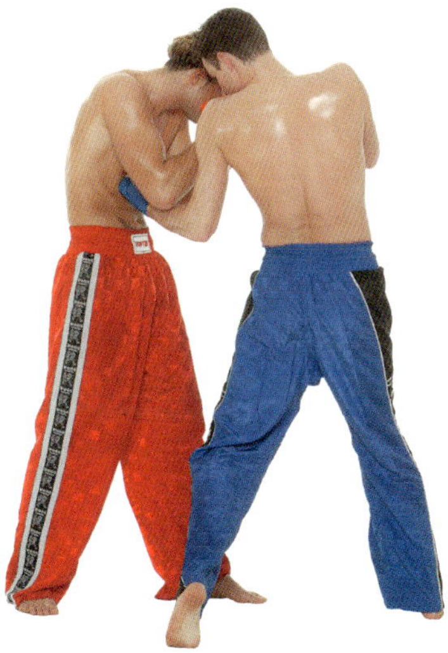

C

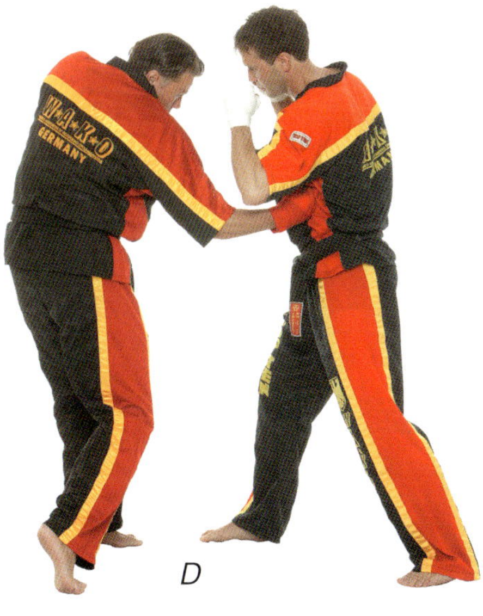

D

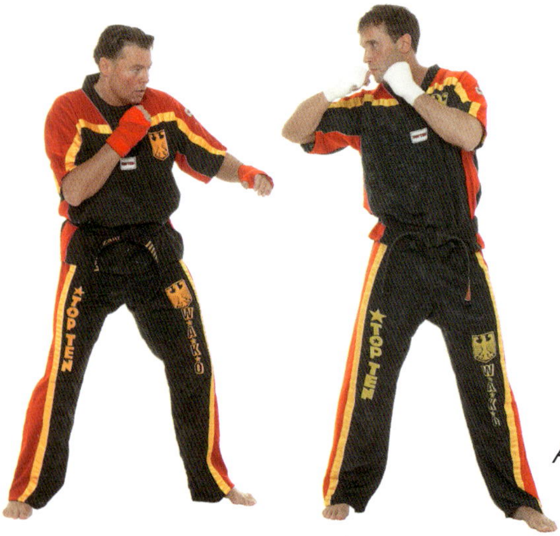

A

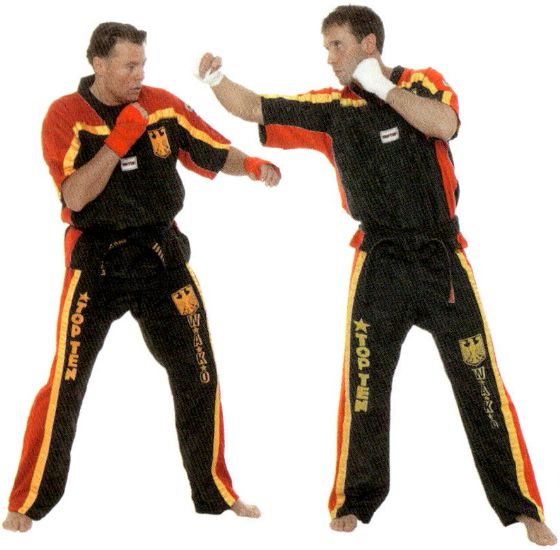

B

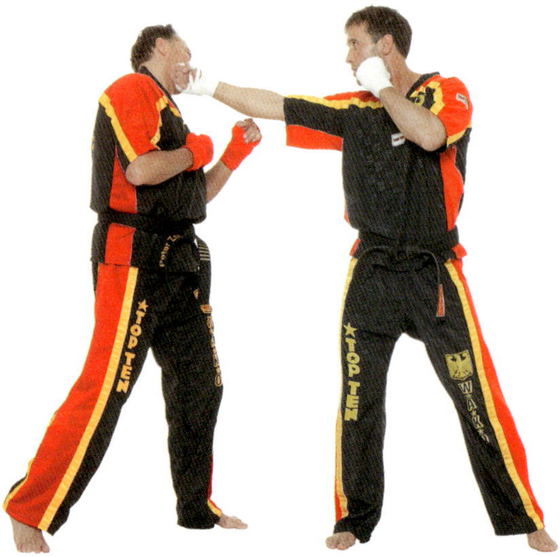

C

Vorderer Faustrückenschlag

Ziele:
Kiefer, Schläfen.

Durchführung:
Sie befinden sich in der Kampfstellung. Bewegen Sie Ihre vordere Faust zu Ihrer hinteren Schulter. Dabei drehen Sie den Oberkörper und etwas den vorderen Fuß mit.
Schlagen Sie in einer peitschenden Bewegung die Faust zum Ziel, wobei Sie den Körper zurückdrehen. Getroffen wird mit den Faustknöcheln. Anschließend bewegen Sie die Schlaghand schnell wieder in die Kampfstellung.

A–C: Der Faustrückenschlag zum Kiefer.

D: Der Faustrückenschlag auf den Kopf. Diese Technik ist nur im Point Fighting erlaubt.

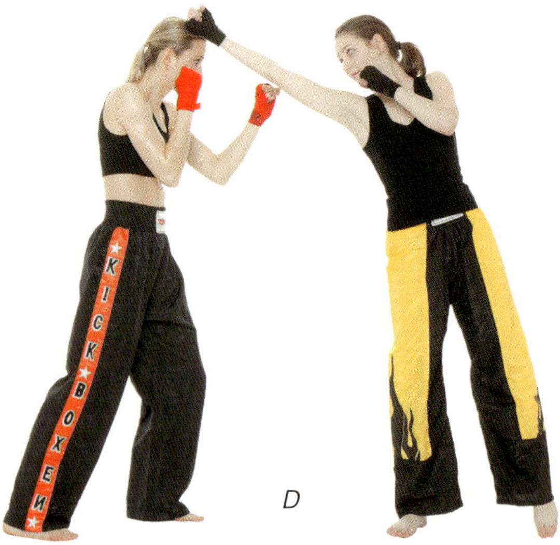

D

Faustrückenschlag aus der Drehung

Ziele:
Kiefer, Schläfen.

Durchführung:
Aus der Kampfstellung stellen Sie Ihren vorderen Fuß nach innen vorne und verlagern Ihr Gewicht darauf. Drehen Sie sich schnell über den Fuß. Aus der Linksauslage drehen Sie sich im Uhrzeigersinn; aus Rechtsauslage entgegen dem Uhrzeigersinn. Erfassen Sie so schnell wie möglich mit Ihrem Blick wieder den Gegner.
Nutzen Sie den Schwung aus der Drehung, um Ihren hinteren Arm zum Gegner zu schlagen. Getroffen wird mit den Faustknöcheln. Anschließend bewegen Sie sich schnell in die Kampfstellung zurück.

A–C: Der Faustrückenschlag aus der Drehung mit dem hinteren Arm.

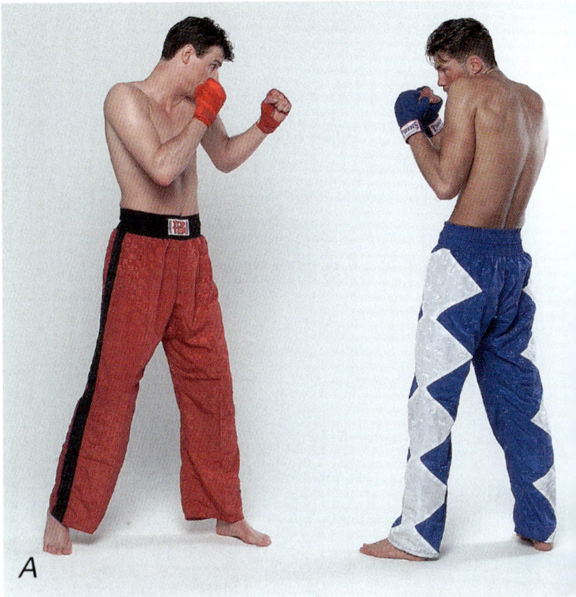

A

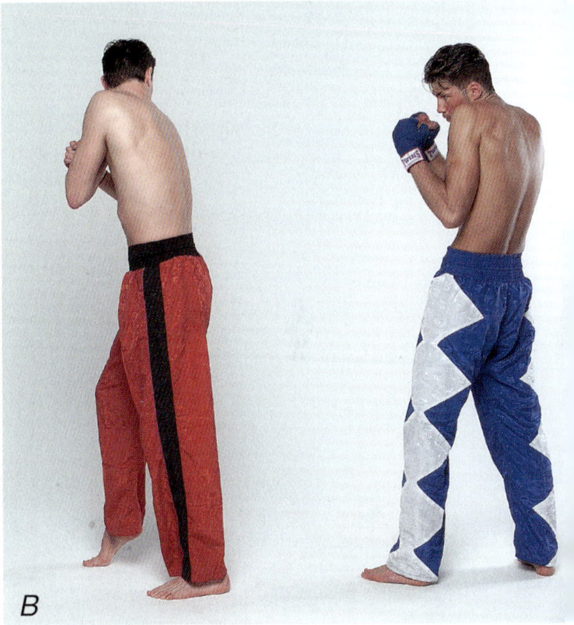

B

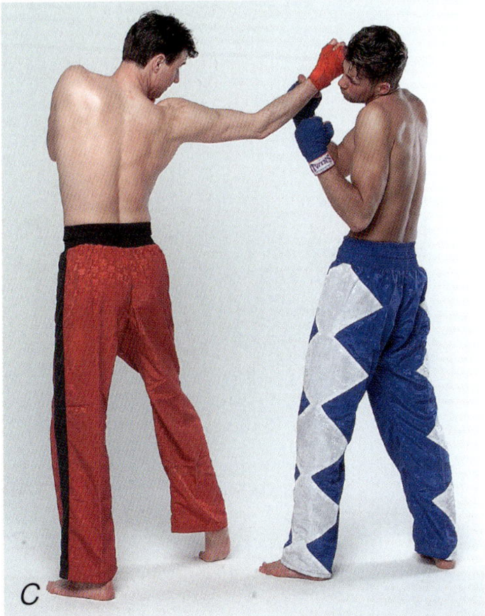

C

Üblicherweise wird die Technik mit dem hinteren Arm ausgeführt. Wenn sich der Kontrahent von einem wegbewegt, kann sie auch mit dem vorderen Arm ausgeführt werden.

3. Kicktechniken

In diesem Abschnitt sind die Tritttechniken vorgestellt, die oft im Kickboxen eingesetzt werden. Dabei ist zu beachten, dass nicht jede der dargestellten Techniken in jeder Disziplin und in jedem Verband zulässig ist. Es gibt beispielsweise Kickboxen mit und ohne Low Kicks. Sie müssen nicht alle Techniken beherrschen, um an Wettkämpfen teilzunehmen. Je mehr Techniken Sie aber perfekt ausführen können, umso schwieriger sind Sie für den Gegner einzuschätzen.

Info

Verschiedene Kicktechniken

Vorwärtstritt (Frontkick)

1. Vorderer Vorwärtstritt
2. Hinterer Vorwärtstritt
3. Vorwärtstritt im Sprung

Halbkreistritt (Roundhousekick)

4. Vorderer Halbkreistritt
5. Hinterer Halbkreistritt
6. Halbkreistritt im Sprung

Seittritt (Sidekick)

7. Vorderer Seittritt
8. Hinterer Seittritt
9. Seittritt im Sprung

Rücktritt (Backkick)

10. Rücktritt
11. Rücktritt im Sprung

Außenristtritt (Crescentkick)

12. Vorderer Außenristtritt
13. Hinterer Außenristtritt
14. Außenristtritt aus der Drehung

Hakentritt (Hookkick)

15. Vorderer Hakentritt
16. Hinterer Hakentritt
17. Hakentritt aus der Drehung
18. Hakentritt aus der Drehung im Sprung

Axtkick (Axekick)

19. Vorderer Axttritt
20. Hinterer Axttritt

Fußfeger (Footsweep)

21. Fußfeger in gleicher Auslage
22. Fußfeger in unterschiedlicher Auslage

Low Kick

23. Vorderer Low Kick
24. Hinterer Low Kick

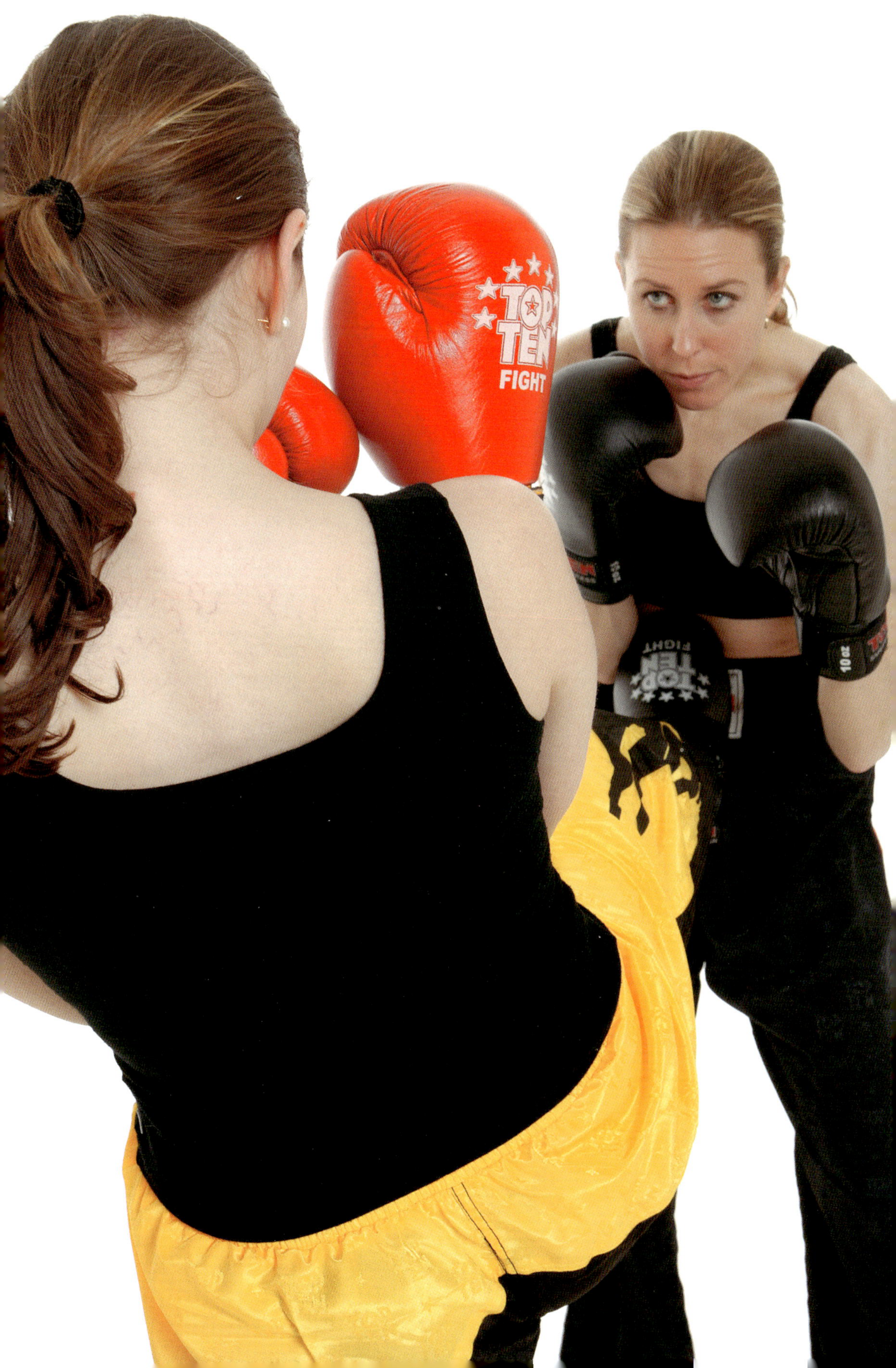
TOP TEN
FIGHT

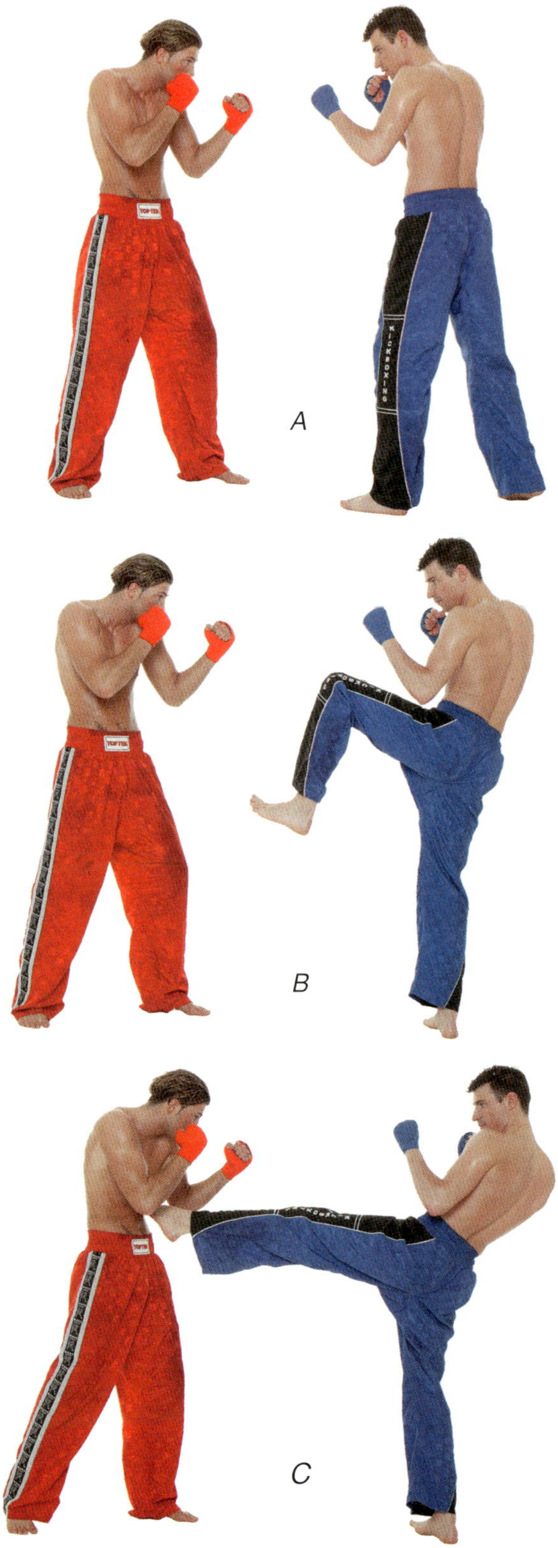

Vorderer Vorwärtstritt

Ziele:
Magen, Solarplexus, Kopf.

Durchführung:
Sie befinden sich in der Kampfstellung. Ziehen Sie Ihr vorderes Knie zum Oberkörper und richten Sie den Fuß zum Ziel. Die Deckung bleibt angehoben, um gegnerische Techniken abwehren zu können.
Treten Sie mit Hüfteinsatz gerade zum Gegner. Dabei drehen Sie das Standbein nach außen und lehnen den Oberkörper etwas zurück. Getroffen wird mit dem Fußballen, der Ferse oder dem ganzen Fuß. Anschließend ziehen Sie das Knie schnell wieder zum Oberkörper, bevor Sie das Bein abstellen.
Meistens wird der vordere Vorwärtstritt mit dem Fußballen ausgeführt, da so schnell getreten werden kann, um den Gegner bei einer Technik zu stoppen. Die Ferse oder der ganze Fuß wird für einen kraftvollen Vorwärtstritt eingesetzt.

A–C: Der Vorwärtstritt mit dem vorderen Bein zum Körper.

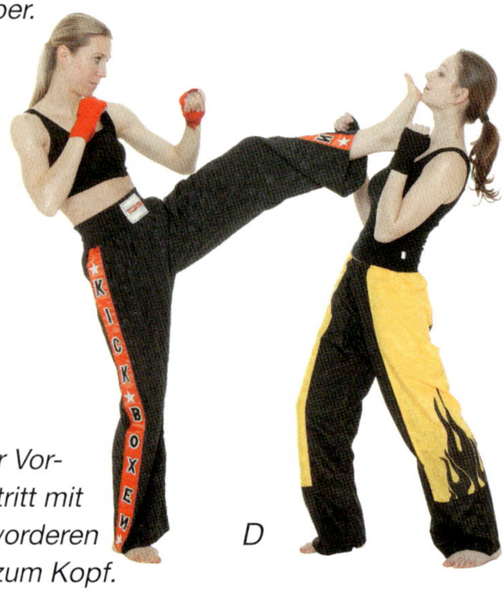

D: Der Vorwärtstritt mit dem vorderen Bein zum Kopf.

Hinterer Vorwärtstritt

Ziele:
Magen, Solarplexus, Kopf.

Durchführung:
Aus der Kampfstellung ziehen Sie Ihr hinteres Knie zum Oberkörper und richten den Fuß zum Ziel. Gleichzeitig drehen Sie die hintere Körperseite vor. Die Deckung bleibt als Schutz angehoben.
Treten Sie mit Hüfteinsatz gerade zum Gegner. Dabei drehen Sie das Standbein nach außen und lehnen den Oberkörper etwas zurück. Getroffen wird mit dem Fußballen, der Ferse oder dem ganzen Fuß. Anschließend ziehen Sie das Knie schnell wieder zum Oberkörper und stellen dann das Bein in der Kampfstellung ab.

A–C: Giovanni zeigt den hinteren Vorwärtstritt zum Kinn.

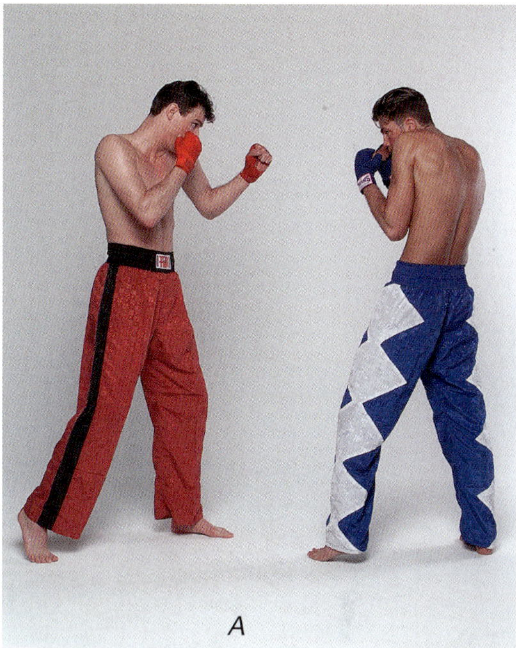

A

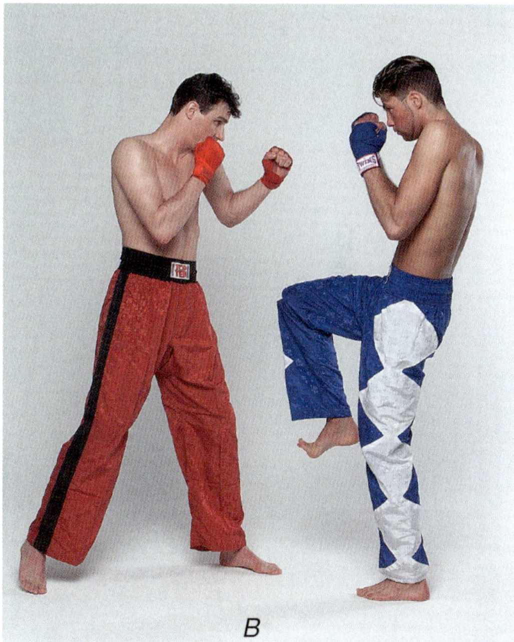

B

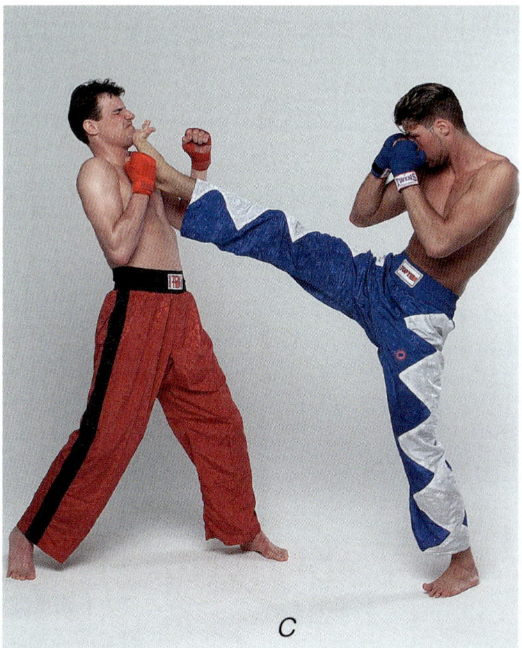

C

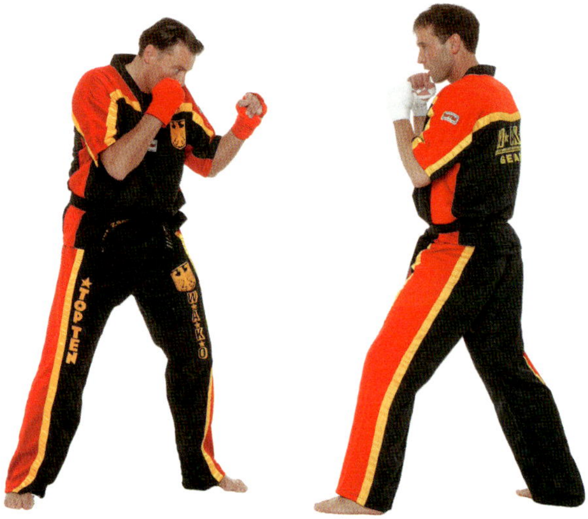

A

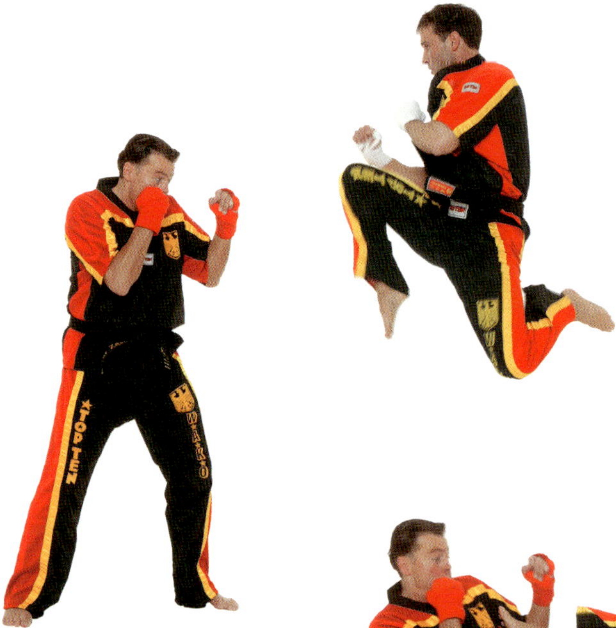

B

Vorwärtstritt im Sprung

Ziele:
Magen, Solarplexus, Kopf.

Durchführung:
Sie befinden sich in der Kampfstellung. Verlagern Sie das Gewicht auf das vordere Bein, beugen Sie es etwas und springen Sie dann über dieses Bein ab. Im Sprung reißen Sie Ihr hinteres Knie zum Oberkörper und drehen dabei die hintere Körperseite vor. Dann treten Sie gerade mit Hüfteinsatz zum Ziel. Getroffen wird mit dem Fußballen, der Ferse oder dem ganzen Fuß. Anschließend kommen Sie kontrolliert mit dem Absprungbein zuerst auf dem Boden auf und nehmen wieder die Kampfstellung ein.
Die Technik ist auch mit dem vorderen Bein einsetzbar; mit diesem kann aber weniger Wirkung erzielt werden.

A–C: Andreas zeigt den gesprungenen Vorwärtstritt mit dem hinteren Bein.

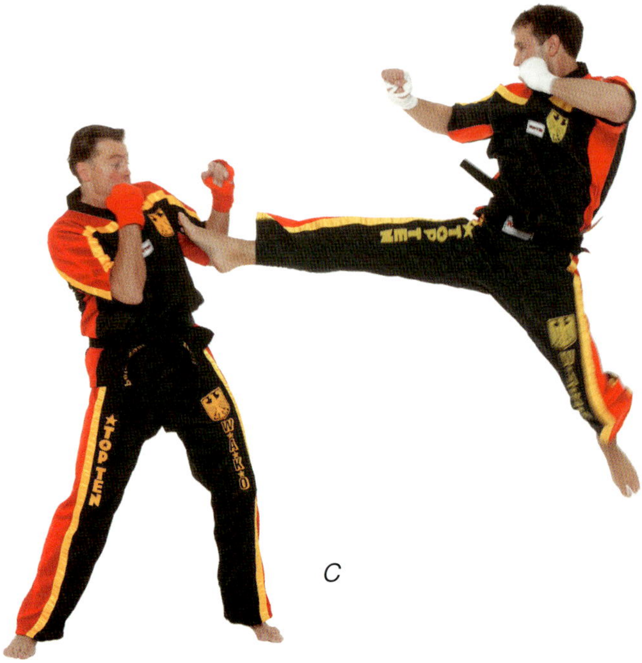

C

Vorderer Halbkreistritt

Ziele:
Rippen, Schläfen, Kiefer.

Durchführung:
Aus der Kampfstellung heben Sie das vordere Bein an und drehen dabei das Standbein nach außen. Das Knie zeigt in Richtung des Ziels, und das Bein ist eingeklappt.
Treten Sie den Unterschenkel in einer Schnappbewegung zum Gegner, wobei Sie die Hüfte einsetzen. Getroffen wird mit dem Fußspann oder dem Fußballen. Anschließend schnappen Sie erst den Unterschenkel zurück, bevor Sie das Bein in der Kampfstellung abstellen.
Der vordere Halbkreistritt kann zum Körper oder zum Kopf ausgeführt werden.

A–C: Martin zeigt den Kick zum Kopf.

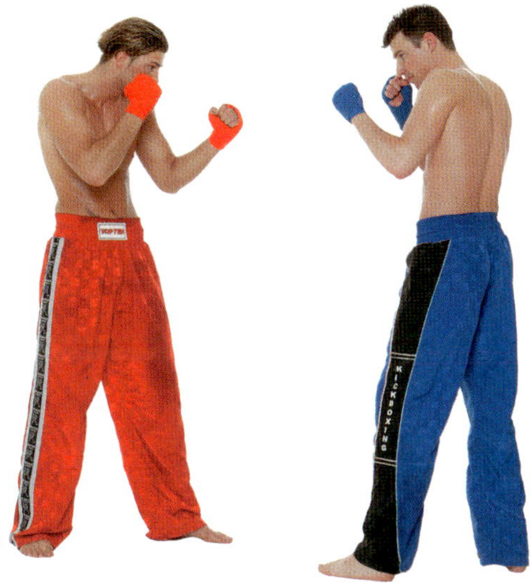
A

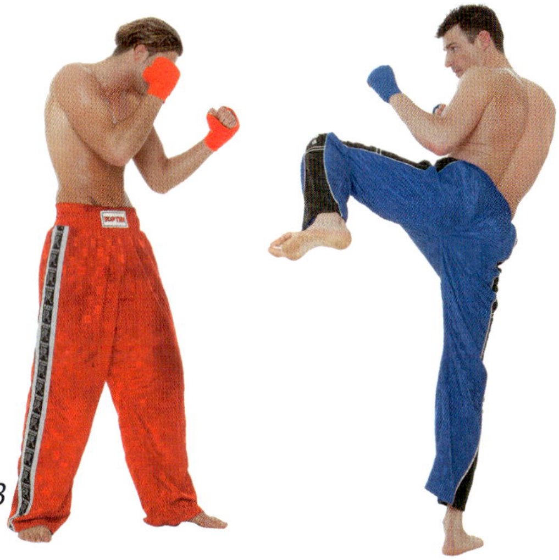
B

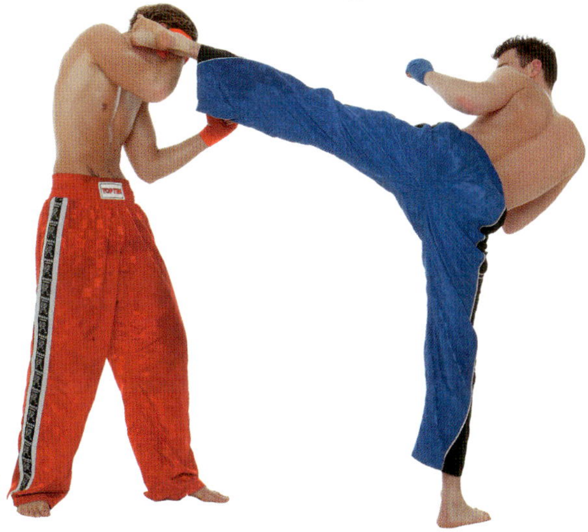
C

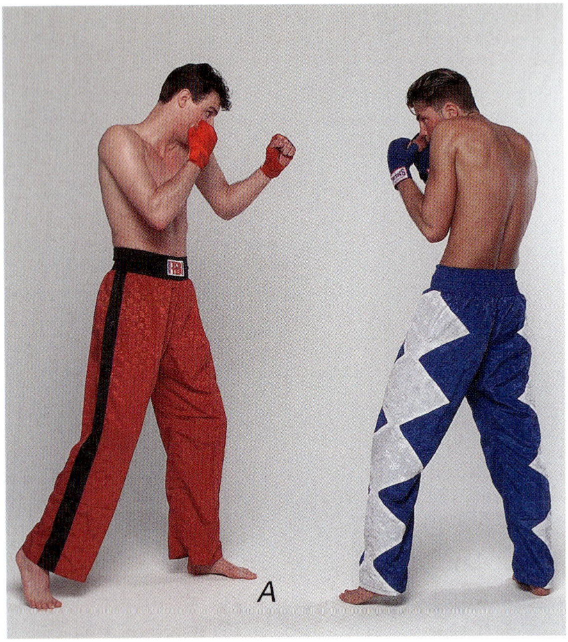

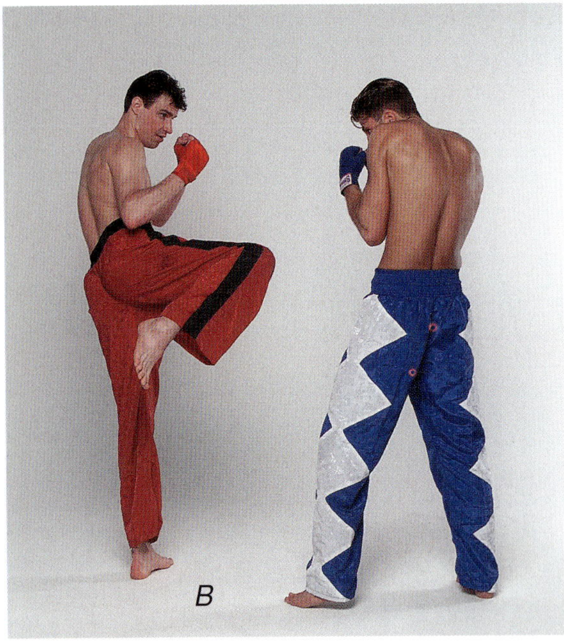

Hinterer Halbkreistritt

Ziele:
Rippen, Schläfen, Kiefer.

Durchführung:
Sie befinden sich in der Kampfstellung. Heben Sie das hintere Bein an und drehen dabei das Standbein nach außen. Das Knie zeigt in Richtung des Ziels, und das Bein ist eingeklappt. Beim Anheben des Beins drehen Sie den Oberkörper und die Hüfte dieser Körperseite vor.
Treten Sie den Unterschenkel in einer Schnappbewegung mit Hüfteinsatz zum Ziel. Getroffen wird mit dem Fußspann oder dem Fußballen. Anschließend schnappen Sie erst den Unterschenkel zurück, bevor Sie das Bein abstellen.
Der hintere Halbkreistritt kann zum Körper oder zum Kopf ausgeführt werden.

A–C: Martin zeigt den Kick zum Körper.

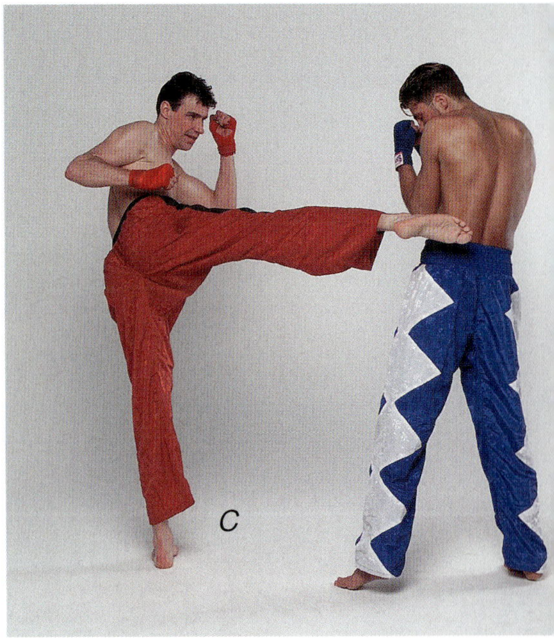

Halbkreistritt im Sprung

Ziele:
Rippen, Schläfen, Kiefer.

Durchführung:
Aus der Kampfstellung beugen Sie Ihre Beine etwas und springen dann über das Bein vom Boden ab, welches nicht den Tritt ausführt. Während des Sprungs heben Sie das Trittbein an, so dass das Knie in Richtung des Ziels zeigt und das Bein eingeklappt ist. Wenn Sie die Technik mit dem hinteren Bein ausführen, drehen Sie gleichzeitig die hintere Körperseite vor.
Noch während Sie sich in der Luft befinden, treten Sie den Unterschenkel mit Hüfteinsatz in einer Schnappbewegung zum Ziel. Getroffen wird mit dem Fußspann oder dem Fußballen. Achten Sie darauf, dass Sie kontrolliert auf dem Boden aufkommen; mit dem Absprungbein zuerst. Anschließend nehmen Sie schnell wieder die Kampfstellung ein.
Die Technik ist mit dem vorderen und hinteren Bein ausführbar; sie gelingt kraftvoll mit dem hinteren Bein.

A–C: Andreas zeigt die Technik mit dem vorderen Bein.

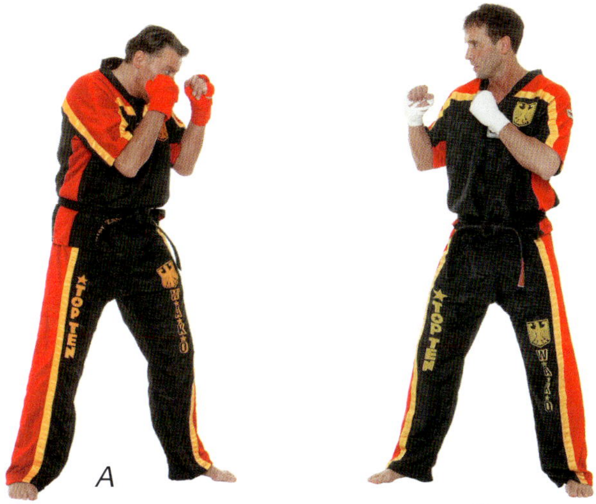

A

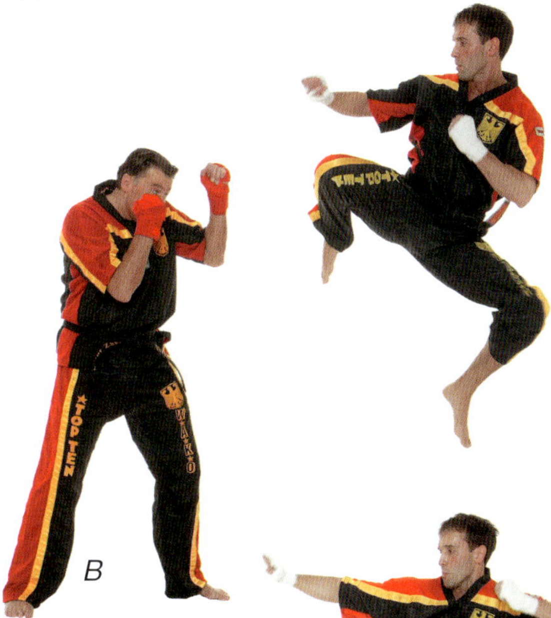

B

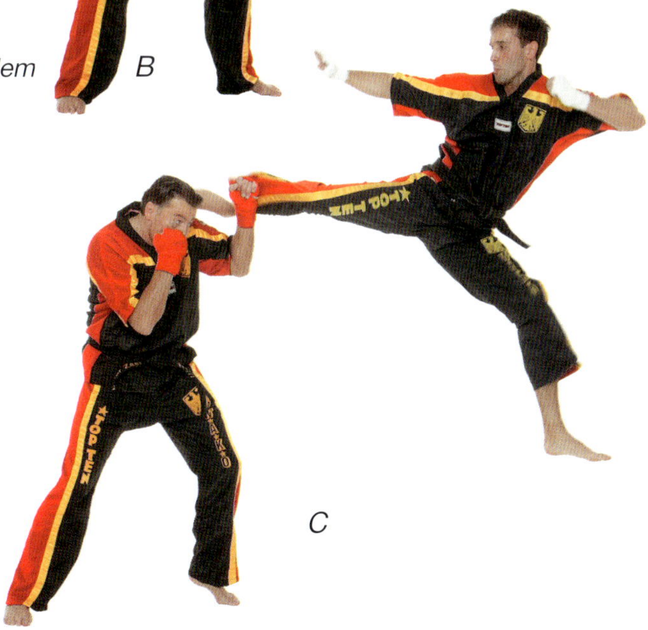

C

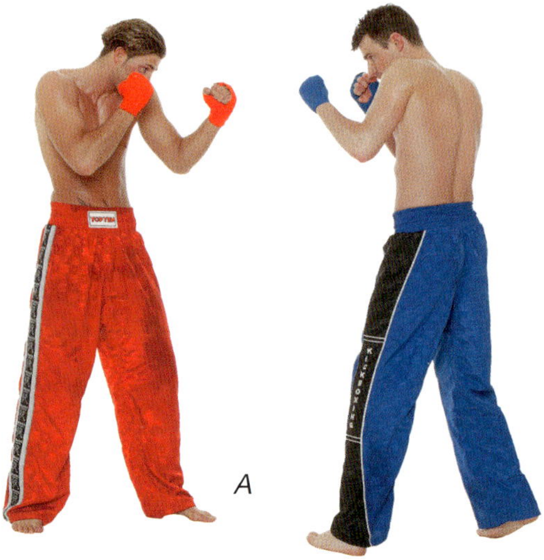
A

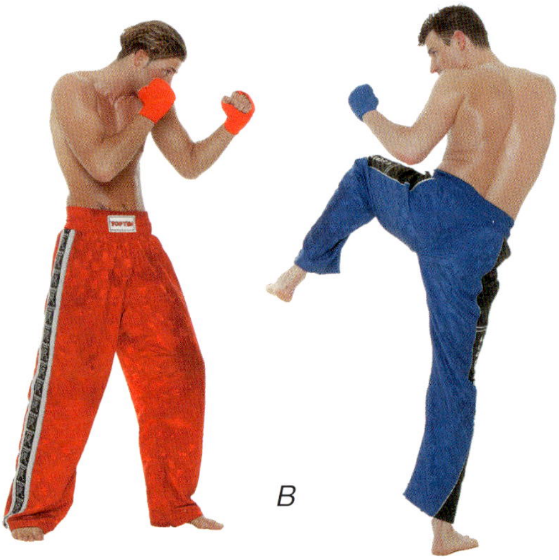
B

Vorderer Seittritt

Ziele:
Magen, Solarplexus, Kinn, Nase.

Durchführung:
Sie befinden sich in der Kampfstellung. Ziehen Sie das vordere Knie so hoch wie möglich zur gegenüberliegenden Schulter und richten dabei die Ferse zum Ziel. Gleichzeitig drehen Sie den Oberkörper und die Hüfte vor und das Standbein nach hinten.
Treten Sie das Bein mit Hüfteinsatz zum Gegner. Dabei drehen Sie das Standbein weiter nach hinten und lehnen den Oberkörper zurück. Getroffen wird mit der Ferse oder der Fußaußenkante. Im Moment des Treffens befindet sich die Ferse etwas höher als die Fußzehen. Anschließend ziehen Sie erst das Knie zur Schulter zurück, bevor Sie das Bein abstellen. Achten Sie darauf, dass Sie Ihre Deckung nicht vernachlässigen.

A–C: Martin zeigt die Technik zum Körper.

D: Jürgen zeigt die Technik zum Kopf.

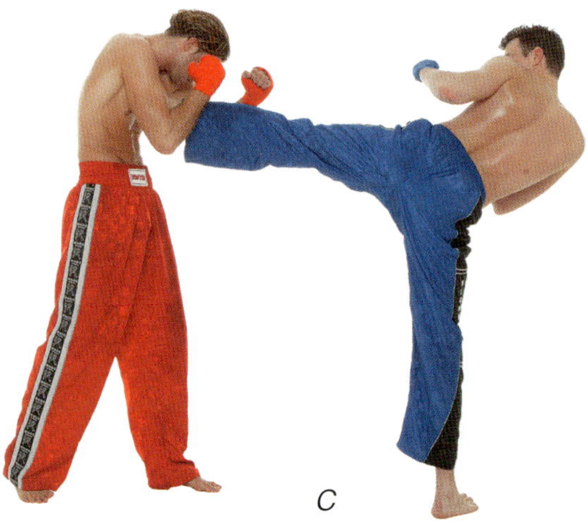
C

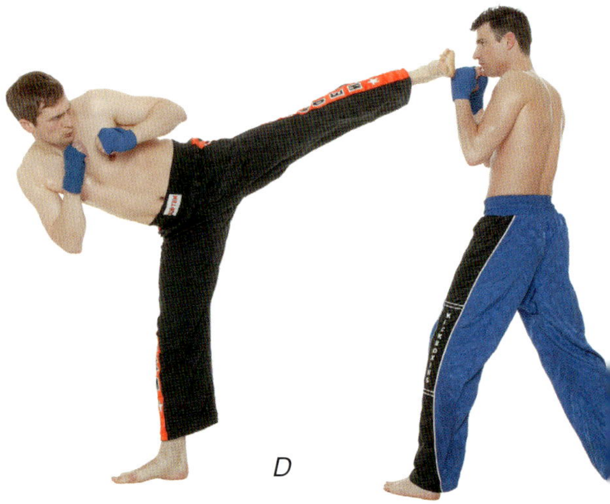
D

Hinterer Seittritt

Ziele:
Magen, Solarplexus, Kinn, Nase.

Durchführung:
Aus der Kampfstellung ziehen Sie das hintere Knie so hoch wie möglich zur gegenüberliegenden Schulter und richten dabei die Ferse zum Ziel. Gleichzeitig drehen Sie die hintere Körperseite und die Hüfte vor und das Standbein nach hinten.
Treten Sie das Bein mit Hüfteinsatz zum Gegner, wobei Sie das Standbein vollständig nach hinten drehen und den Oberkörper zurücklehnen. Getroffen wird mit der Ferse oder der Fußaußenkante. Im Moment des Treffens befindet sich die Ferse etwas höher als die Fußzehen. Danach ziehen Sie zuerst das Knie zur Schulter zurück und stellen dann das Bein in der Kampfstellung ab. Achten Sie beim Seittritt darauf, dass Sie Ihre Deckung nicht fallen lassen.

A–C: Andreas zeigt die Technik zum Kinn.

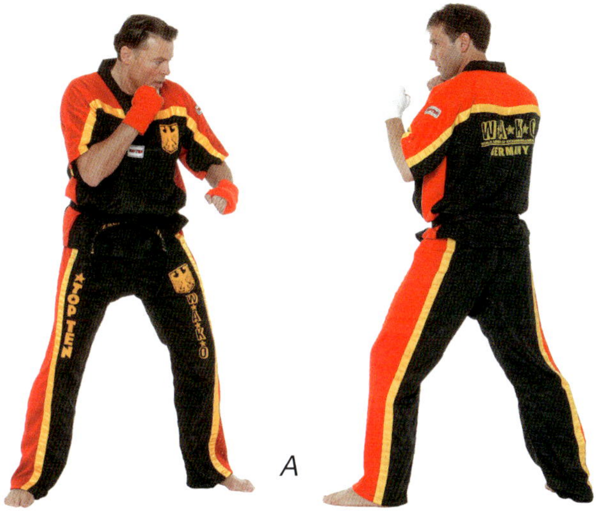

A

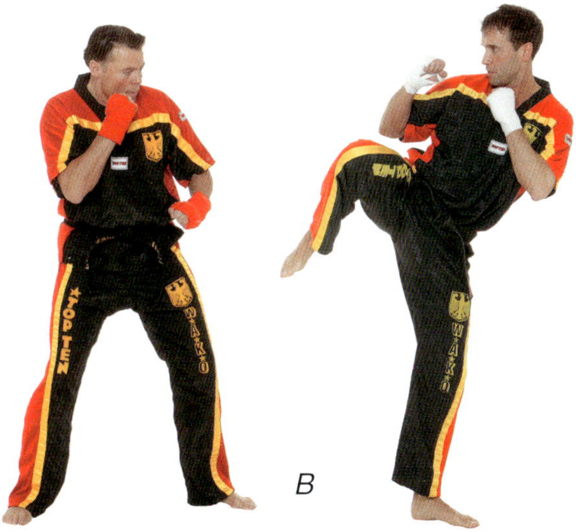

B

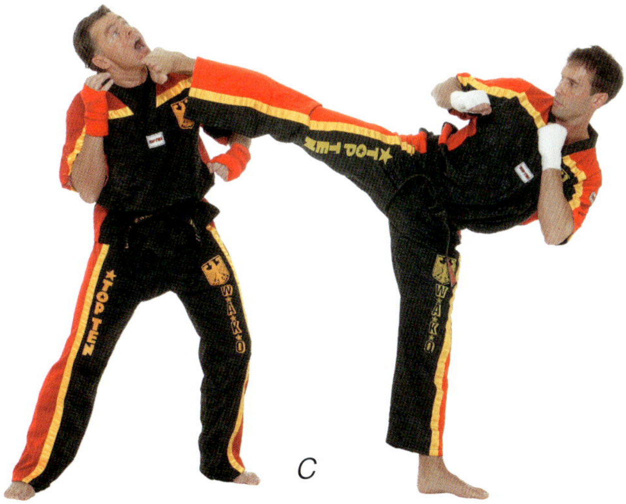

C

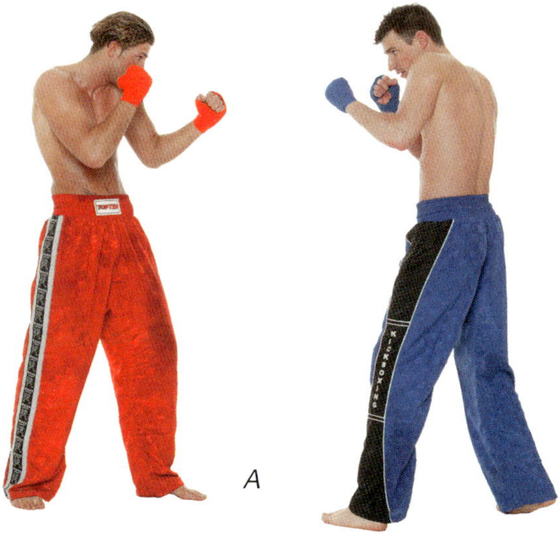

A

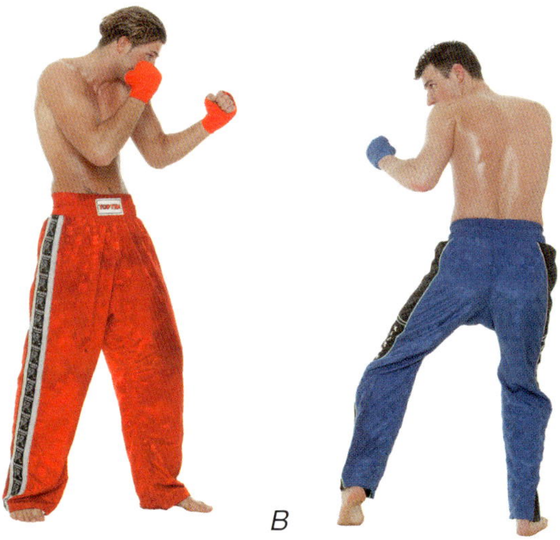

B

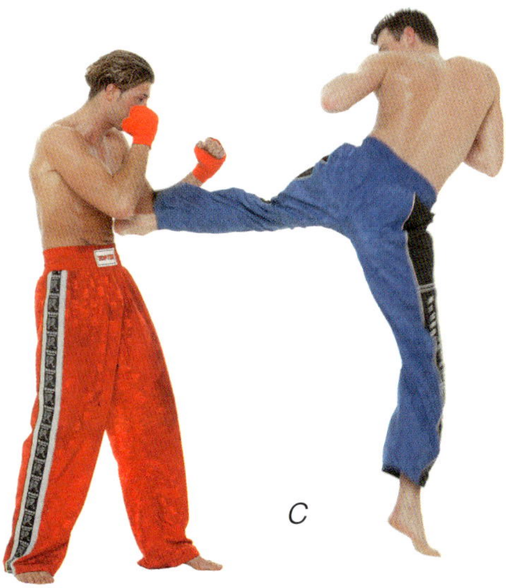

C

Seittritt im Sprung

Ziele:
Magen, Solarplexus, Kinn, Nase.

Durchführung:
Aus der Kampfstellung beugen Sie die Beine etwas und springen dann über das Bein vom Boden ab, das nicht den Tritt ausführt. Während des Sprungs ziehen Sie das Knie des Trittbeins zur gegenüberliegenden Schulter und drehen den Oberkörper und die Hüfte vor. Treten Sie das Bein mit Hüfteinsatz zum Ziel, wobei Sie mit der Ferse oder der Fußaußenkante treffen. Achten Sie darauf, dass Sie kontrolliert auf dem Boden aufkommen, mit dem Absprungbein zuerst. Anschließend nehmen Sie schnell wieder die Kampfstellung ein.

A–C: Martin zeigt die Ausführung mit dem vorderen Bein.

D: Natalia zeigt den Kick mit dem hinteren Bein.

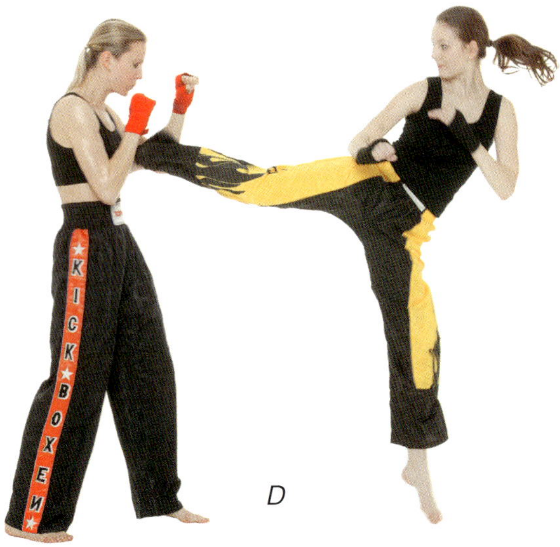

D

Rücktritt

Ziele:
Magen, Solarplexus, Kinn, Nase.

Durchführung:
Sie befinden sich in der Kampfstellung. Stellen Sie einen Fuß seitlich nach innen und verlagern Sie Ihr Gewicht darauf. Drehen Sie sich mit dem Rücken zum Gegner und drehen Sie dabei das Standbein nach hinten. Gleichzeitig ziehen Sie das Knie des anderen Beines an. Aus der Linksauslage drehen Sie sich im Uhrzeigersinn; aus der Rechtsauslage entgegen dem Uhrzeigersinn.
Dann treten Sie das angehobene Bein mit Hüfteinsatz zum Gegner. Einige Kickboxer schauen nach der Drehung zuerst auf den Gegner, andere treten instinktiv. Getroffen wird mit der Ferse oder dem ganzen Fuß. Anschließend ziehen Sie erst das Knie wieder an, bevor Sie das Bein abstellen.
Die Technik wird üblicherweise mit dem hinteren Bein ausgeführt. Sie ist aber auch mit dem vorderen Bein möglich, beispielsweise wenn sich der Gegner zurück bewegt.

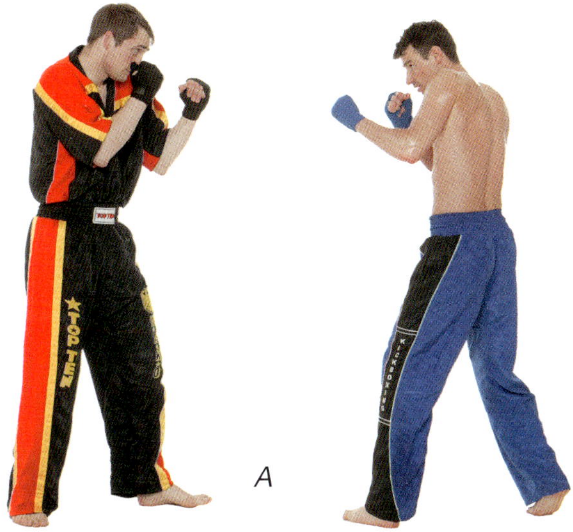
A

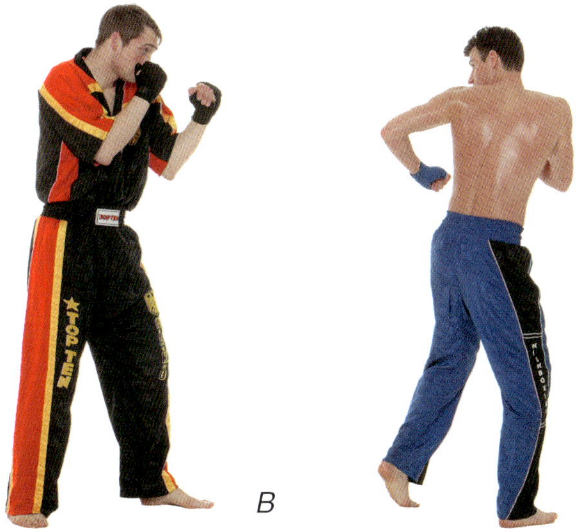
B

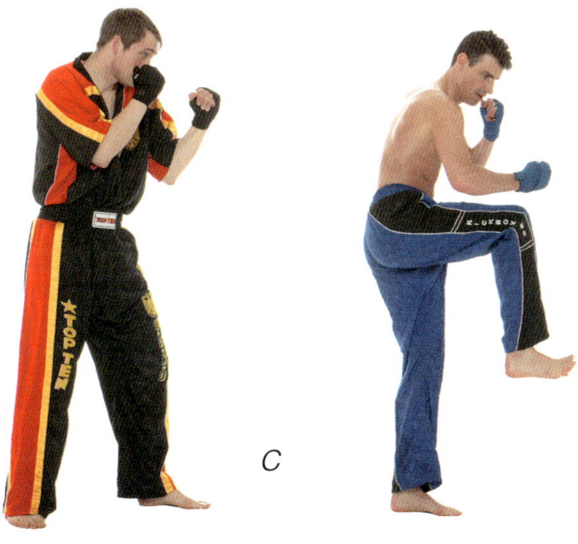
C

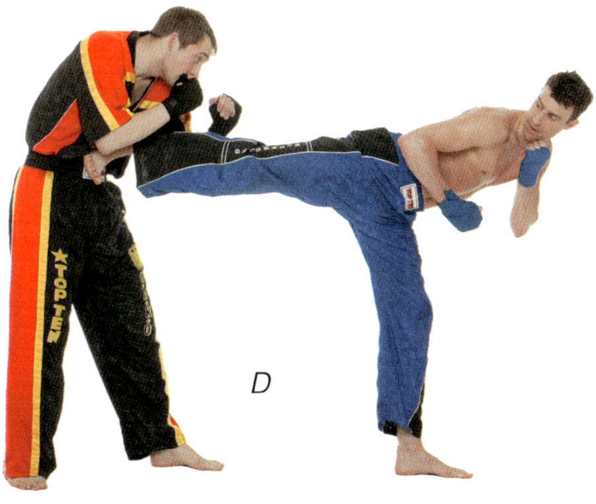
D

A–D: Martin zeigt den Rücktritt. Er dreht sich dabei im Uhrzeigersinn.

Rücktritt im Sprung

Ziele:
Magen, Solarplexus, Kinn, Nase.

Durchführung:
Sie befinden sich in der Kampfstellung. Stellen Sie den vorderen Fuß seitlich nach innen und verlagern Sie Ihr Gewicht darauf. Drehen Sie sich mit dem Rücken zum Gegner und springen Sie dabei vom Boden ab. Gleichzeitig ziehen Sie das hintere Knie an. Aus der Linksauslage drehen Sie sich im Uhrzeigersinn; aus der Rechtsauslage entgegen dem Uhrzeigersinn.
Treten Sie das angehobene Bein mit Hüfteinsatz zum Gegner. Einige Kickboxer schauen nach der Drehung zuerst auf den Gegner; andere treten instinktiv. Getroffen wird mit der Ferse oder dem ganzen Fuß. Anschließend kommen Sie kontrolliert mit dem Absprungbein zuerst auf dem Boden auf und nehmen wieder die Kampfstellung ein.
Die Technik wird üblicherweise mit dem hinteren Bein ausgeführt. Sie ist aber auch mit dem vorderen Bein möglich.

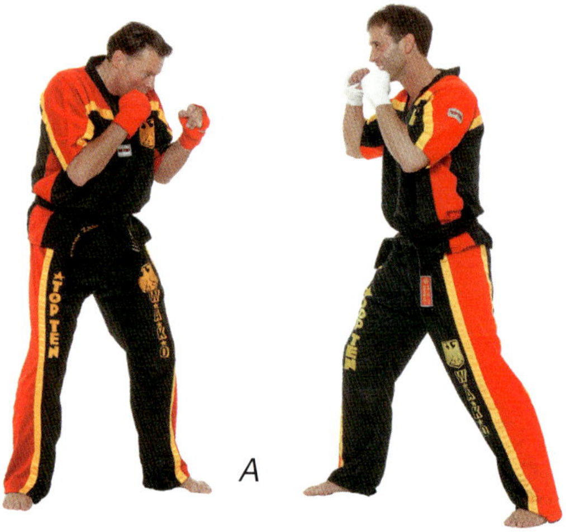
A

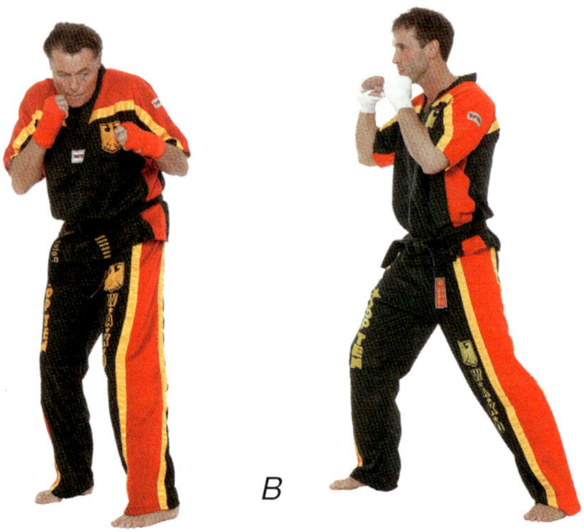
B

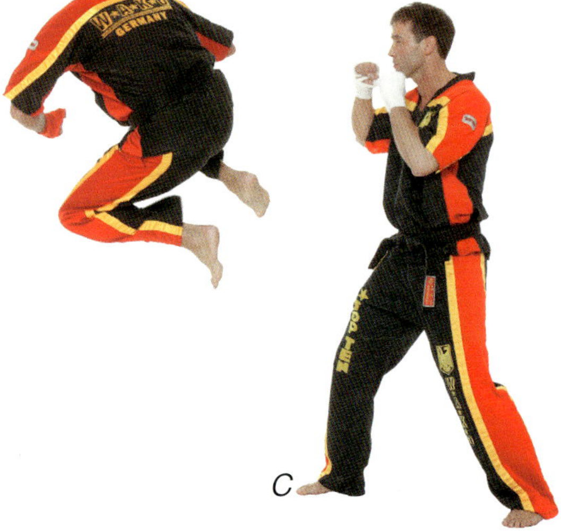
C

A–D: Peter Zaar zeigt die Technik mit dem hinteren Bein.

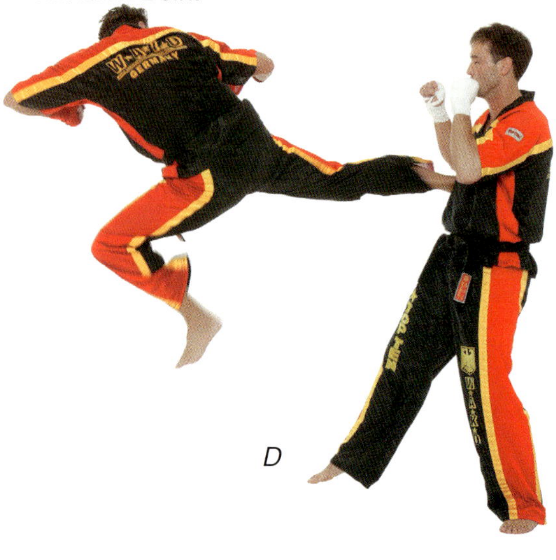
D

Vorderer Außenristtritt

Ziele:
Schläfen, Kiefer.

Durchführung:
Sie befinden sich in der Kampfstellung. Drehen Sie den hinteren Fuß nach außen und verlagern Sie Ihr Gewicht darauf. Reißen Sie das vordere Knie hoch in die Luft und treten Sie in einem kreisförmigen Bogen von innen nach außen zum Ziel, wobei Sie das Trittbein strecken. Bewegen Sie den Körper und das Standbein in Trittrichtung mit und setzen Sie Ihre Hüfte ein. Getroffen wird mit der Fußaußenkante. Achten Sie darauf, dass Sie Ihre Deckung nicht fallen lassen. Anschließend führen Sie das Bein schnell wieder in die Kampfstellung zurück. Oft wird die Technik genutzt, um die Deckung des Gegners wegzutreten.

A–C: Giovanni zeigt den Außenristtritt mit dem vorderen Bein.

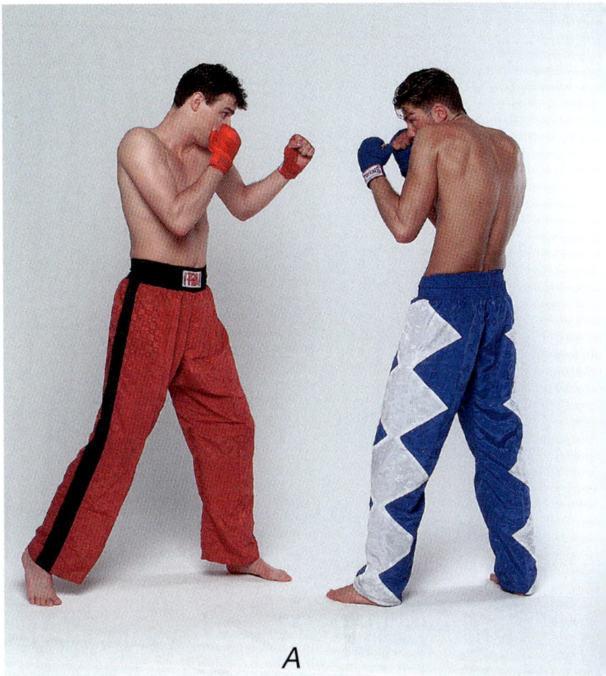
A

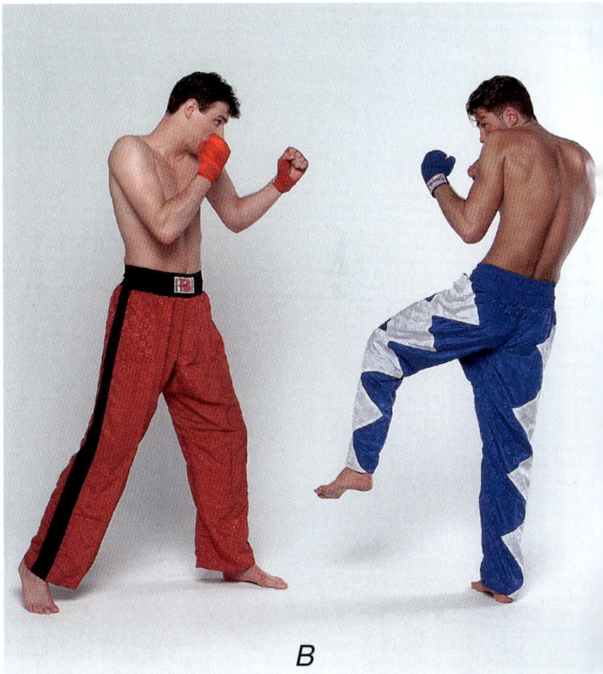
B

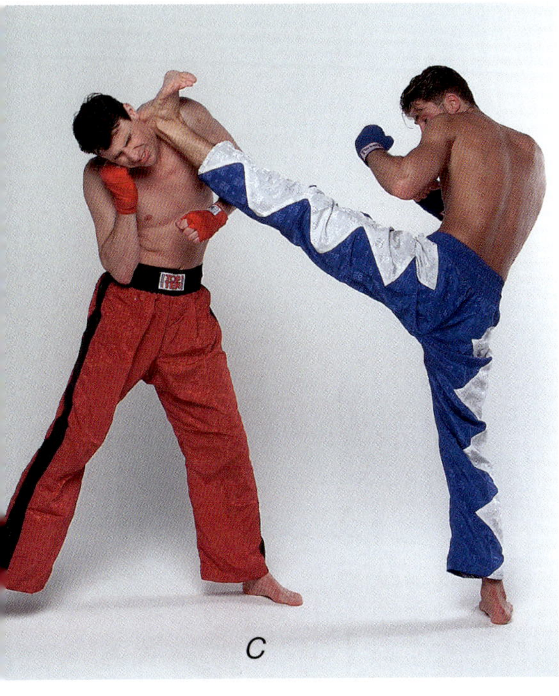
C

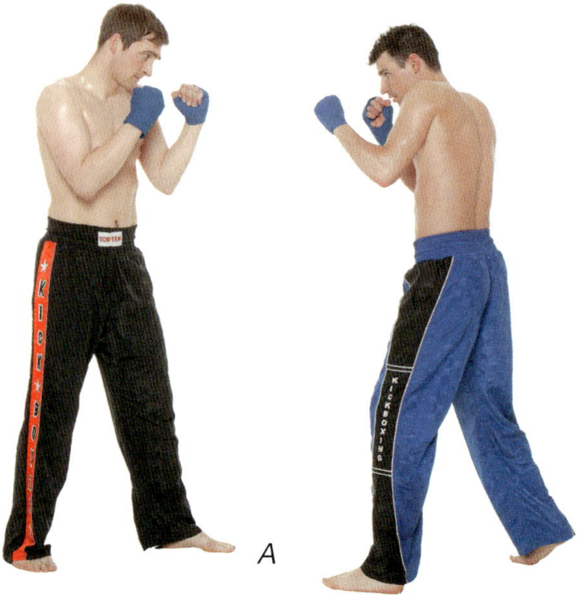

A

Hinterer Außenristtritt

Ziele:
Schläfen, Kiefer.

Durchführung:
Sie befinden sich in der Kampfstellung. Drehen Sie den vorderen Fuß nach außen und verlagern Sie Ihr Gewicht darauf.
Reißen Sie das hintere Knie hoch in die Luft und drehen Sie die hintere Körperseite nach vorne. Treten Sie in einem kreisförmigen Bogen von innen nach außen zum Ziel, wobei Sie das Trittbein strecken. Bewegen Sie den Körper und das Standbein in Trittrichtung mit und setzen Sie Ihre Hüfte ein. Treffen Sie mit der Fußaußenkante und achten Sie auf Ihre Deckung. Danach stellen Sie das Bein schnell wieder in die Kampfstellung zurück.

A–C: Martin zeigt den Außenristtritt mit dem hinteren Bein.

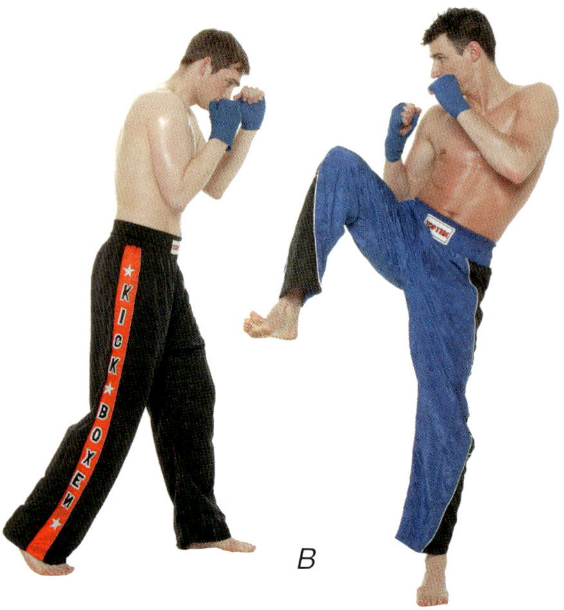

B

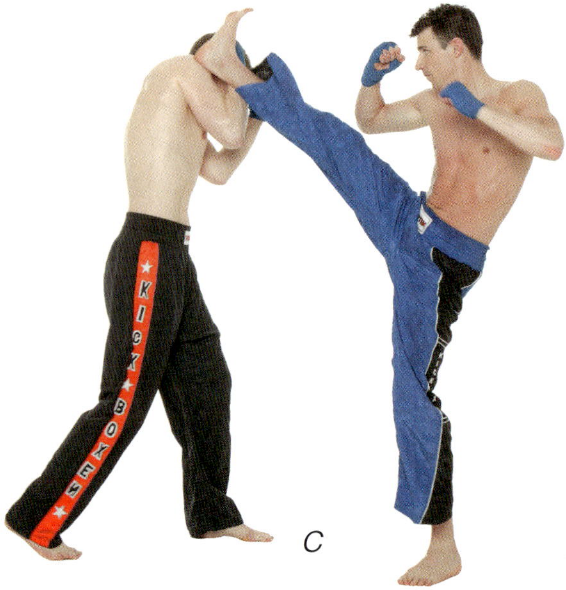

C

Außenristtritt aus der Drehung

Ziele:
Schläfen, Kiefer.

Durchführung:
Sie befinden sich in der Kampfstellung. Drehen Sie den vorderen Fuß nach innen vorne und verlagern Sie Ihr Gewicht darauf. Nun drehen Sie sich über den Fuß, wobei Sie versuchen, den Gegner so schnell wie möglich wieder mit Ihrem Blick zu erfassen. Aus der Linksauslage drehen Sie sich im Uhrzeigersinn; aus der Rechtsauslage entgegen dem Uhrzeigersinn.
Während der Drehung reißen Sie zuerst das hintere Knie hoch und treten dann in einem kreisförmigen Bogen von außen zum Kopf des Gegners. Dabei strecken Sie das Trittbein, drehen das Standbein weiter und setzen die Hüfte ein. Getroffen wird mit der Fußaußenkante. Anschließend nehmen Sie schnell wieder die Kampfstellung ein.
Die Technik wird meistens mit dem hinteren Bein ausgeführt; sie ist aber auch mit dem vorderen Bein möglich.

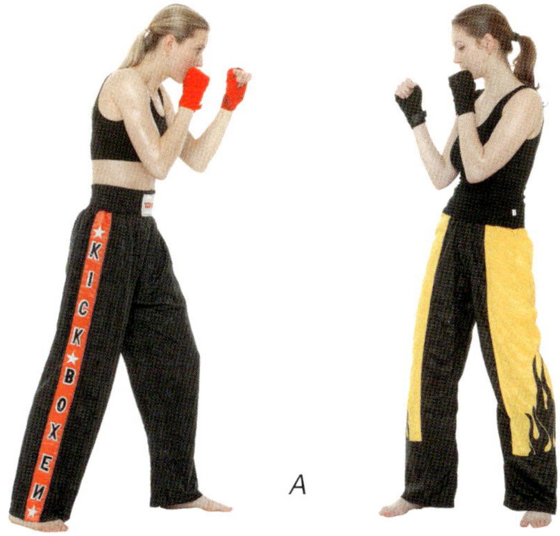

A

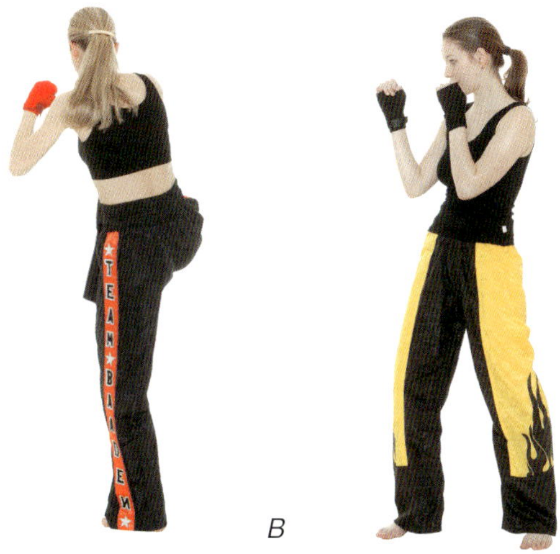

B

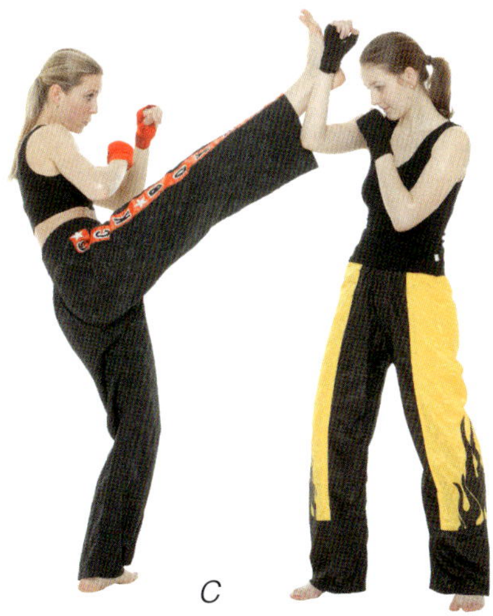

C

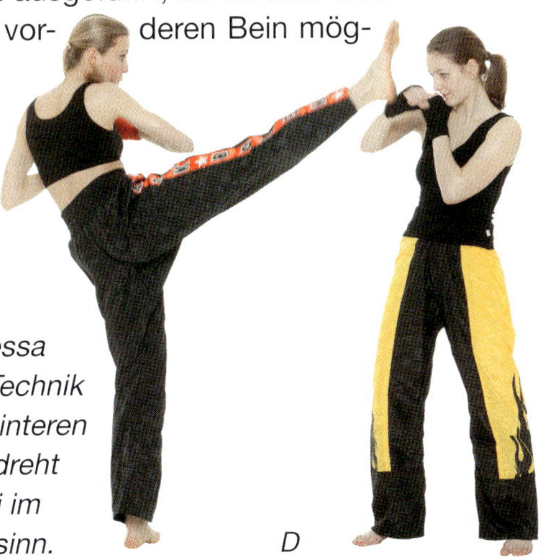

D

A–D: Vanessa zeigt die Technik mit dem hinteren Bein. Sie dreht sich dabei im Uhrzeigersinn.

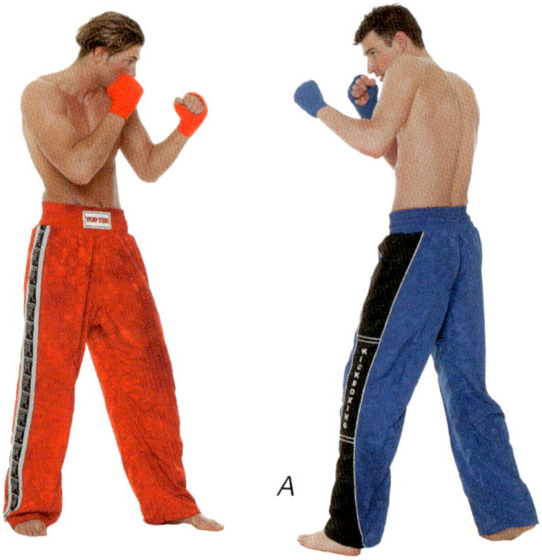

A

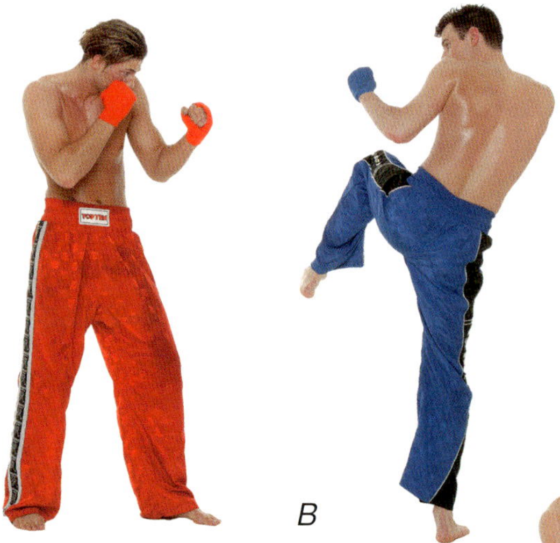

B

Vorderer Hakentritt

Ziele:
Schläfen, Kiefer.

Durchführung:
Sie befinden sich in der Kampfstellung. Ziehen Sie Ihr vorderes Knie zur gegenüberliegenden Schulter und heben dabei den Unterschenkel etwas an. Gleichzeitig drehen Sie den Oberkörper und die Hüfte vor und das Standbein nach außen.
Treten Sie zum Kopf des Gegners, indem Sie das Bein strecken und den Unterschenkel mit Hüfteinsatz zum Ziel schlagen. Währenddessen drehen Sie das Standbein weiter nach außen. Getroffen wird mit der Ferse oder der Fußsohle. Anschließend stellen Sie das Trittbein wieder in die Kampfstellung zurück.

A–C: Martin zeigt den Hakentritt mit dem vorderen Bein.

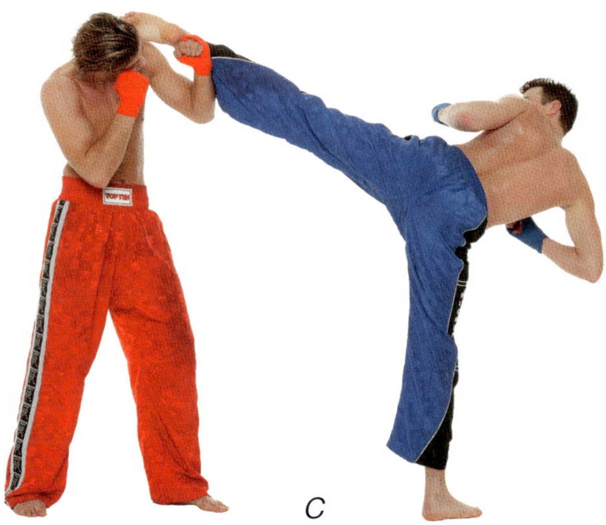

C

Hinterer Hakentritt

Ziele:
Schläfen, Kiefer.

Durchführung:
Aus der Kampfstellung ziehen Sie Ihr hinteres Knie zur gegenüberliegenden Schulter und heben den Unterschenkel etwas an. Gleichzeitig drehen Sie die hintere Körperseite vor und das Standbein nach außen.
Treten Sie zum Kopf des Gegners, indem Sie das Bein strecken und den Unterschenkel mit Hüfteinsatz zum Ziel schlagen. Das Standbein dreht sich dabei weiter nach außen. Getroffen wird mit der Ferse oder der Fußsohle. Anschließend stellen Sie das Trittbein wieder in die Kampfstellung zurück.

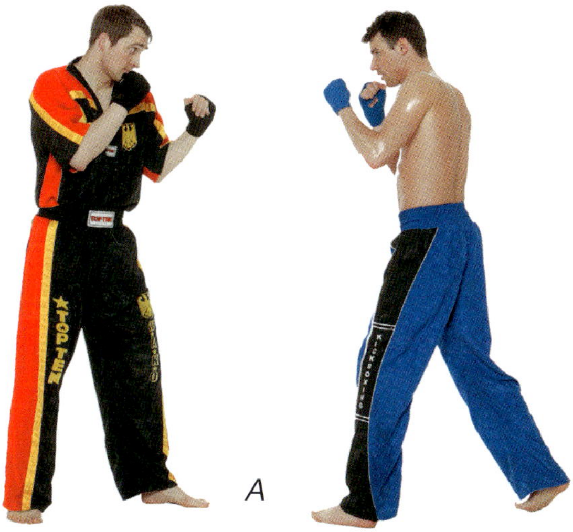
A

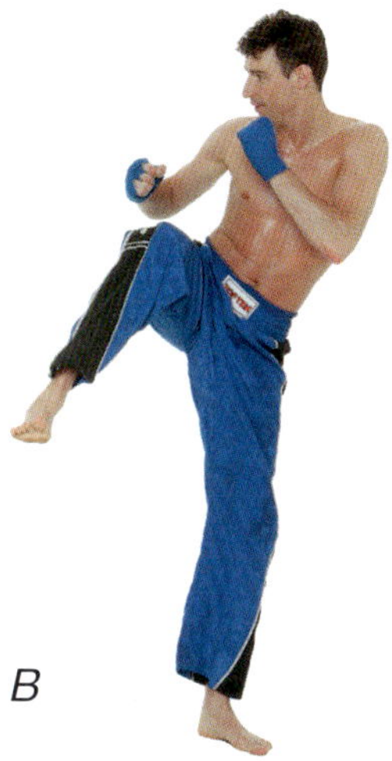
B

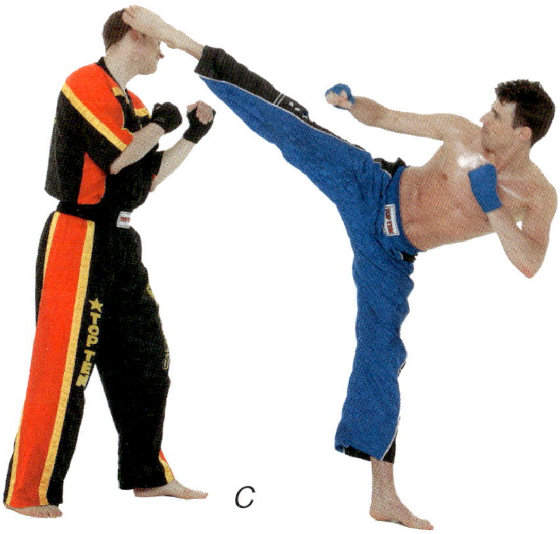
C

A–C: Der Hakentritt mit dem hinteren Bein.

Hakentritt aus der Drehung

Ziele:
Schläfen, Kiefer.

Durchführung:
Aus der Kampfstellung stellen Sie Ihren vorderen Fuß nach innen vorne ab und verlagern das Gewicht darauf. Drehen Sie sich nun über diesen Fuß und erfassen Sie möglichst schnell wieder den Gegner mit Ihrem Blick. Aus der Linksauslage drehen Sie sich im Uhrzeigersinn; aus der Rechtsauslage entgegen dem Uhrzeigersinn.
Während der Drehung heben Sie Ihr Bein an und drehen das Standbein so, dass die Ferse zum Ziel zeigt. In der Endphase der Drehung treten Sie kreisförmig von außen zum Kopf, wobei Sie das Bein strecken und den Unterschenkel mit Hüfteinsatz zum Ziel schlagen. Getroffen wird mit der Ferse oder der Fußsohle. Danach stellen Sie das Trittbein zuerst vorne ab und dann schnell wieder in die Kampfstellung zurück.
Sie können den Tritt auch mit dem vorderen Bein ausführen. Dazu müssen Sie das hintere Bein nach innen vorne stellen und sich über diesen Fuß drehen. Da diese Ausführung etwas länger dauert, ist es für den Gegner einfacher, sie zu verhindern.

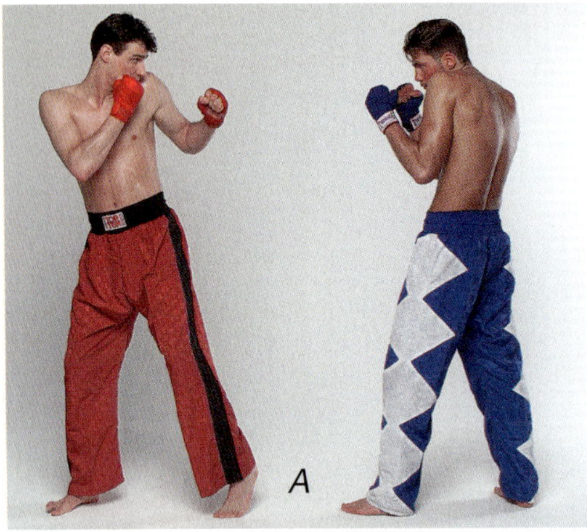

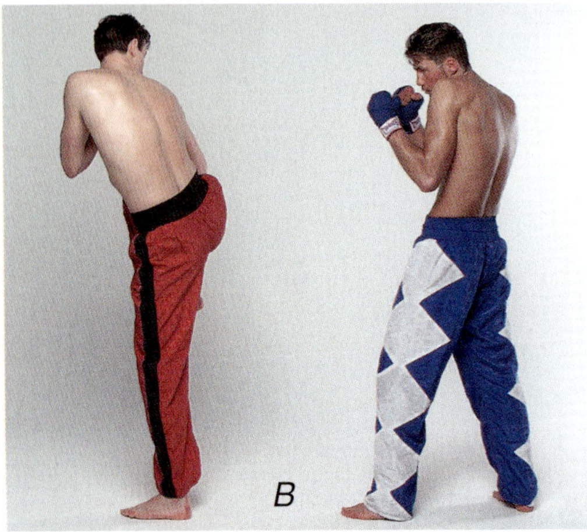

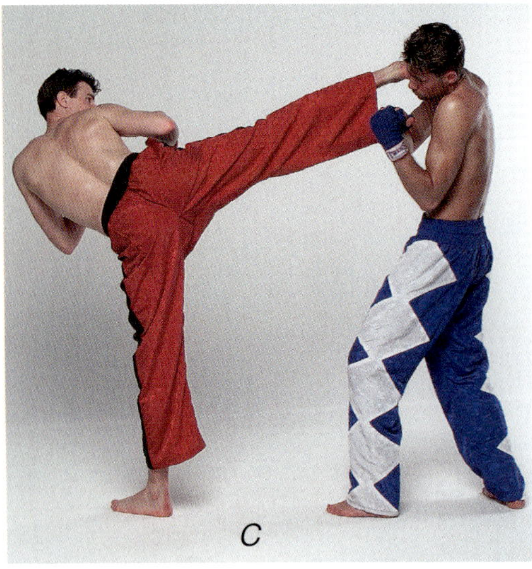

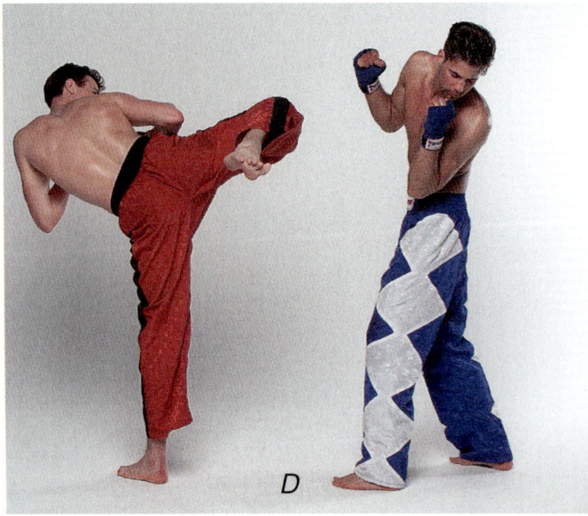

A–D: Martin zeigt den Hakentritt. Er dreht sich dabei im Uhrzeigersinn.

Hakentritt aus der Drehung im Sprung

Ziele:
Schläfen, Kiefer.

Durchführung:
Sie befinden sich in der Kampfstellung. Stellen Sie Ihren vorderen Fuß nach innen vorne ab und verlagern Sie Ihr Gewicht darauf. Drehen Sie sich nun über den Fuß und erfassen Sie möglichst schnell wieder den Gegner mit Ihrem Blick. Aus der Linksauslage drehen Sie sich im Uhrzeigersinn; aus der Rechtsauslage entgegen dem Uhrzeigersinn.
Während der Drehung springen Sie über Ihr Standbein vom Boden ab und heben dabei Ihr anderes Bein an. In der Endphase der Drehung treten Sie kreisförmig von außen zum Kopf, wobei Sie das Bein strecken und den Unterschenkel mit Hüfteinsatz zum Ziel schlagen. Getroffen wird mit der Ferse oder der Fußsohle. Achten Sie darauf, dass Sie kontrolliert auf dem Boden aufkommen; mit dem Absprungbein zuerst. Anschließend nehmen Sie wieder die Kampfstellung ein.
Sie können den Tritt auch mit dem vorderen Bein ausführen. Dazu müssen Sie das hintere Bein nach innen vorne stellen und sich über diesen Fuß drehen.

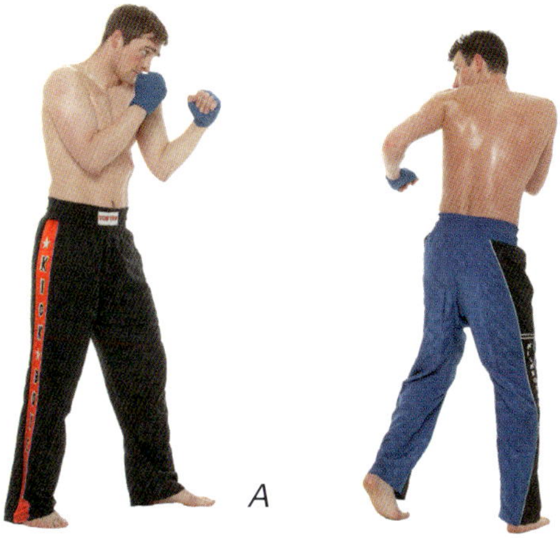
A

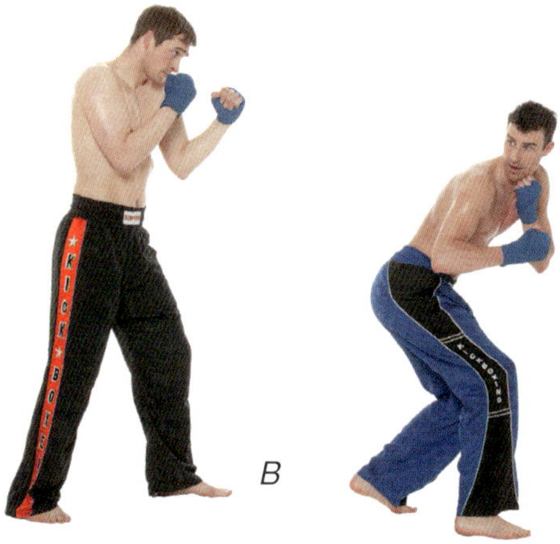
B

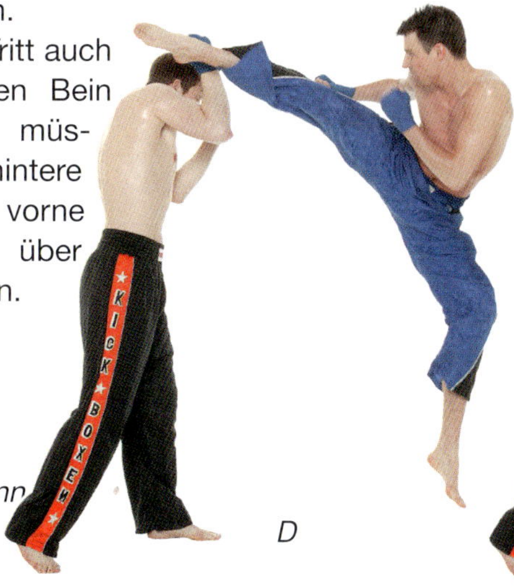
D

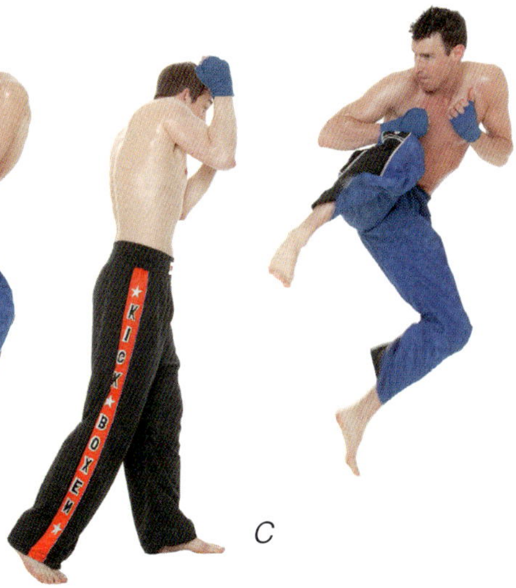
C

A–D: Martin zeigt die Technik. Er dreht sich dabei im Uhrzeigersinn.

Vorderer Axttritt

Ziele:
Kopfmitte, Schlüsselbeine.

Durchführung:
Aus der Kampfstellung verlagern Sie Ihr Gewicht auf das hintere Bein. Reißen Sie das vordere Bein weit von innen nach oben, bis es sich hoch über dem Ziel befindet. Halten Sie dabei die Beinmuskulatur entspannt. Gleichzeitig wird die Ferse des Standbeines angehoben und das Standbein nach außen gedreht. Treten Sie das Bein mit Hüfteinsatz kraftvoll nach unten und spannen Sie dazu die Beinmuskulatur an. Getroffen wird mit der Ferse. Achten Sie darauf, dass Sie beim Herunterreißen des Beines nicht die Deckung fallen lassen. Anschließend nehmen Sie schnell wieder die Kampfstellung ein.
Wenn Sie nicht die Beweglichkeit wie Vanessa besitzen, empfiehlt es sich, in der oberen Position die Ferse des Standbeines anzuheben.

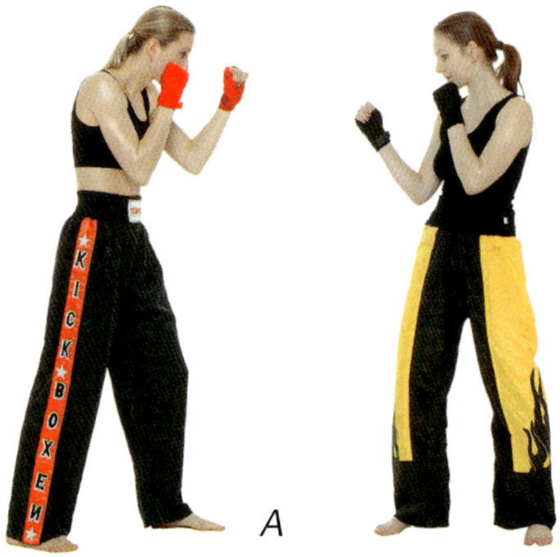

A

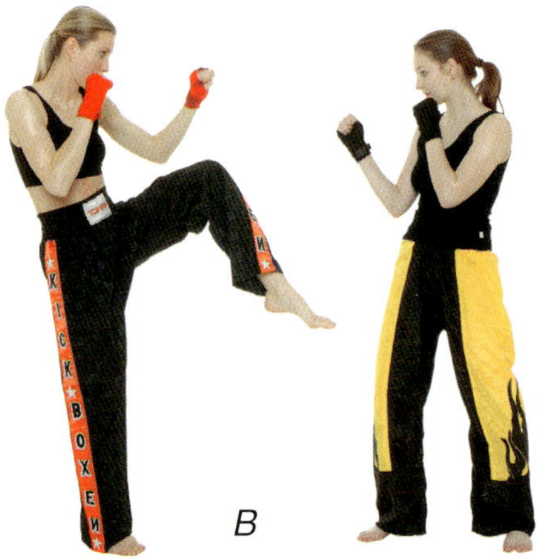

B

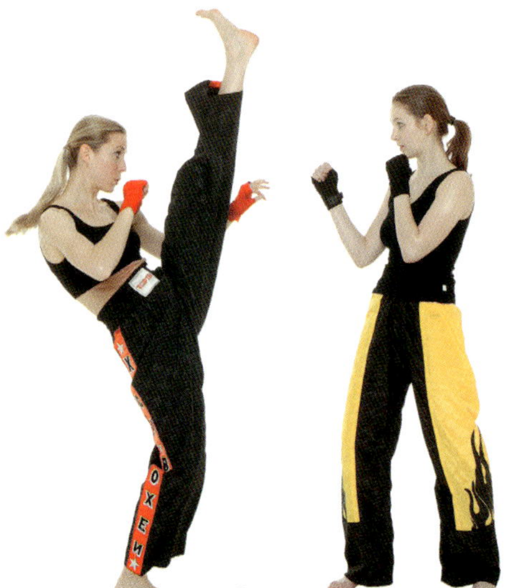

C

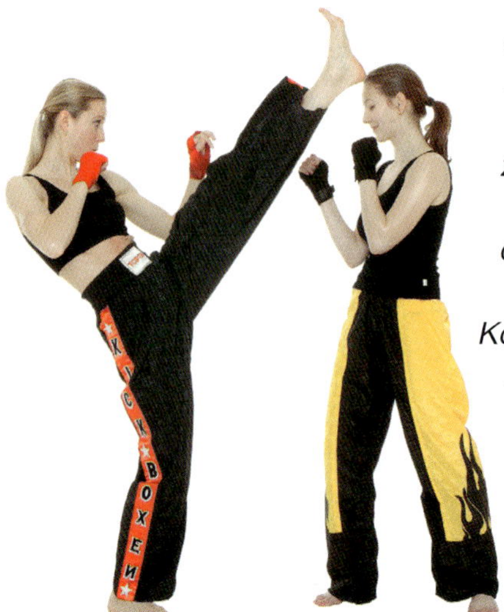

D

A–D: Vanessa zeigt den vorderen Axttritt zur Kopfmitte. Sie bewegt dazu das Bein an der linken Körperseite von Natalia vorbei nach oben.

Hinterer Axttritt

Ziele:
Kopfmitte, Schlüsselbeine.

Durchführung:
Aus der Kampfstellung verlagern Sie Ihr Gewicht auf das vordere Bein. Reißen Sie das hintere Bein weit von innen nach oben, bis es sich hoch über dem Ziel befindet. Halten Sie dabei die Beinmuskulatur entspannt. Gleichzeitig wird die Ferse des Standbeines angehoben und das Standbein nach außen gedreht. Treten Sie das Bein mit Hüfteinsatz kraftvoll nach unten und spannen Sie dazu die Beinmuskulatur an. Achten Sie darauf, dass Sie mit der Ferse treffen, und vermeiden Sie es, die Deckung fallen zu lassen. Anschließend nehmen Sie schnell wieder die Kampfstellung ein.
Wenn Sie nicht die Beweglichkeit wie Vanessa besitzen, dann heben Sie in der oberen Position die Ferse des Standbeines an.

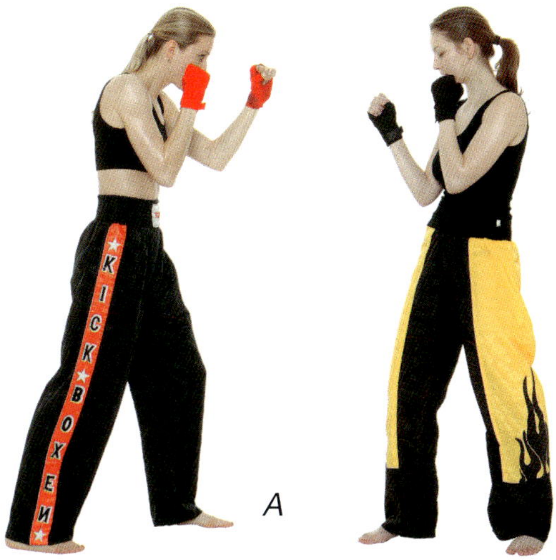

A

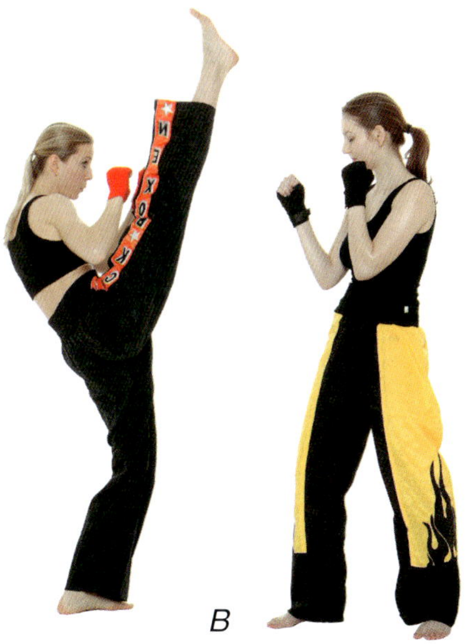

B

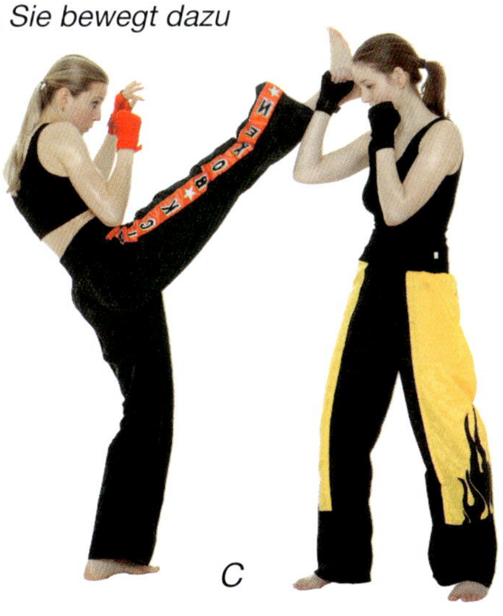

C

A–C: Vanessa zeigt den Axttritt mit dem hinteren Bein. Sie bewegt dazu das Bein an der rechten Körperseite von Natalia vorbei nach oben.

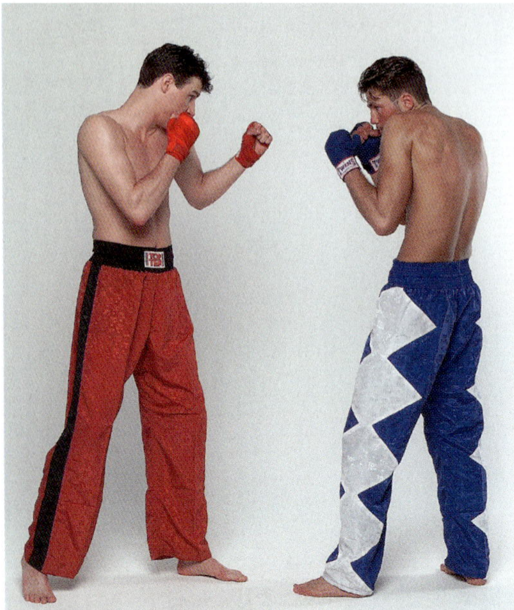

A

Fußfeger in gleicher Auslage

Ziel:
Oberhalb des Fußaußenknöchels.

Durchführung:
Aus der Kampfstellung verlagern Sie Ihr Gewicht auf Ihr vorderes Bein. Treten Sie nun mit dem hinteren Fuß in einer kreisförmigen Bewegung von außen gegen den gegenüberliegenden Fuß des Gegners, wobei Sie Ihre hintere Körperseite vordrehen. Getroffen wird mit der Fußinnenseite. Gleich nach dem Treffen des Ziels ziehen Sie Ihren Fuß nach innen oben. Anschließend bewegen Sie Ihren Fuß zurück und nehmen schnell wieder die Kampfstellung ein.

A–C: Martin zeigt den Fußfeger gegen einen Gegner, der sich in derselben Auslage befindet. Zusätzlich könnte er mit seinem hinteren Arm von vorne auf den Brustkorb oder die Schulter des Gegners drücken, um ihn so einfacher zu Fall zu bringen.

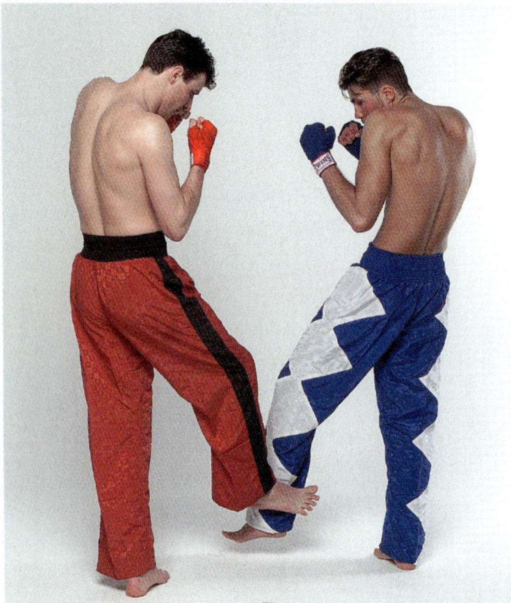

B

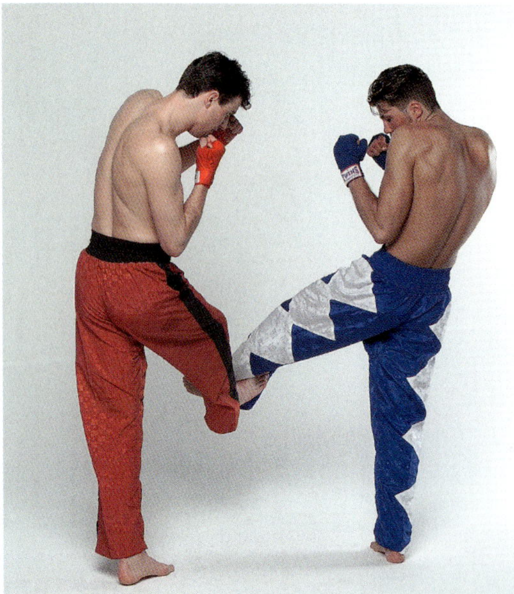

C

Fußfeger in unterschiedlicher Auslage

Ziel:
Oberhalb des Fußaußenknöchels.

Durchführung:
Aus der Kampfstellung verlagern Sie Ihr Gewicht zuerst auf Ihr vorderes Bein, wobei Sie den Körper leicht nach außen drehen können, um Schwung zu holen. Verlagern Sie nun das Gewicht auf das hintere Bein und treten Sie mit dem vorderen Fuß in einer kreisförmigen Bewegung von außen gegen den gegenüberliegenden Fuß des Gegners, wobei Sie Ihren Körper mitdrehen. Getroffen wird mit der Fußinnenseite. Gleich nach dem Treffen des Ziels ziehen Sie Ihren Fuß nach innen oben. Anschließend bewegen Sie Ihren Fuß zurück und nehmen schnell wieder die Kampfstellung ein.

A–C: Der Fußfeger gegen einen Gegner, der sich in unterschiedlicher Auslage befindet.

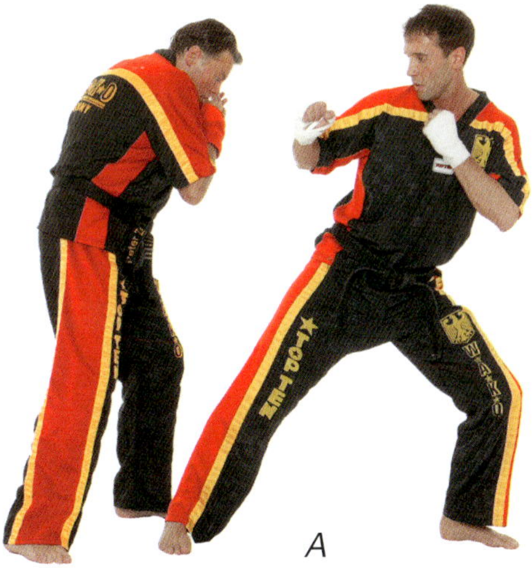

A

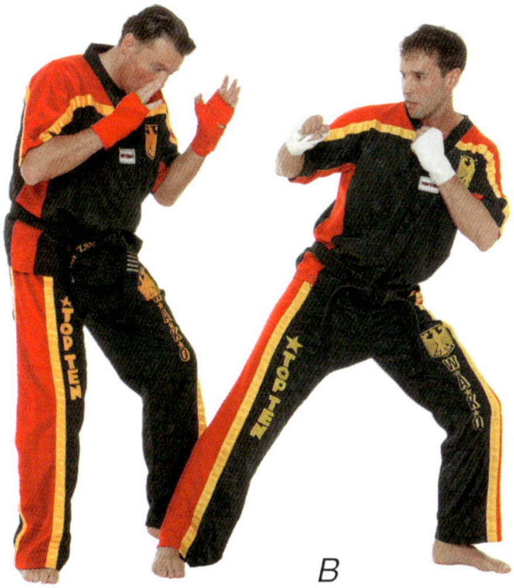

B

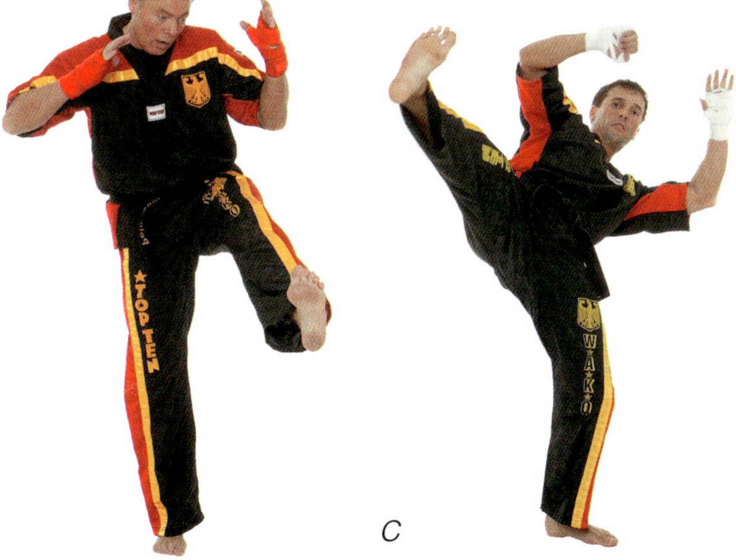

C

Vorderer Low Kick

Ziele:
Oberschenkel, Unterschenkel.

Durchführung:
Sie befinden sich in der Kampfstellung. Stellen Sie Ihren hinteren Fuß etwas nach außen vorne und verlagern Sie Ihr Gewicht darauf.
Treten Sie mit dem vorderen Bein in einem Bogen zum Ziel. Dabei drehen Sie das Standbein weiter nach außen und setzen die Hüfte und das Gewicht in den Kick ein. Getroffen wird mit dem Anfang des Schienbeins. Achten Sie auf Ihre Deckung, da Sie bei einer kraftvollen Ausführung anfällig für einen Konter sind. Anschließend bewegen Sie Ihr Bein schnell in die Kampfstellung zurück.

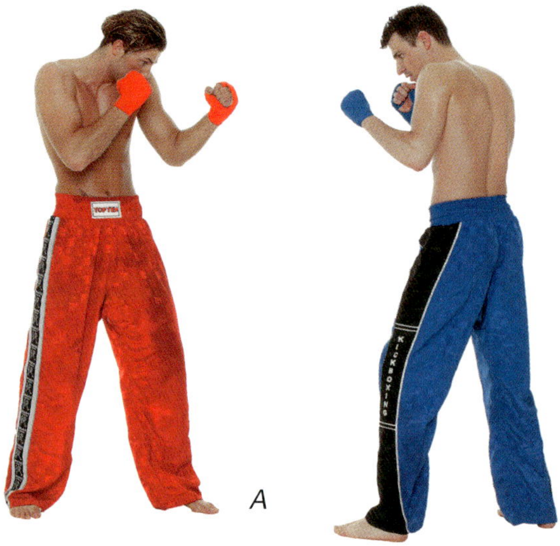
A

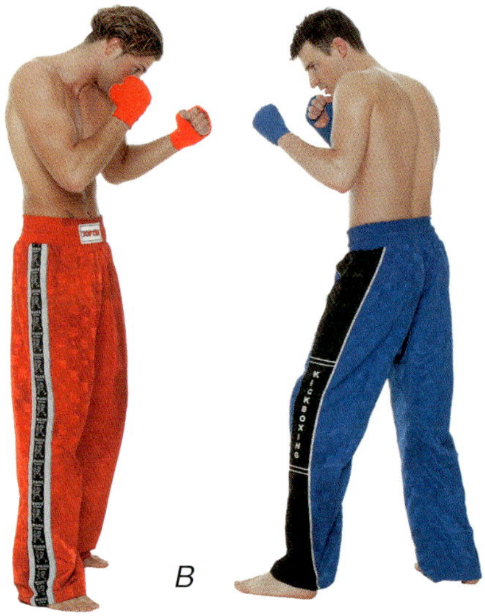
B

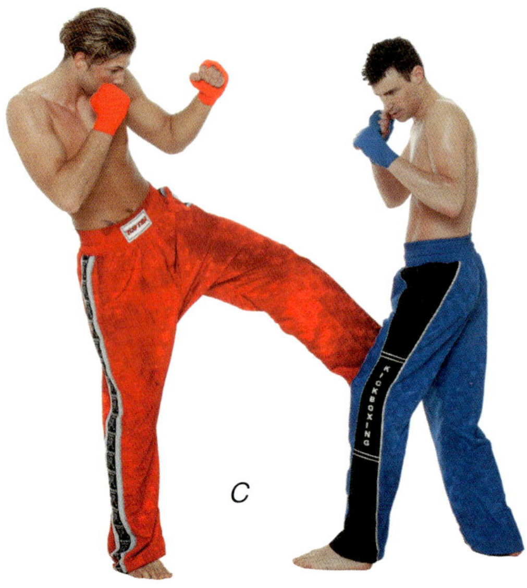
C

A–C: Der Kick zur Beininnenseite. Der Kick wird üblicherweise mit dem Schienbein ausgeführt. Um die Entfernung abzuschätzen und das Timing des Gegners zu stören, können Sie auch mit dem Spann treten.

Hinterer Low Kick

Ziele:
Oberschenkel, Unterschenkel.

Durchführung:
Sie befinden sich in der Kampfstellung. Stellen Sie Ihren vorderen Fuß etwas nach außen vorne und verlagern Sie Ihr Gewicht darauf.
Treten Sie mit dem hinteren Bein in einem Bogen zum Ziel. Dabei drehen Sie das Standbein weiter nach außen und setzen die Hüfte und das Gewicht in den Kick ein. Getroffen wird mit dem Anfang des Schienbeins. Achten Sie bei der Ausführung von einem Low Kick auf Ihre eigene Kopfdeckung. Anschließend bewegen Sie Ihr Bein schnell in die Kampfstellung zurück.

A–C: Giovanni zeigt den Kick zur Beinaußenseite. Die Technik wird üblicherweise zur Mitte des Oberschenkels ausgeführt.

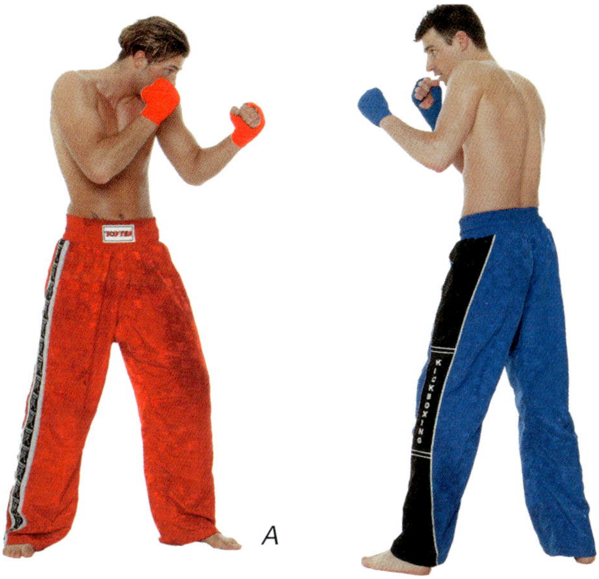

A

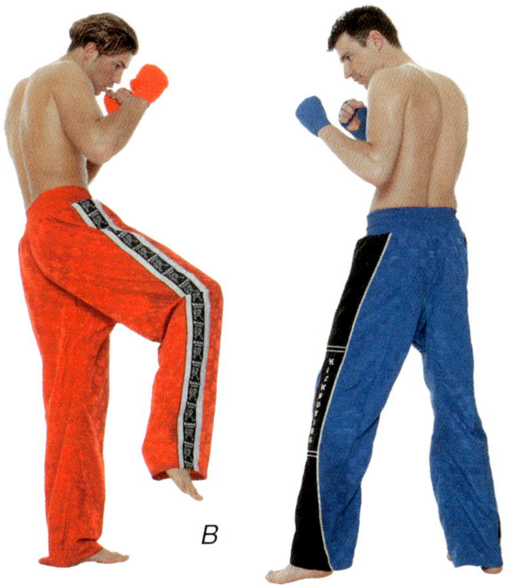

B

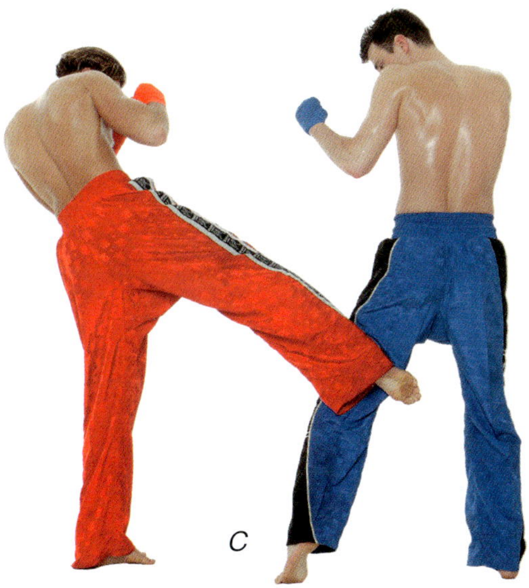

C

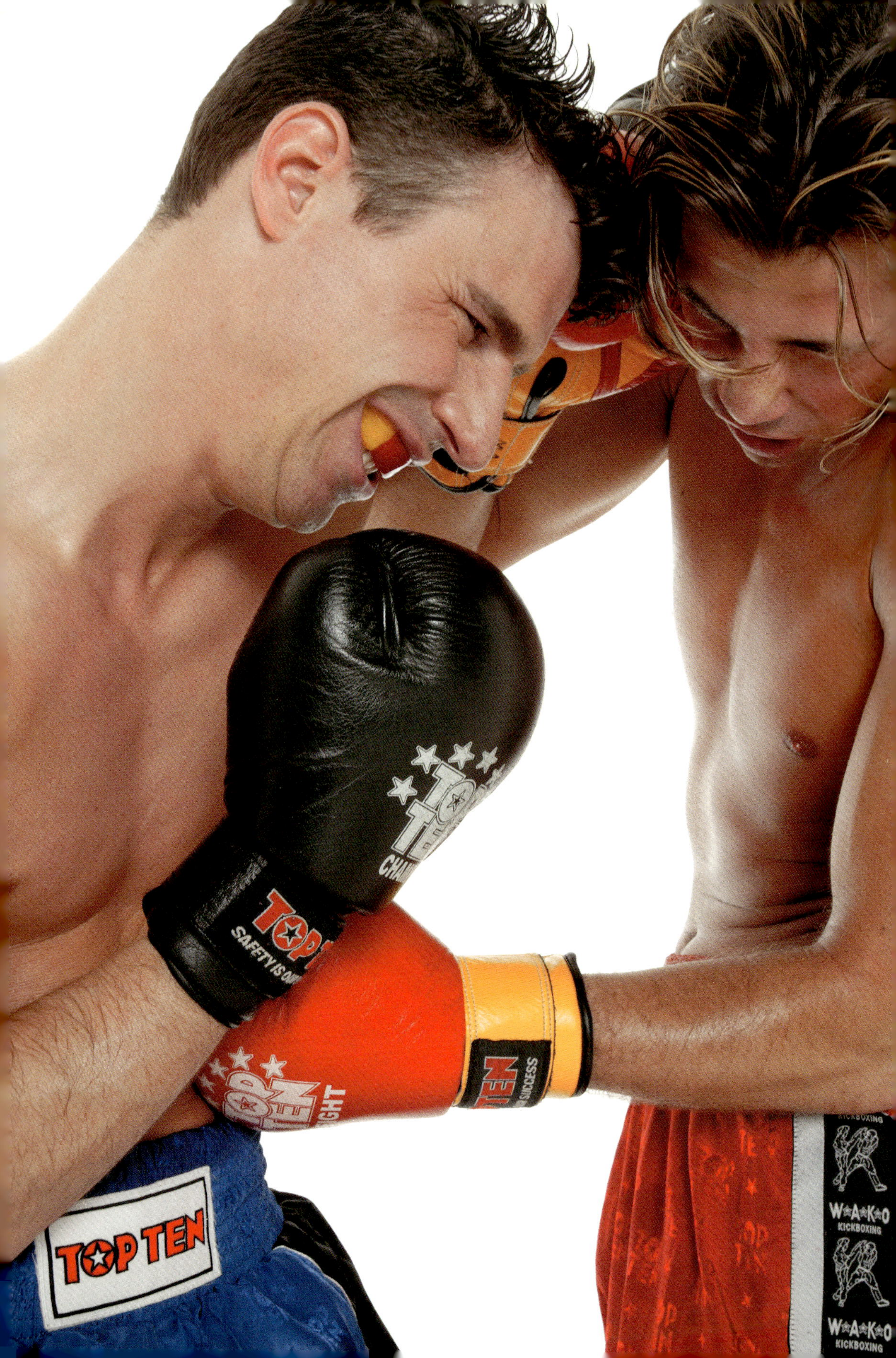
TOP TEN
W★A★K★O
KICKBOXING

V. Kombinationen der Angriffstechniken

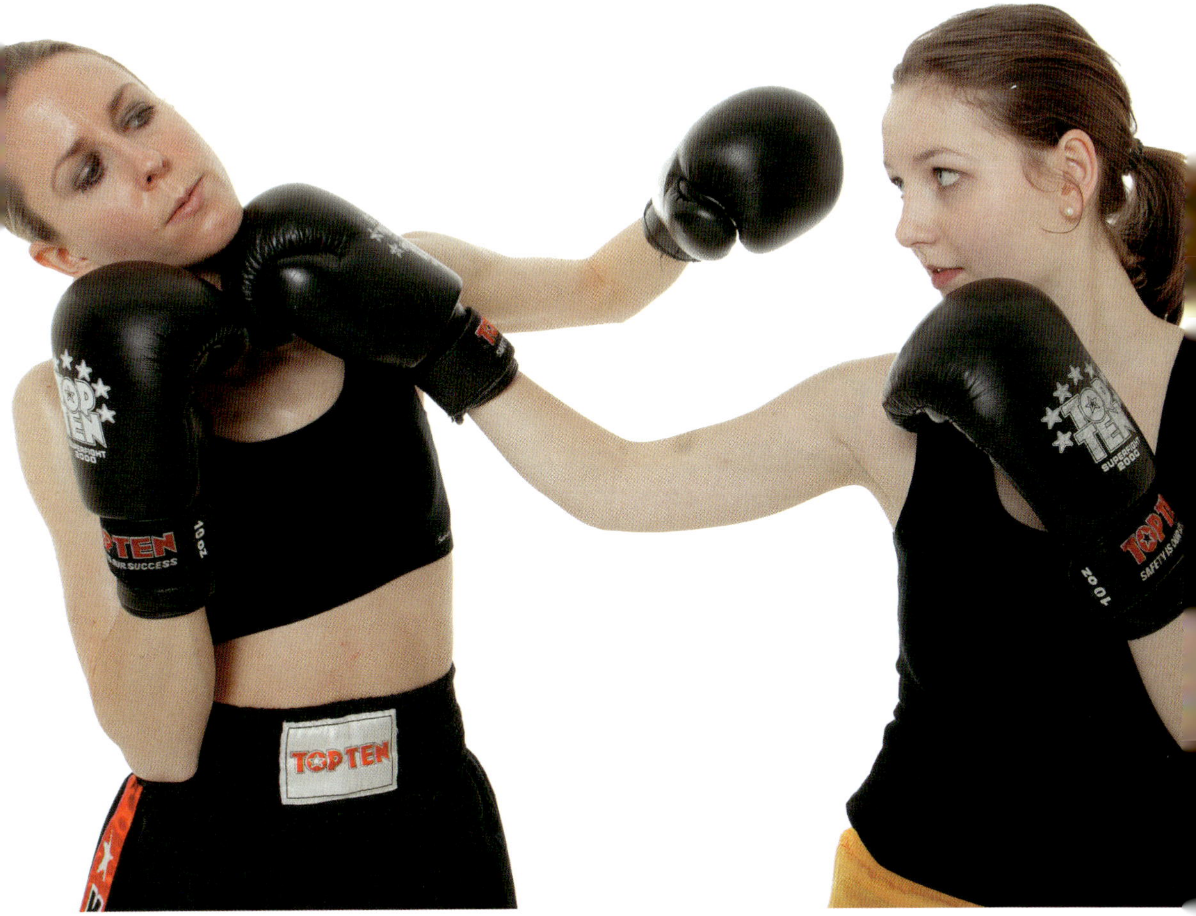

1. Einsatz im Training

In diesem Abschnitt werden Kombinationen von Angriffstechniken vorgestellt. Mit diesen Kombinationen lernen Sie die schnelle Ausführung von Angriffstechniken hintereinander. Diese werden beim Schattenboxen, an Sandsack, an Pratzen und mit Trainingspartner einstudiert. Sie müssen die Kombinationen immer wieder üben, um sie zu automatisieren, denn in einer Kampfsituation haben Sie keine Zeit zu überlegen, welche Techniken Sie einsetzen können. Sie werden nur die Techniken und die Kombinationen nutzen, welche Sie so oft geübt haben, dass Sie diese instinktiv einsetzen. Der Trainer kann zwar in der Rundenpause eines Wettkampfs einige Tipps geben und den Sportler auf seine Fehler sowie auf die Fehler des Gegners aufmerksam machen, es ergibt sich aber aus dem Grad der Automatisierung und dem Kampfgeschehen heraus, welche Techniken einsetzbar sind.
Auch im professionellen Kickbox-Sport werden, nachdem der Gegner bekannt ist und dessen Schwächen und Stärken analysiert sind, bestimmte Kombinationen und Handlungsmuster trainiert. Ist der Gegner beispielsweise für eine harte hintere Gerade bekannt, dann übt ein Kickbox-Trainer mit seinem Schüler immer wieder Kombinationen aus Angriffstechniken, die Kicktechniken gegen die Seite des gegnerischen Schlagarmes beinhalten.

Info

Hier sind einige Kombinationen aufgezählt, die häufig im Kickboxen trainiert werden. Das Kürzel l steht für die linke Seite des Angreifers und das Kürzel r für die rechte Seite des Angreifers. Es wird hierbei davon ausgegangen, dass der Leser ein Linksausleger, also Rechtshänder, ist. Kämpfen Sie dagegen in der Rechtsauslage, müssen Sie die Angaben seitenverdreht ausführen.

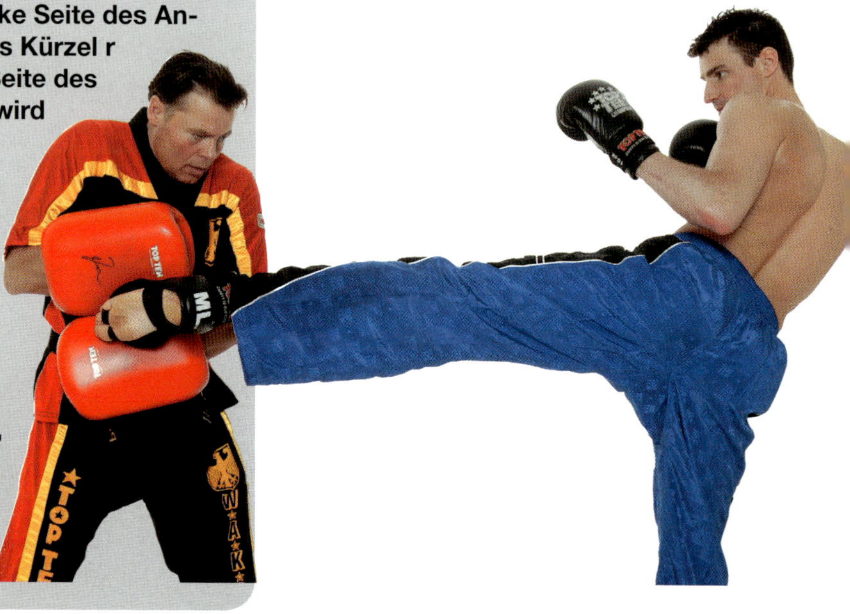

2. Kombinationsfolgen

TIPP

Kombinationen aus 2 Techniken

1. vordere Gerade (l), vorderer Seithaken (l)
2. hintere Gerade (r), vorderer Halbkreistritt zum Kopf (l)
3. vorderer Seithaken (l), hinterer Hakentritt aus der Drehung (r)
4. hinterer Aufwärtshaken (r), vorderer Halbkreistritt (l)
5. Körperhaken (l), Seithaken zum Kopf (l) – siehe Bildfolge 1
6. vorderer Faustrückenschlag (l), hinterer Rücktritt (r)
7. vorderer Vorwärtstritt (l), hintere Gerade (r) – siehe Bildfolge 2
8. vorderer Seittritt (l), hinterer Rücktritt im Sprung (r) – siehe Bildfolge 3
9. vorderer Seittritt (l), gedrehter Hakentritt von hinten (r) – siehe Bildfolge 4
10. vorderer Axttritt (l), hintere Gerade (r) – siehe Bildfolge 5

Zu Kombinationsvorschlag 5:
Die Kombination von Körperhaken und Seithaken. Aus der Kampfstellung schlagen Sie einen Körperhaken. Sofort folgen Sie mit einem Seithaken, wofür Sie denselben Arm einsetzen.
Giovanni befindet sich in den Abbildungen in der Rechtsauslage.

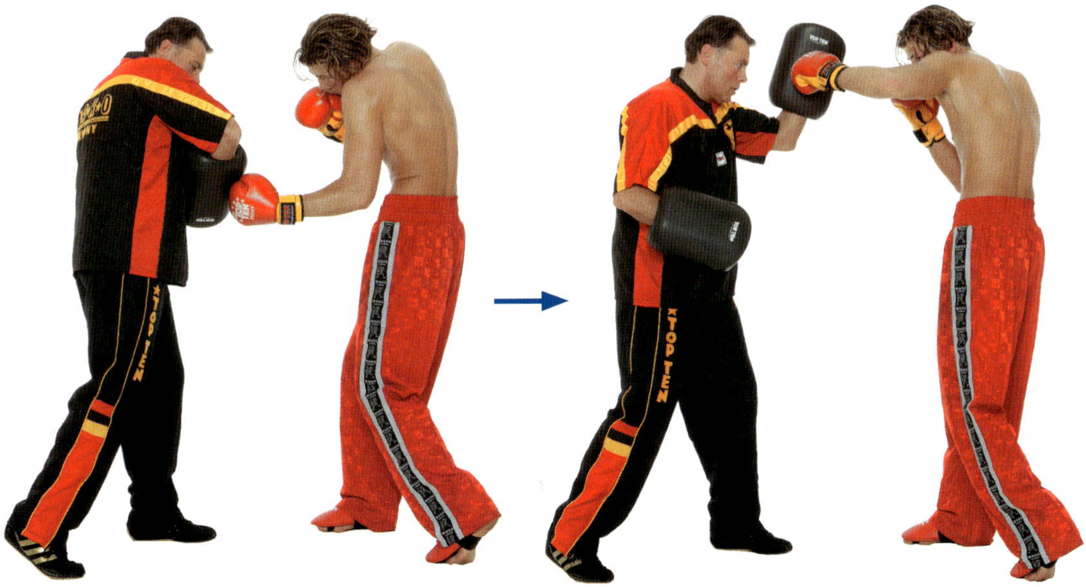

Zu Kombinationsvorschlag 7:
Die Kombination von vorderem Vorwärtstritt und hinterer Gerade. Aus der Kampfstellung führen Sie einen Vorwärtstritt mit dem vorderen Bein zum Kopf oder Körper des Gegners aus. Stellen Sie das Trittbein vorne ab und folgen Sie mit einer hinteren Geraden.
Giovanni befindet sich in den Abbildungen in der Rechtsauslage.

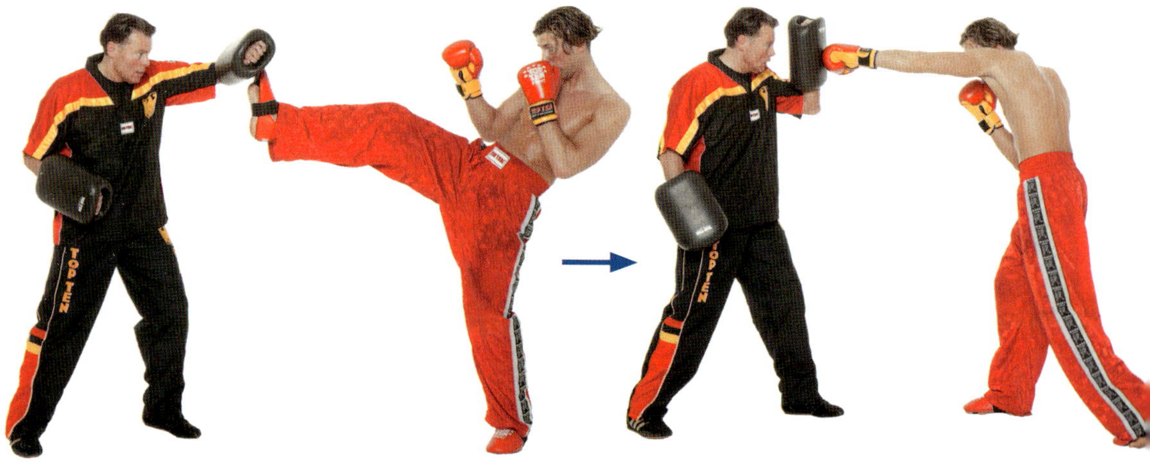

Zu Kombinationsvorschlag 8:
Die Kombination von Seittritt und Rücktritt im Sprung. Aus der Kampfstellung treten Sie einen vorderen Seittritt zum Körper. Sofort folgen Sie mit einem gesprungenen Rücktritt, den Sie mit dem hinteren Bein ausführen.
Martin befindet sich in der Linksauslage.

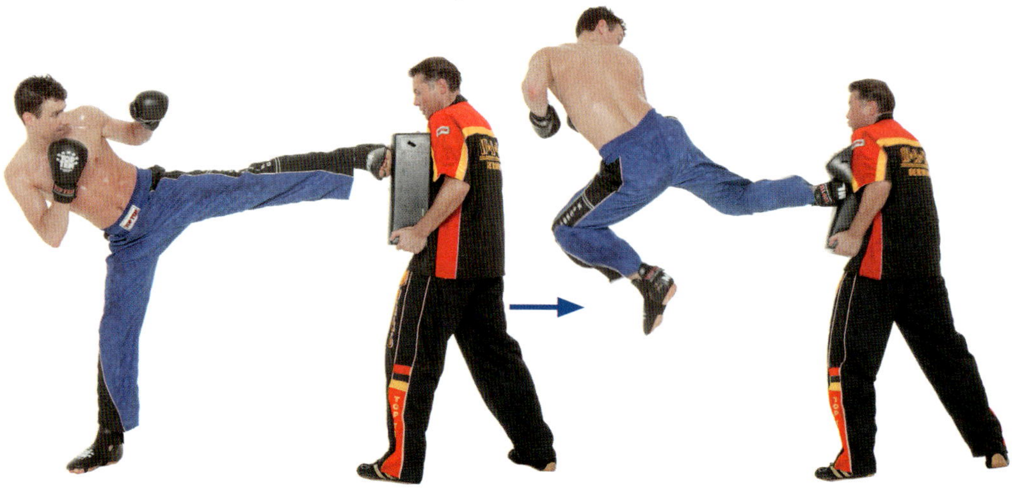

Zu Kombinationsvorschlag 9:
Die Kombination von vorderem Seittritt und gedrehtem Hakentritt. Aus der Kampfstellung treten Sie einen Seittritt mit dem vorderen Bein. Sofort folgen Sie mit einem Hakentritt aus der Drehung, wozu Sie das hintere Bein einsetzen.

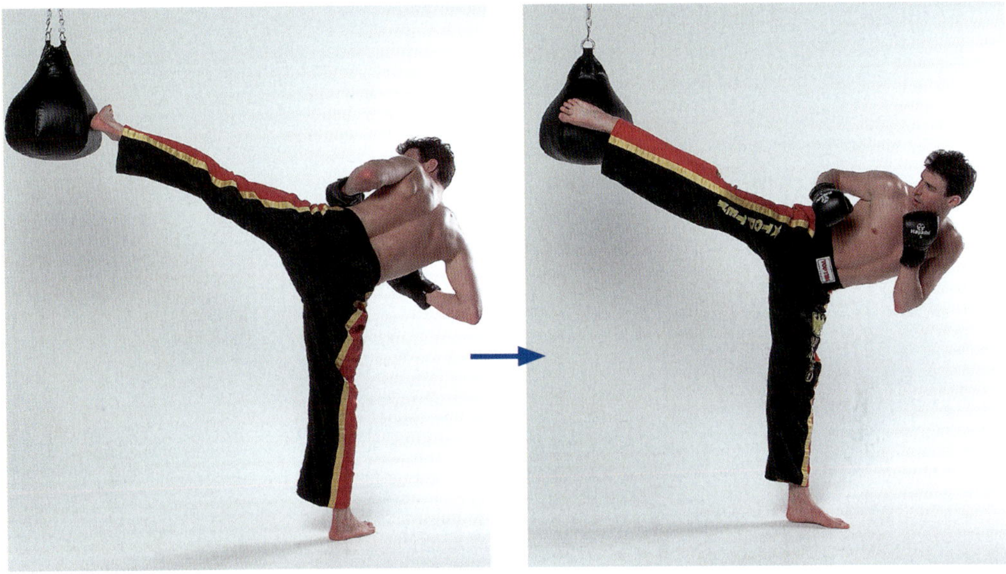

Zu Kombinationsvorschlag 10:
Die Kombination von vorderem Axttritt und hinterer Gerade. Aus der Kampfstellung führen Sie einen Axttritt mit dem vorderen Bein aus. Stellen Sie das Bein vorne ab und folgen Sie mit einer hinteren Geraden.

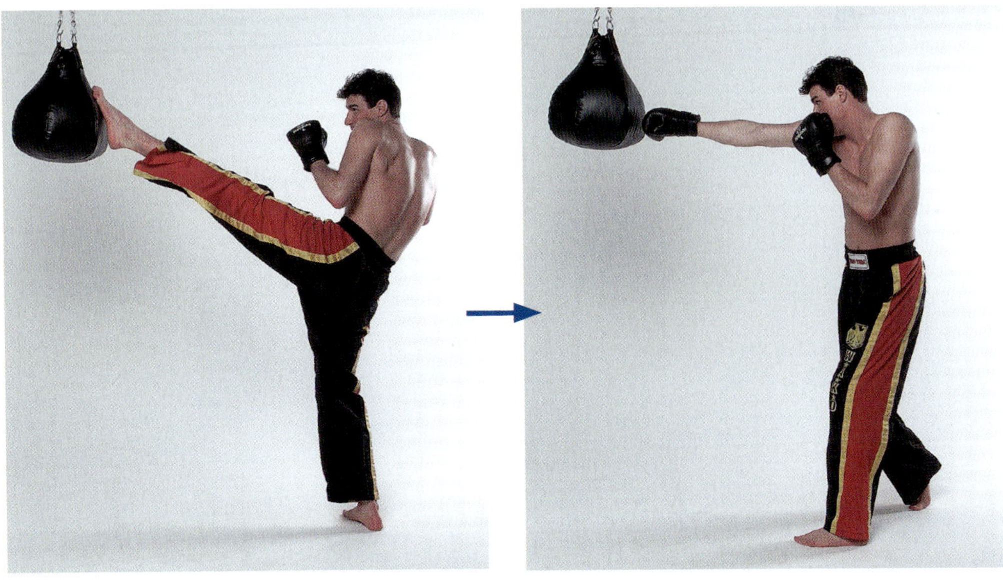

TIPP

Kombinationen aus 3 Techniken

1. vordere Gerade (l), hintere Gerade (r), vordere Gerade (l)
2. vordere Gerade (l), vorderer Seittritt (l), gedrehter Hakentritt im Sprung von hinten (r) – siehe Bildfolge 1
3. hinterer Aufwärtshaken (r), vorderer Seithaken (l), gedrehter Hakentritt von hinten (r)
4. vorderer Halbkreistritt zum Körper (l), vorderer Halbkreistritt zum Kopf (l), hintere Gerade (r) – siehe Bildfolge 2
5. vorderer Halbkreistritt (l), hintere Gerade (r), vorderer Seithaken (l)
6. vorderer Vorwärtstritt (l), hinterer Halbkreistritt (r), hintere Gerade (r)
7. vorderer Vorwärtstritt (l), vordere Gerade (l), hinterer Low Kick (r)
8. vorderer Hakentritt (l), vorderer Halbkreistritt (l), hintere Gerade (r)
9. vorderer Axttritt (l), hintere Gerade (r), hinterer Halbkreistritt (r)
10. vorderer Axttritt (l), hintere Gerade zum Körper (r), vorderer Seithaken (l) – siehe Bildfolge 3

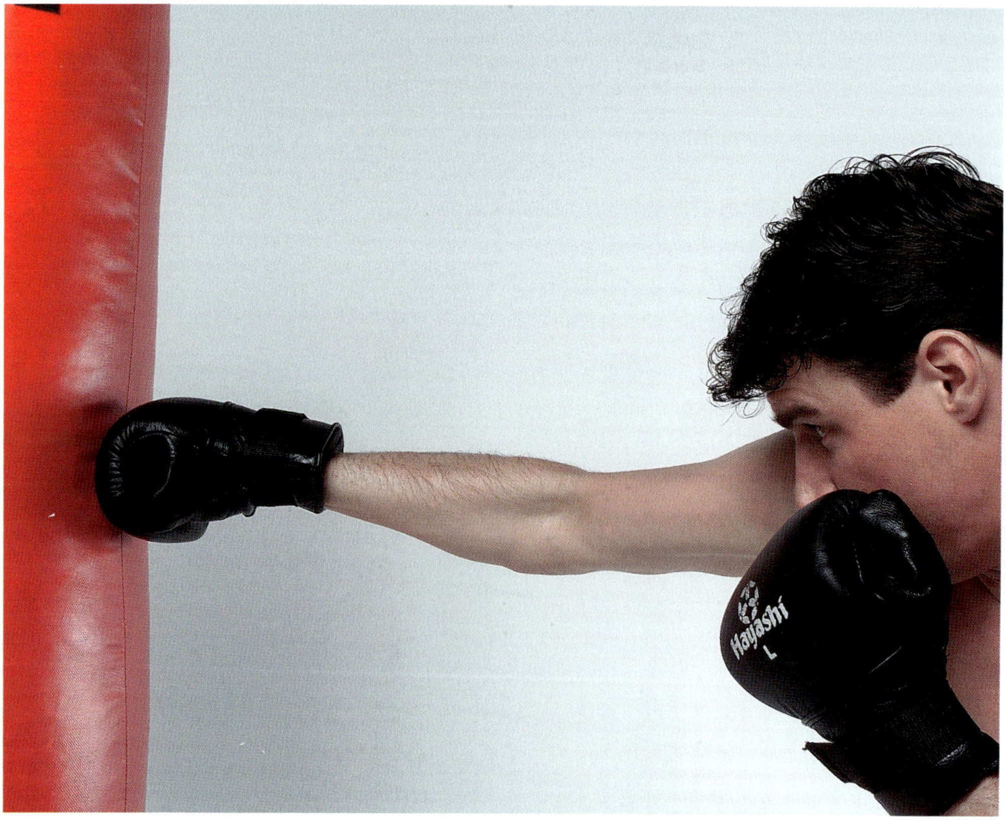

Zu Kombinationsvorschlag 2:
Die Kombination von vorderer Gerader, vorderem Seittritt und gedrehtem Hakentritt im Sprung. Aus der Kampfstellung führen Sie eine vordere Gerade aus. Folgen Sie mit einem vorderen Seittritt und stellen den Fuß innen vorne ab. Beenden Sie schließlich die Folge mit einem gedrehten Hakentritt im Sprung, den Sie mit dem hinteren Bein ausführen.

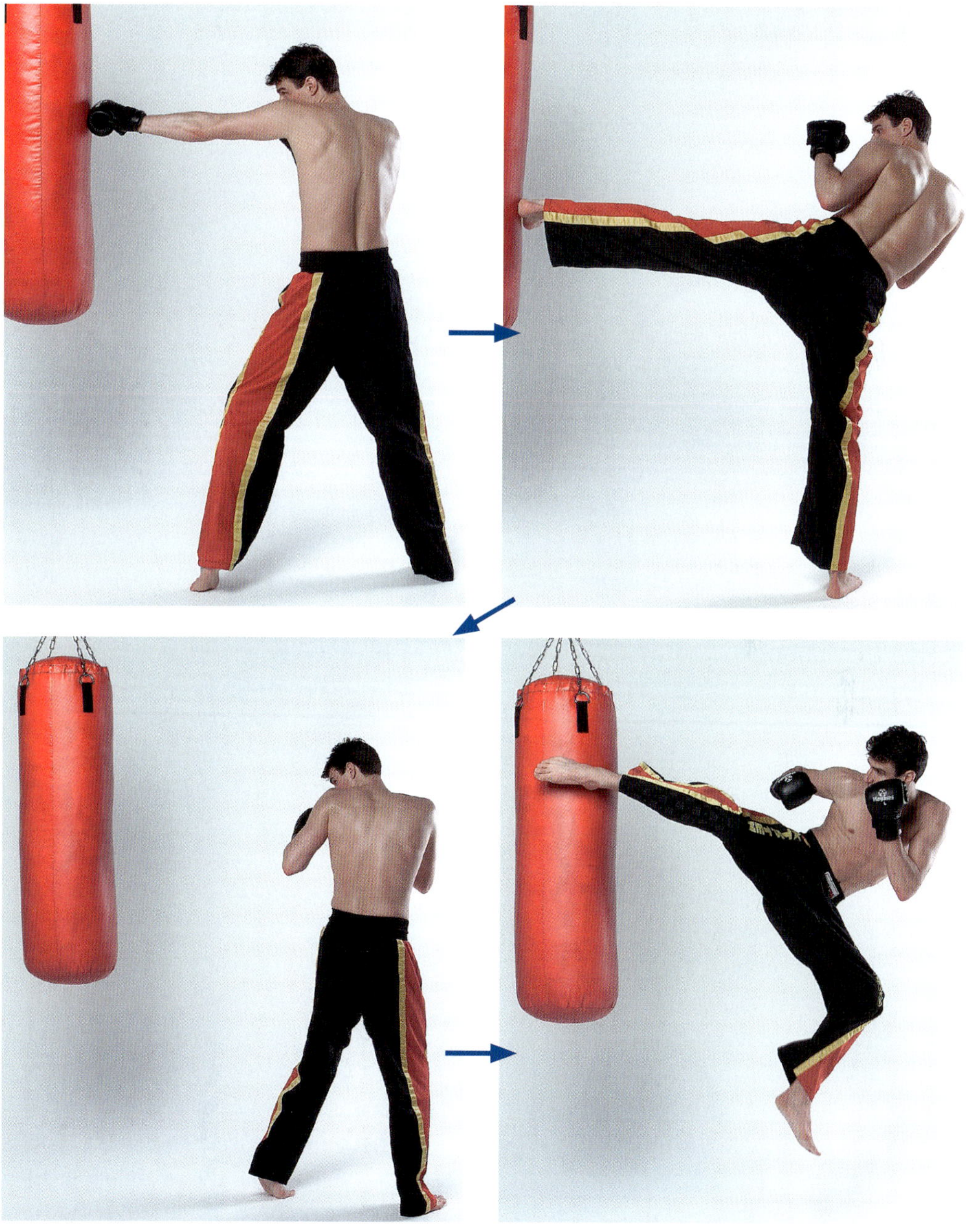

Zu Kombinationsvorschlag 4:
Die Kombination von vorderem Halbkreistritt zu Körper und Kopf und hinterer Geraden. Aus der Kampfstellung führen Sie einen schnellen vorderen Halbkreistritt zum Körper aus. Sofort folgen Sie mit einem weiteren Halbkreistritt, den Sie mit dem gleichen Bein zum Kopf anbringen. Einsteiger setzen zwischen den beiden Kicks das Bein ab; Fortgeschrittene führen die Technik ohne Beinabsetzen aus. Danach beenden Sie die Folge mit einer hinteren Geraden.

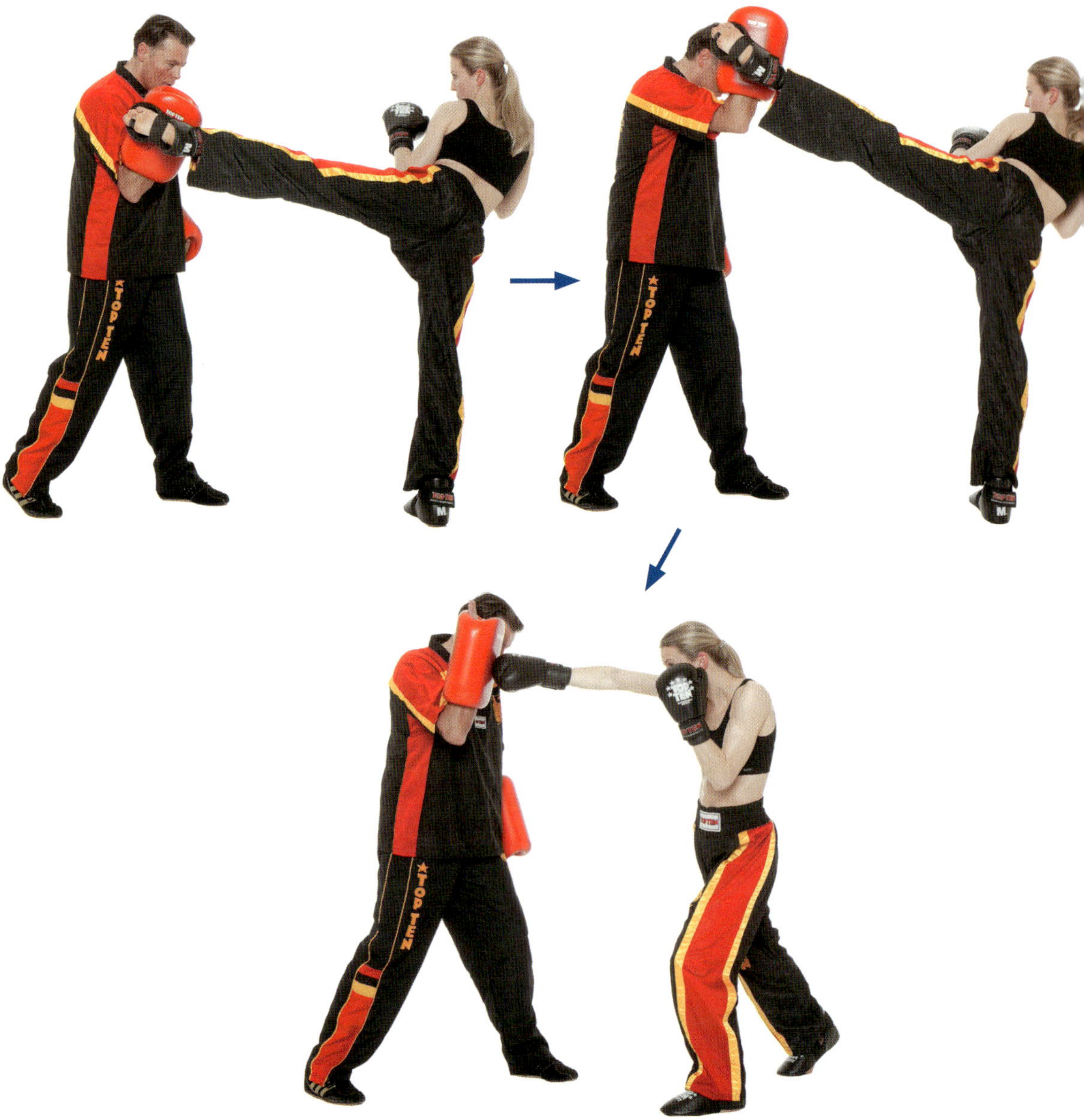

Zu Kombinationsvorschlag 10:
Die Kombination von vorderem Axttritt, hinterer Geraden zum Körper und vorderem Seithaken. Aus der Kampfstellung beginnen Sie mit einem vorderen Axttritt. Stellen Sie das Bein wieder vorne ab und folgen Sie mit einer hinteren Geraden, die Sie kraftvoll zum Magen ausführen. Schließlich beenden Sie die Folge mit einem vorderen Seithaken.

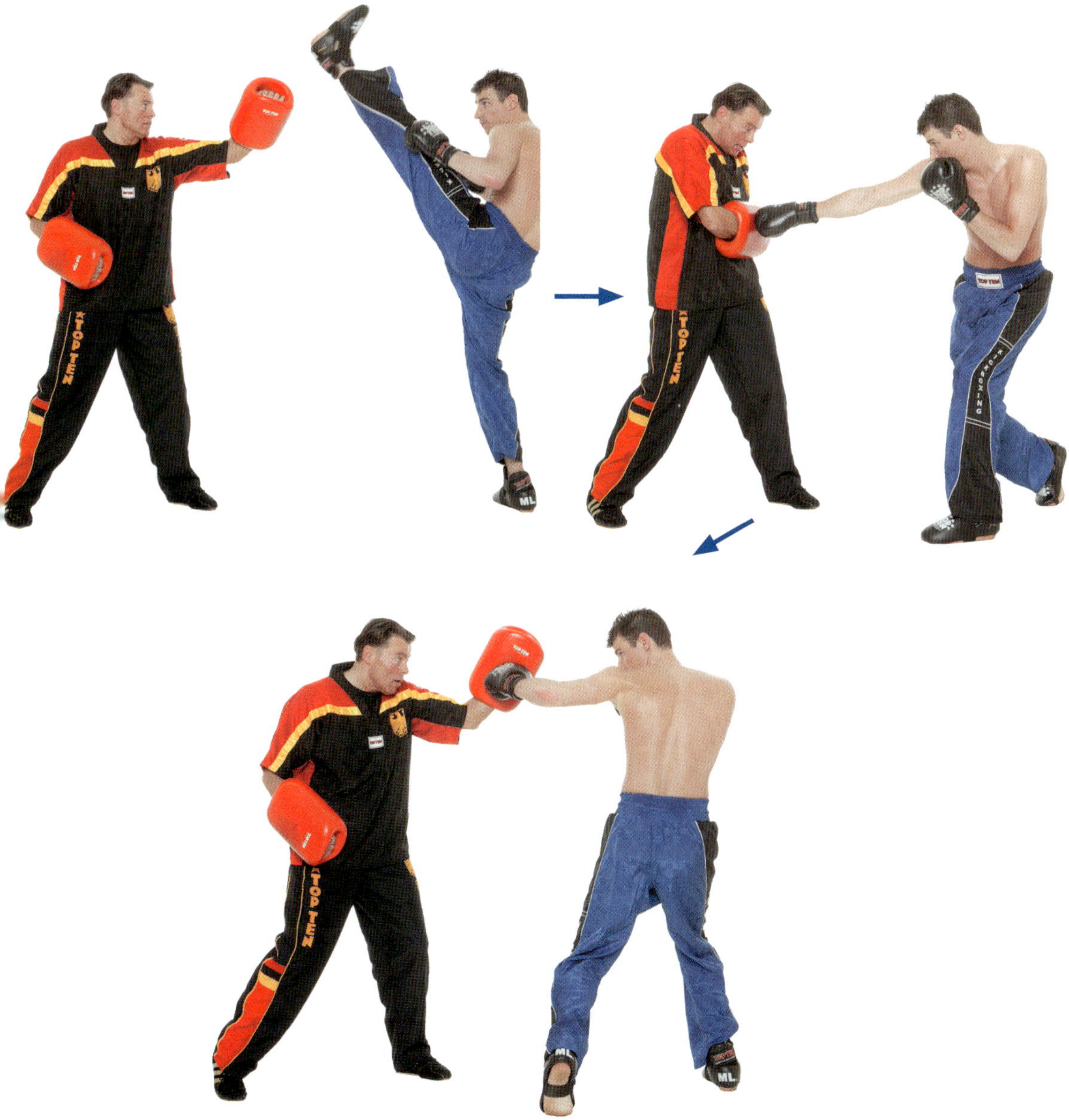

TIPP

Kombinationen aus 4 Techniken

1. vordere Gerade (l), hinterer Aufwärtshaken (r), hinterer Halbkreistritt (r), vordere Gerade (l)
2. vordere Gerade (l), hintere Gerade (r), vordere Gerade (l), gedrehter Hakentritt von hinten (r) – siehe Bildfolge 1
3. vordere Gerade (l), vorderer Hakentritt (l), vorderer Seittritt (l), gesprungener Rücktritt von hinten (r)
4. vorderer Halbkreistritt (l), vordere Gerade (l), hintere Gerade (r), hinterer Halbkreistritt (r) – siehe Bildfolge 2
5. vorderer Halbkreistritt (l), hintere Gerade (r), vorderer Aufwärtshaken (l), hinterer Seithaken (r)
6. vorderer Vorwärtstritt (l), vordere Gerade (l), hinterer Low Kick (r), vorderer Seithaken (l)
7. vorderer Hakentritt (l), vorderer Halbkreistritt (l), hintere Gerade (r), hinterer Halbkreistritt (r)
8. vorderer Außenristtritt (l), vordere Gerade (l), hintere Gerade (r), hinterer Vorwärtstritt (r)
9. vorderer Außenristtritt (l), vordere Gerade (l), hintere Gerade (r), gedrehter Hakentritt von hinten (r) – siehe Bildfolge 3
10. vorderer Axttritt (l), hintere Gerade (r), vorderer Aufwärtshaken (l), hinterer Seithaken (r)

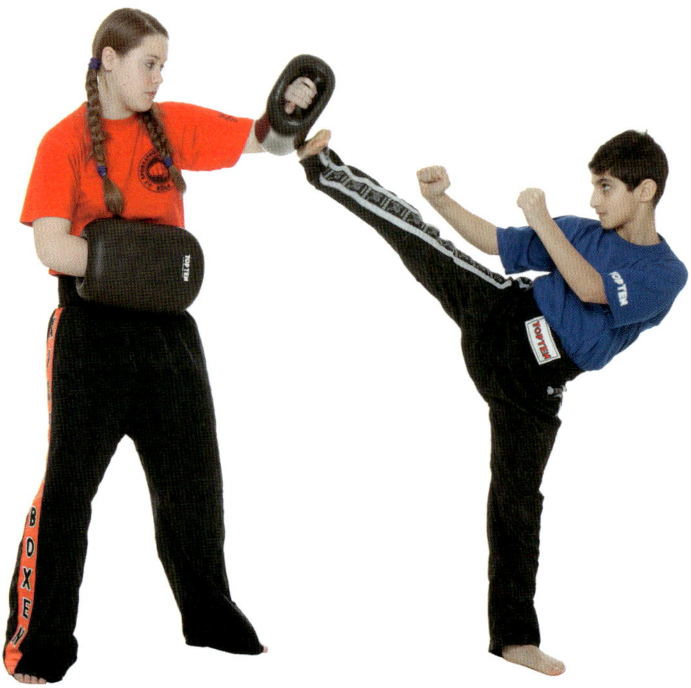

Zu Kombinationsvorschlag 2:
Die Kombination von vorderer Geraden, hinterer Geraden, vorderer Geraden und gedrehtem Hakentritt. Aus der Kampfstellung beginnen Sie mit einer vorderen Geraden. Folgen Sie sofort mit einer hinteren Geraden und einer weiteren vorderen Geraden. Beenden Sie schließlich die Kombination mit einem gedrehten Hakentritt, wofür Sie das hintere Bein einsetzen.
Martin dreht sich beim Hakentritt im Uhrzeigersinn.

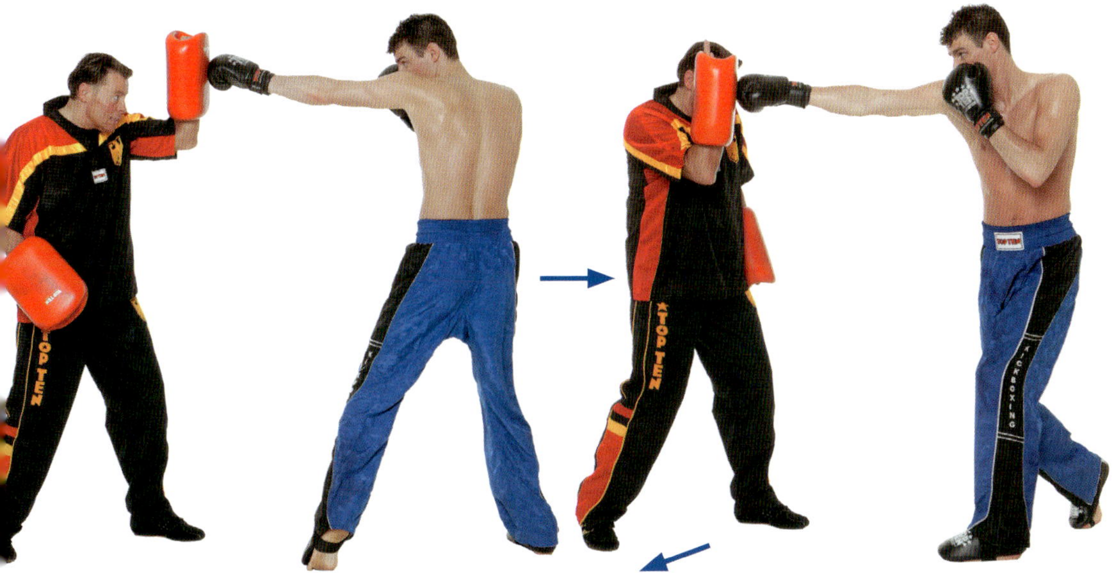

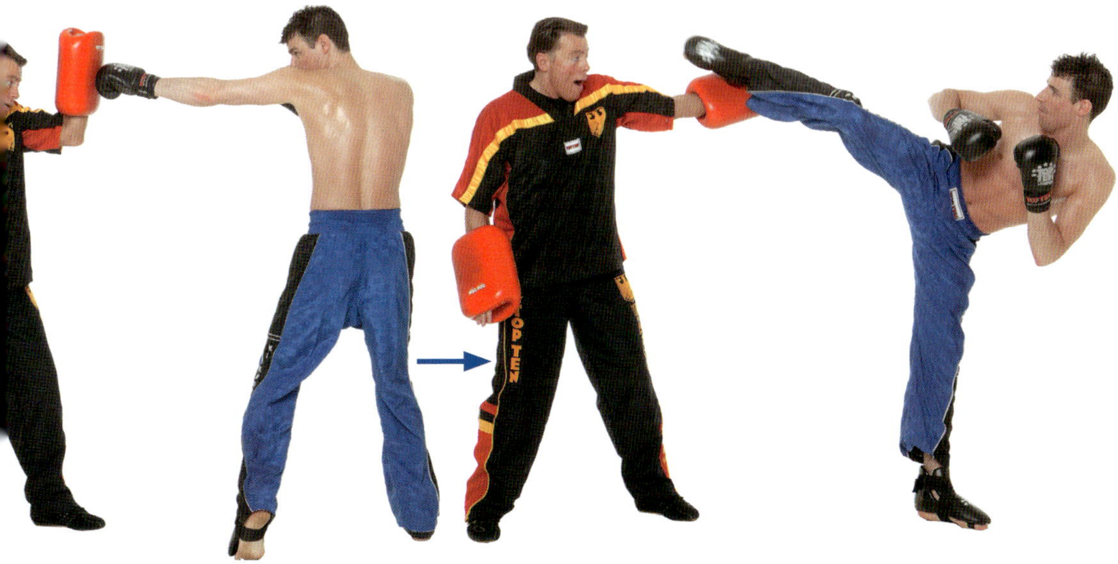

Zu Kombinationsvorschlag 4:
Die Kombination von vorderem Halbkreistritt, vorderer Geraden, hinterer Geraden und hinterem Halbkreistritt. Aus der Kampfstellung beginnen Sie mit einem vorderen Halbkreistritt zum Körper. Dann setzen Sie eine vordere und eine hintere Gerade ein. Schließlich beenden Sie die Folge mit einem hinteren Halbkreistritt zum Kopf.

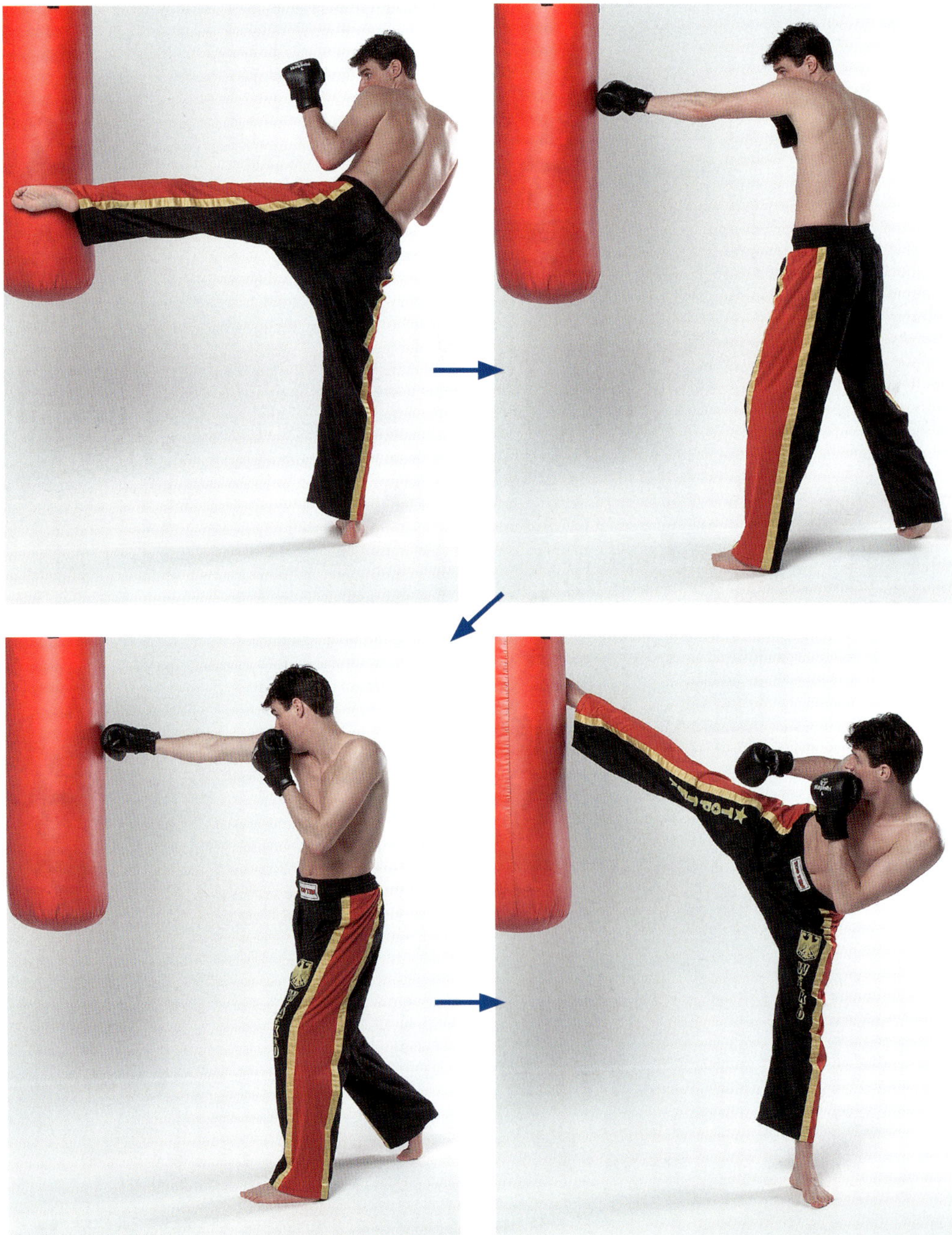

Zu Kombinationsvorschlag 9:
Die Kombination von vorderem Außenristtritt, vorderer Geraden, hinterer Geraden und Hakentritt aus der Drehung. Aus der Kampfstellung beginnen Sie mit einem vorderen Außenristtritt. Sofort folgen Sie mit einer vorderen und einer hinteren Geraden. Schließlich beenden Sie die Kombination mit einem gedrehten Hakentritt, wofür Sie das hintere Bein einsetzen.
Vanessa dreht sich beim Hakentritt im Uhrzeigersinn.

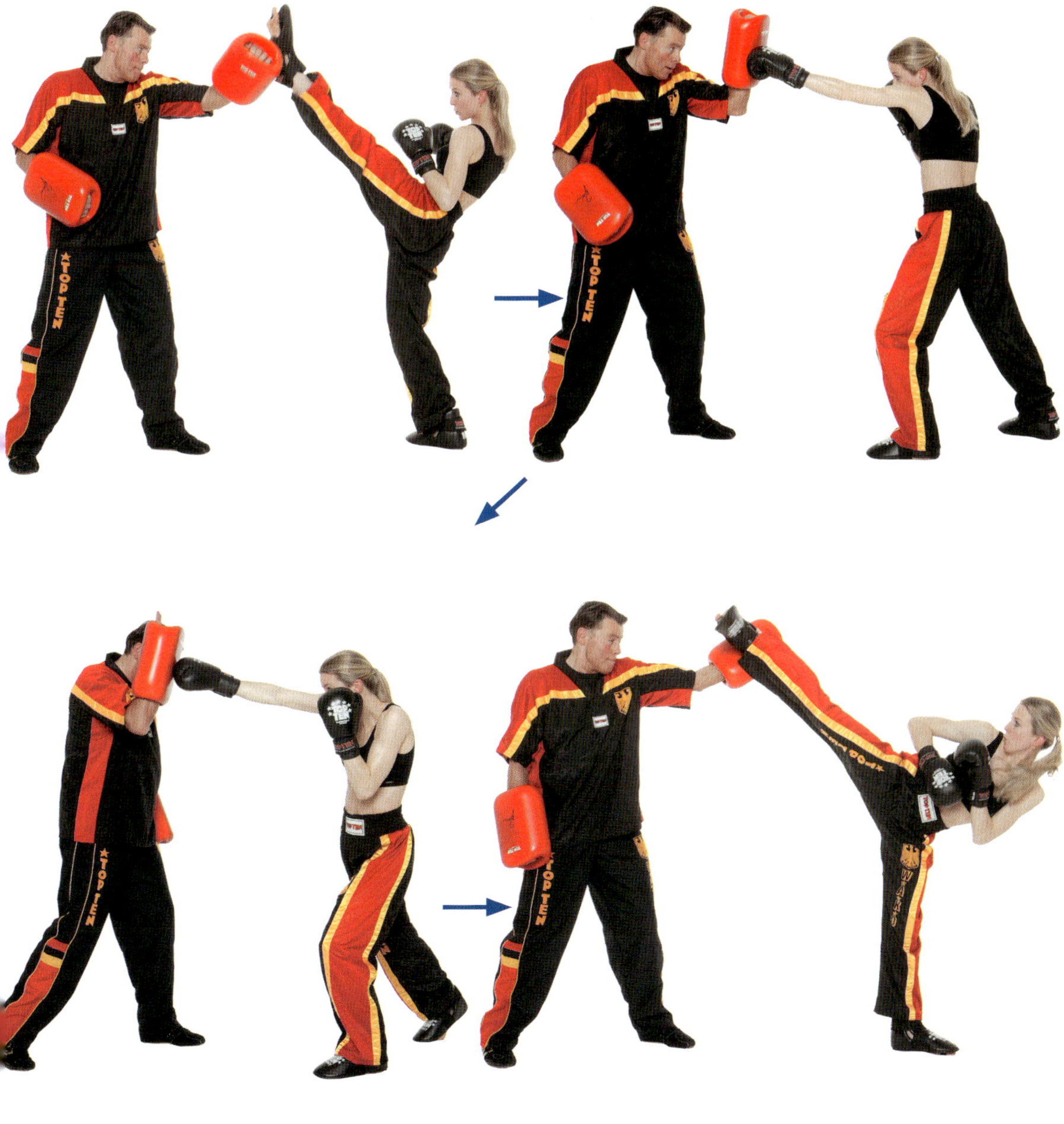

VI. Verteidigungs- und Kontertechniken

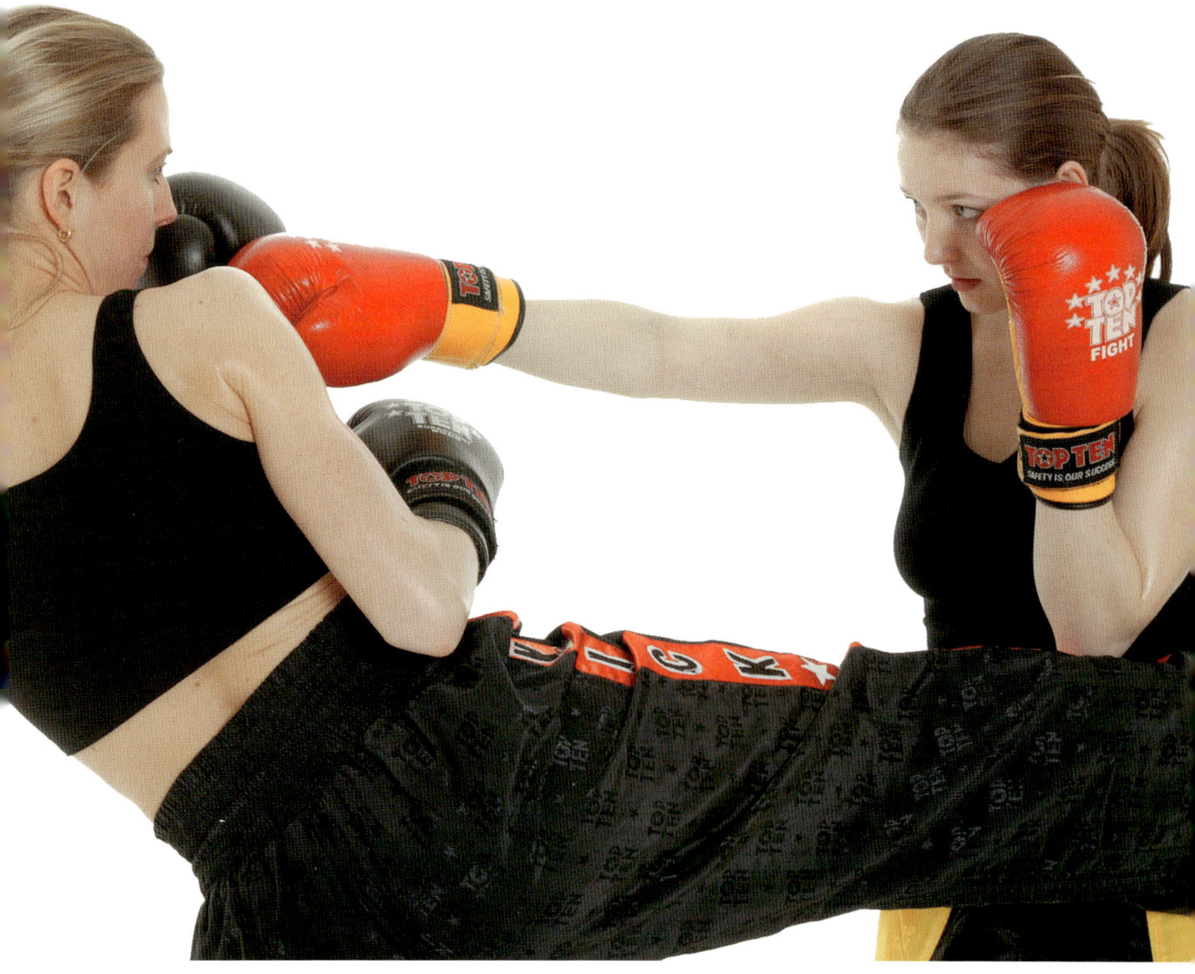

1. Grundlagen der Verteidigung

Nachdem Sie in den vorherigen Abschnitten die Angriffstechniken und deren Kombinationsmöglichkeiten kennengelernt haben, erfahren Sie nun, wie Sie sich gegen diese Techniken verteidigen und auf diese kontern können.
Die Verteidigung eines Kickboxers lässt sich unterscheiden in aktive und passive Handlungen. Die passiven Verteidigungshandlungen gegen Schläge und Tritte des Gegners sind **Blocken, Paraden, Meidbewegungen** und **Ausweichbewegungen**. Aktive Verteidigungshandlungen gegen Schläge und Tritte sind **direkte Konter**.

Gehen Sie bei Ihrem Training so vor, dass Sie zuerst lernen, die Grundtechniken der Verteidigung auszuführen. Sobald Sie sich diese angeeignet haben, üben Sie, auf eine Angriffstechnik des Gegners immer zu kontern. Entweder Sie führen zuerst eine passive Verteidigung aus und kontern umgehend darauf, oder Sie verteidigen sich mit einem direkten Konter. Würden Sie sich hingegen im Kampf ausschließlich auf das Verteidigen konzentrieren und nicht mit eigenen Angriffstechniken kontern, könnte der Gegner Sie ununterbrochen attackieren, bis er Sie wirkungsvoll getroffen hat.

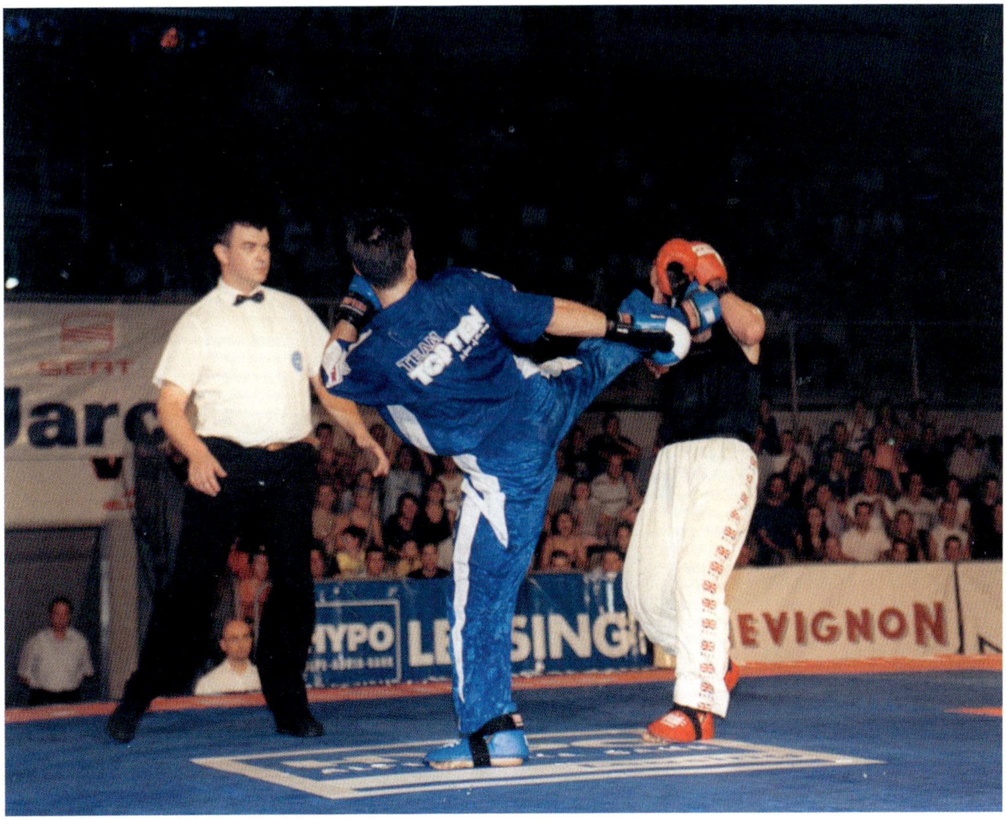

Der Kämpfer versucht, den gegnerischen Kick mit den angehobenen Armen zu blocken.

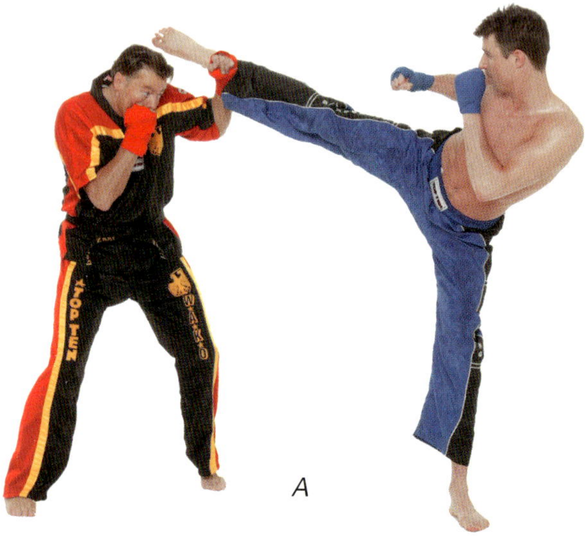

A

Blocken

Sie können den Erfolg einer gegnerischen Technik verhindern, indem Sie diese blocken. Nachteilig an einem Block ist, dass dieser immer etwas Wirkung der gegnerischen Technik durchlässt. Deshalb sind Paraden, Meidbewegungen, Ausweichbewegungen und direkte Konter als Verteidigungsmaßnahmen dem Blocken vorzuziehen. Jedoch sind die gegnerischen Techniken im Kampf oftmals so überraschend und schnell ausgeführt, insbesondere die Techniken in der Nahdistanz, dass es nur noch möglich ist, diese zu blocken. Deshalb ist der Block eine wichtige Möglichkeit der Verteidigung und muss im Training geübt werden.

Die Angriffstechniken des Gegners können Sie mit Faust, geöffneter Hand, Schulter, Unterarm, Ellbogen und Schienbein blocken.

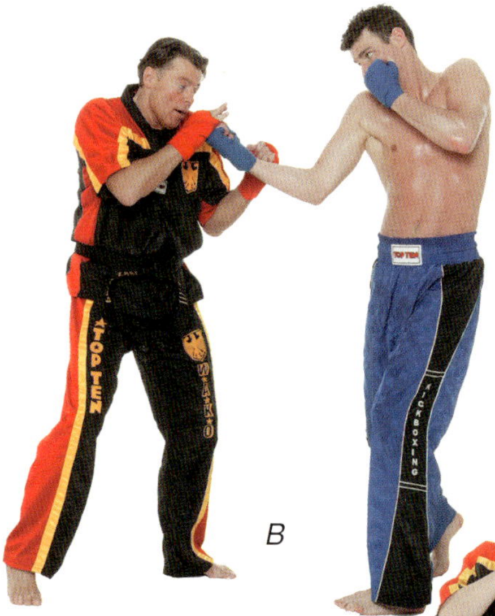

B

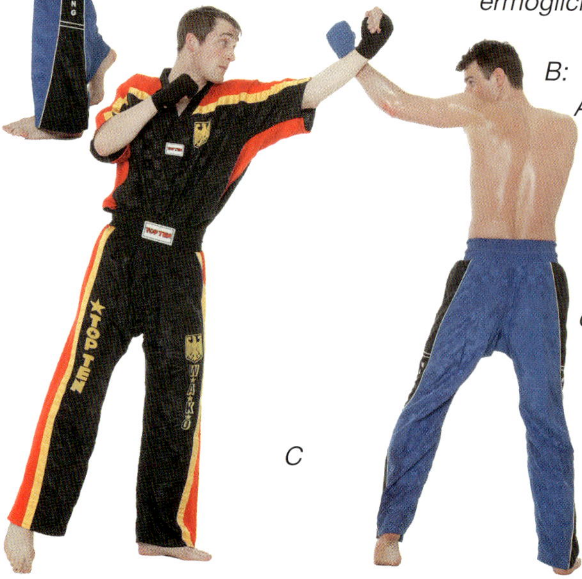

C

A: Der Block eines Halbkreistrittes mit der Faust. Dieser Block wird durch die abdämpfende Wirkung der Boxhandschuhe ermöglicht.

B: Der Block eines Aufwärtshakens mit der Handfläche.

C: Der Block eines Faustrückenschlages mit dem Unterarm.

D: Einen Körperhaken können Sie mit den Unterarmen oder Ellbogen blocken.

E: Einen Halbkreistritt zum Körper, ebenso wie einen Tritt zu den Beinen, können Sie mit dem Schienbein blocken, wozu Sie ein Bein anziehen.

F–G: Peter Zaar zeigt weitere Möglichkeiten, um Halbkreistritte und Seittritte zu blocken.

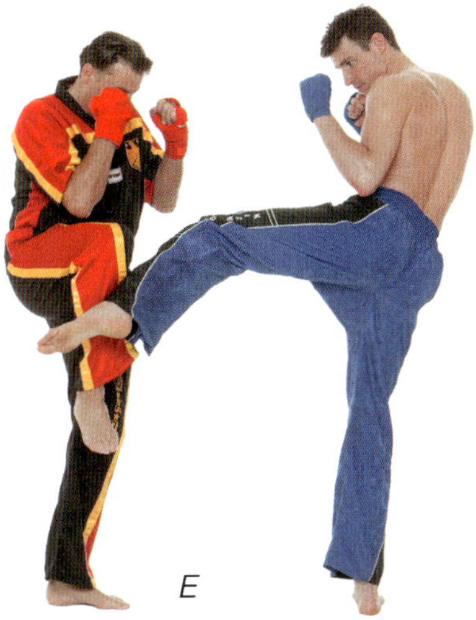

E

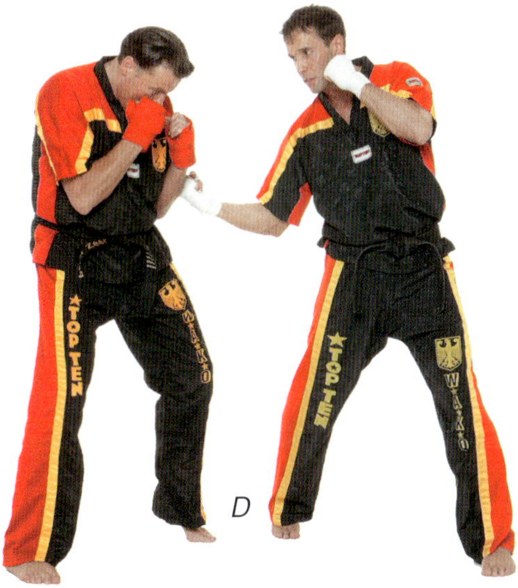

D

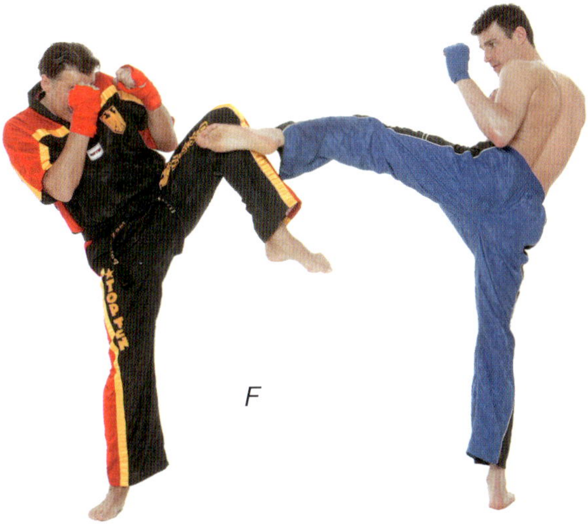

F

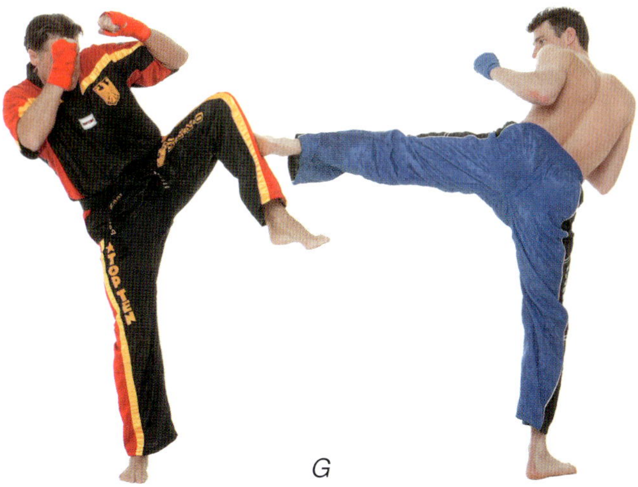

G

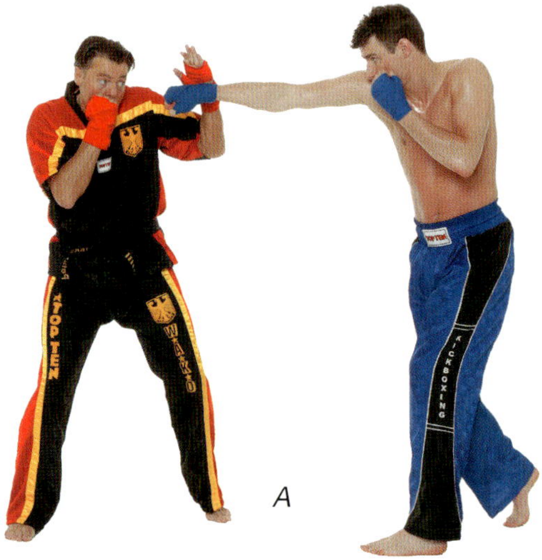

A

Paraden

Nach vorne ausgeführte Schläge und Tritte, wie die Gerade und den Vorwärtstritt, können Sie aus der eigentlichen Richtung wegleiten. Die Parade erfolgt meistens nach innen, so dass danach der Rücken des Gegners zu Ihnen gerichtet ist. In dieser Position kann der Gegner keine weiteren Angriffstechniken einsetzen, und Sie können wirkungsvoll kontern. Oftmals wird die Parade mit einem Seitschritt nach außen verbunden, wodurch Sie sich in einer Position befinden, die sich besonders für einen Konter eignet.

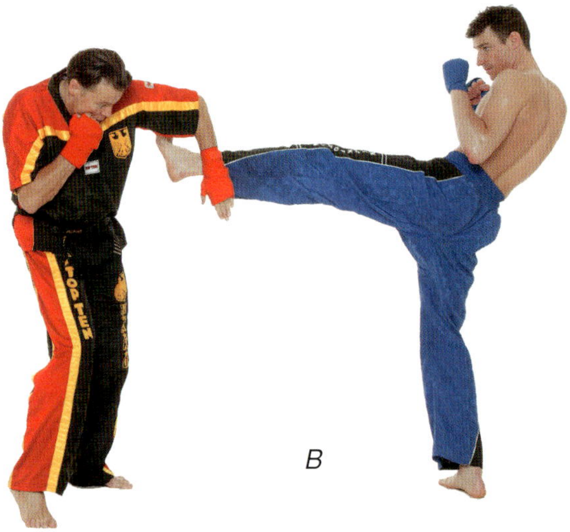

B

A: Parade einer rechten Geraden zum Kopf. Die Parade erfolgt von links nach rechts.

B–C: Parade von Vorwärtstritt und Seittritt zum Körper. Halten Sie den Kick nicht fest, sondern leiten Sie ihn in einer gleichmäßigen Bewegung nach außen. Sie können gleichzeitig zur Parade einen Seitschritt nach außen ausführen.

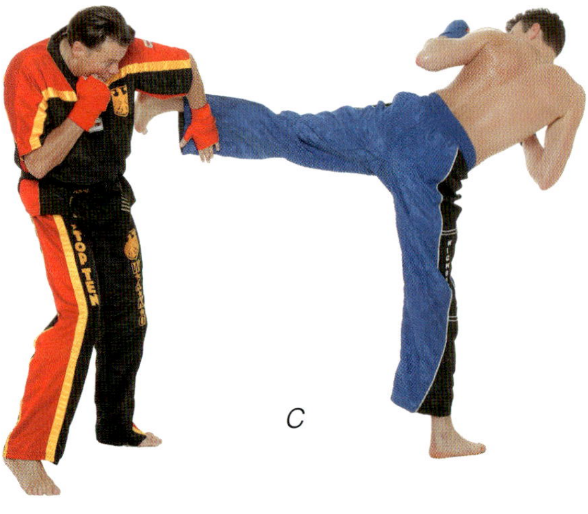

C

Rechte Seite:
C–D: Abrollen. Tauchen Sie unter einem Seithaken zum Kopf hindurch und kommen Sie hinter dem Schlag wieder hoch. Gleichzeitig können Sie einen Haken zum Körper anbringen. Gegen einen linken Seithaken tauchen Sie nach rechts und umgekehrt.

Meidbewegungen

Durch Meidbewegungen können Sie den Erfolg eines gegnerischen Angriffs verhindern. Meidbewegungen sind Rückbeugen, Abducken nach links oder rechts schräg vorne, Abducken nach unten sowie Abrollen nach links oder rechts. Außerdem gehört das Pendeln durch Abbeugen nach links und rechts zu den Meidbewegungen. Beim Abbeugen bewegen Sie sich beispielsweise gegen einen rechten Halbkreistritt nach rechts vorne. Diese Verteidigung ist jedoch nur für Fortgeschrittene geeignet, die gutes Distanzgefühl und Timing entwickelt haben.

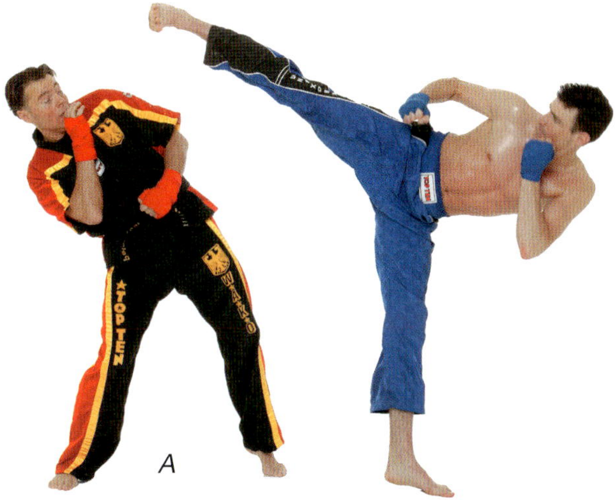
A

A: Rückbeugen. Verlagern Sie das Gewicht auf das hintere Bein und lehnen Sie den Oberkörper zurück. Achten Sie darauf, dass Sie das Kinn leicht zur Brust ziehen.

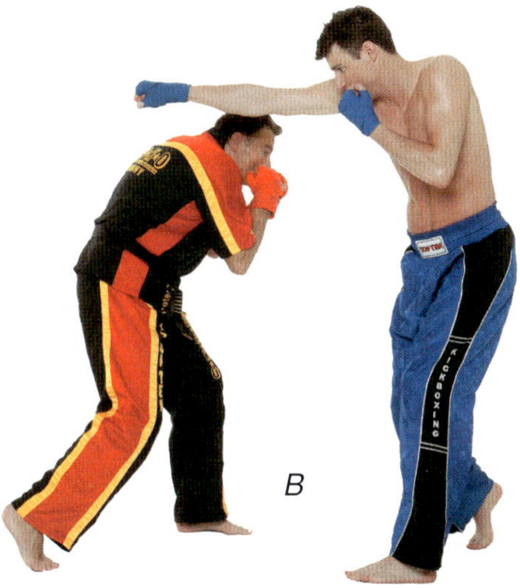
B

B: Beim Abducken erfolgt die Verteidigung schräg nach außen vorne. Sie können sich gegen eine Gerade mit dem rechten Arm schräg nach links vorne abducken; gegen eine Gerade mit dem linken Arm schräg nach rechts vorne.

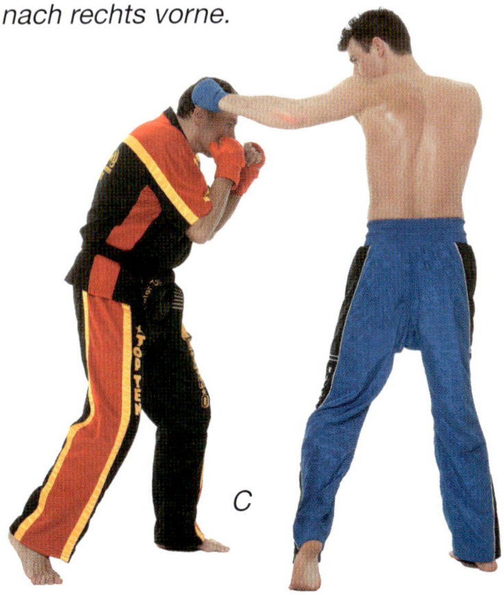
C

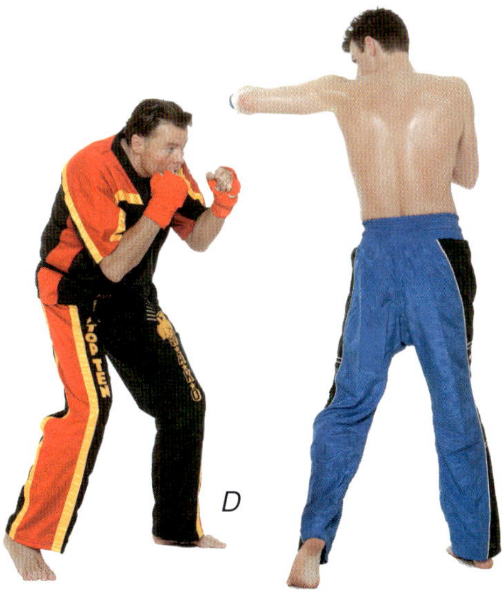
D

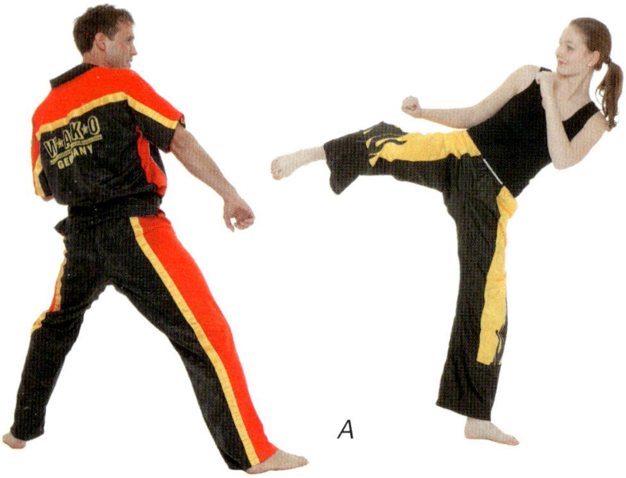

A

Ausweichbewegungen

Sie können den Erfolg einer gegnerischen Technik verhindern, indem Sie dieser ausweichen. Danach befindet sich der Gegner in einer ungünstigen Position, und Sie können wirkungsvoll kontern.

Die Ausweichbewegungen sind Rückschritt, Seitschritt nach links oder rechts sowie Körperdrehen nach links oder rechts.

A: Natalia greift mit einem Kick an. Andreas verteidigt sich durch einen Rückschritt. Gleichzeitig zum Rückschritt können Sie auch den Oberkörper etwas zurücklehnen.

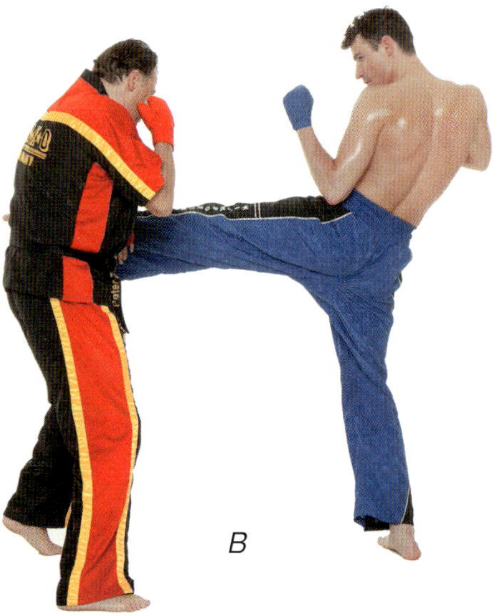

B

B: Sie können sich gegen Vorwärtstritt und Seittritt zum Körper mit einem Seitschritt und gleichzeitiger Parade verteidigen. Gegen einen Angriff mit dem linken Bein machen Sie einen Schritt nach rechts vorne und leiten gleichzeitig den Tritt mit dem linken Handgelenk von sich und umgekehrt.

C: Martin greift mit einem hohen Vorwärtstritt an. Peter Zaar verteidigt sich durch eine Körperdrehung nach links, wobei er sich über das vordere Bein dreht und das hintere Bein nachzieht.

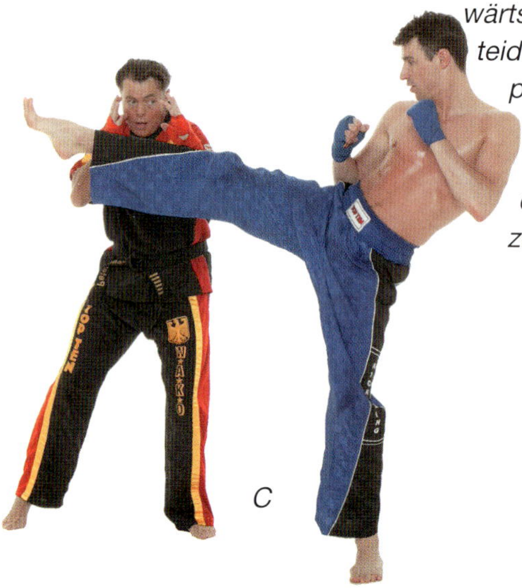

C

Direkte Konter

Wenn Sie den Ansatz einer gegnerischen Angriffstechnik erkennen, führen Sie eine schnelle Technik aus, um mit dieser vor dem Gegner das Ziel zu treffen. Dazu machen Sie entweder eine Technik in gerader Linie nach vorne, z. B. eine Gerade oder einen Vorwärtstritt, oder Sie bewegen sich von dem gegnerischen Angriff seitlich nach außen vorne weg, wodurch Sie mehr Zeit für den Einsatz einer eigenen Technik, z. B. eines Seithakens, haben.

Direkte Konter erfordern viel Übung und genaues Timing, damit der Einsatz im Kampf gelingt. Sie sind aber sehr effektiv, da sich der Gegner auf die Technik zubewegt.

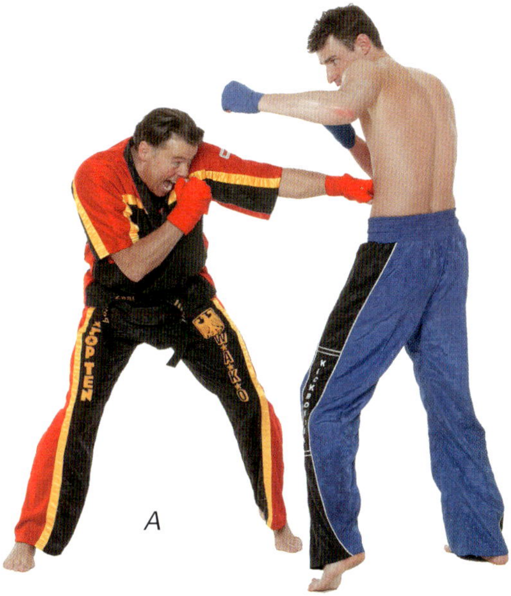

A

A: Martin greift mit einer vorderen Geraden an. Peter Zaar verteidigt sich durch eine schnelle vordere Gerade zum Körper.

B: Martin setzt zu einem Halbkreistritt an. Als direkter Konter erfolgt eine schnelle hintere Gerade zum Körper.

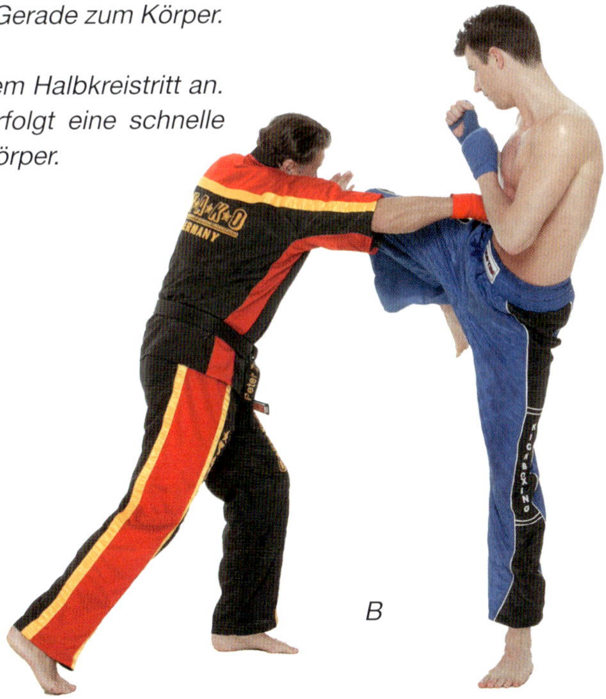

B

2. Auswahl geeigneter Techniken

Generell sind Techniken, die das Verteidigen und Kontern beinhalten, umso erfolgversprechender, desto weniger Durchführungsschritte sie umfassen. Einige Kickbox-Trainer lehren Techniken über zahlreiche Schritte. Der Einsatz solcher Techniken ist zwar theoretisch möglich, in einem realen Kampf sind sie jedoch äußerst selten zu beobachten. Schließlich wartet ein Kämpfer nicht geduldig darauf, bis sein Gegner mit der Ausführung seiner Verteidigungs- und Kontertechnik fertig ist, sondern versucht, ihn schnellstmöglich zu unterbrechen, um selbst wieder Angriffstechniken einsetzen zu können.

Die hier getroffene Auswahl beinhaltet ein Grundrepertoire an Verteidigungs- und Kontertechniken, das sich Kickboxer aneignen sollten, um sich in einem Kampf behaupten zu können. Ergänzen Sie diese Auswahl im Verlauf Ihrer Sportlerlaufbahn mit weiteren Techniken. Sie werden eine Vielzahl von Techniken von unterschiedlichen Trainern unterrichtet bekommen, in Filmen oder bei sportlichen Vergleichen entdecken. Jeder Sportler hat aber andere körperliche Voraussetzungen und Fähigkeiten, weshalb sich einige Techniken mehr und andere weniger für Sie eignen. Ob eine Technik für Sie effektiv ist, werden Sie durch wiederholte Anwendungsversuche recht schnell merken. Eine Auflistung zahlreicher effektiver Verteidigungs- und Kontertechniken gegen alle möglichen Angriffe des Gegners finden Sie in den Büchern »Kickboxen perfekt« (Delp 2006) und »Thai-Boxen fight« (Delp 2008).

Zuerst wählen Sie drei bis fünf Verteidigungs- und Kontertechniken aus und üben diese ein paar Wochen lang, bis Sie sie beherrschen. Nach einigen Trainingswochen beginnen Sie, die nächsten Techniken zu üben. So erweitern Sie Ihr Repertoire schrittweise und werden zu einem vielseitigen Kämpfer und für den Gegner schwer berechenbar. Sie müssen aber die bereits erlernten Techniken immer wieder üben, um die Durchführung und das Timing für den Einsatz zu perfektionieren. Sie werden dadurch die Techniken immer schneller, kraftvoller und mit besserem Timing ausführen, bis es schließlich gelingt, diese in einem Kampf instinktiv – ohne nachzudenken – einzusetzen. Es hat hingegen keinen Sinn, eine Vielzahl von Techniken nur kurzzeitig zu üben. Wenn Sie die Techniken nicht perfektionieren, gelingt die Anwendung im Kampf nicht. Müssen Sie in einem Kampf über die Anwendung nachdenken, dann ist der geeignete Zeitpunkt für den Einsatz bereits vorbei.

Auch professionelle Sportler üben in jeder Trainingseinheit Verteidigungs- und Kontertechniken und verbessern so ihre Fähigkeiten. Sobald Sie Ihren Gegner für den nächsten Wettkampf erfahren, lässt Sie der Trainer gezielt auf die Kampfeigenschaften des Gegners abgestimmte Verteidigungs- und Kontertechniken trainieren.

TIPP

Üben Sie in jeder Trainingseinheit einige Verteidigungs- und Kontertechniken. Sprechen Sie die Angriffstechnik sowie die Verteidigungs- und Kontertechnik mit Ihrem Sportkameraden ab. Er attackiert Sie für die Dauer von einigen Minuten mit derselben Angriffstechnik und Sie verteidigen und kontern, wie zuvor abgesprochen. Führen Sie die Techniken nicht mit voller Härte aus, um den Partner nicht zu verletzen. Sie müssen jedoch die Techniken technisch korrekt ausführen, da ansonsten der Einsatz oftmals nicht erfolgreich ist. Dann tauschen Sie die Rollen und Sie attackieren den Trainingspartner.

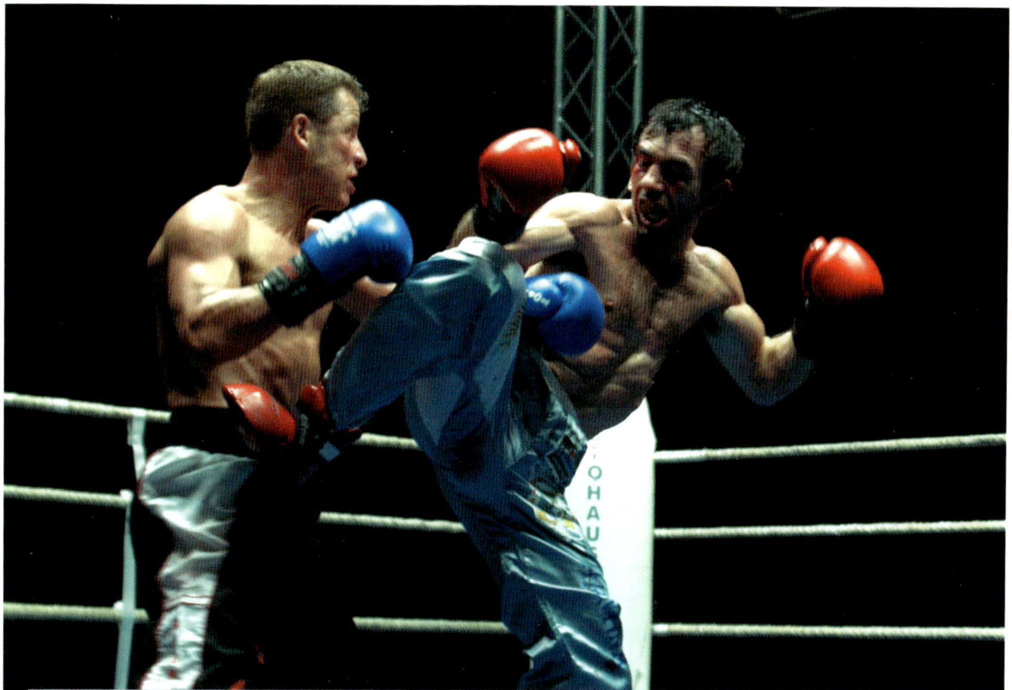

1. Vordere Gerade nach innen leiten	Konter mit Körperhaken
2. Gerade nach innen leiten	Konter mit Halbkreistritt
3. Abrollen unter Seithaken	Konter mit Körperhaken
4. Block eines Aufwärtshakens	Konter mit Seithaken
5. Unterarmblock eines Körperhakens	Konter mit Aufwärtshaken
6. Wegleiten eines Tritts	Konter mit Gerade oder Tritt
7. Block eines hohen Halbkreistritts	Konter mit Körperschlag
8. Schritt nach außen vorne gegen Hakentritt	Konter mit Körperhaken
9. Zurücklehnen	Konter mit Hakentritt
10. Beinanziehen gegen Fußfeger	Konter mit Seittritt

Konter von Sven Kirsten, Weltmeisterschaftskampf in Nürnberg.

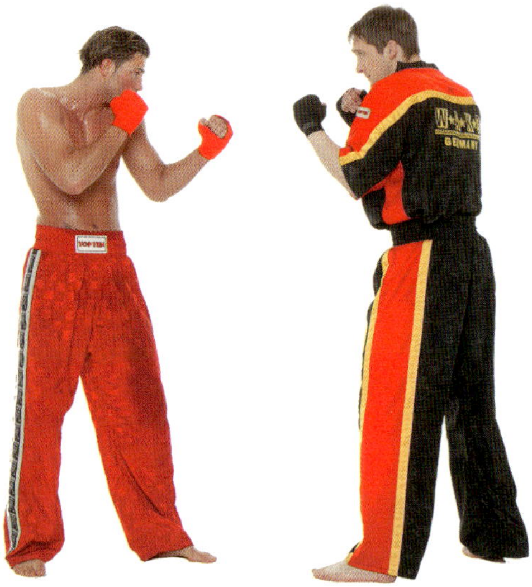

A

Vordere Gerade nach innen leiten

Gegnerische Technik: Vordere Gerade.

Durchführung:
Leiten Sie den Schlag mit der gegenüberliegenden Hand nach innen, wobei Sie Ihren Oberkörper etwas nach außen lehnen. Sofort führen Sie einen Körperhaken zu den Rippen mit dem gleichen Arm aus. Achten Sie darauf, dass Sie den Körper locker halten und den gegnerischen Arm nicht zu weit nach innen leiten, da Sie sich ansonsten nicht schnell bewegen können.

A–D: Giovanni greift mit einer vorderen Geraden an. Jürgen leitet den Schlag nach innen und lehnt dabei den Oberkörper etwas nach rechts außen. Sofort kontert er mit einem Körperhaken zu den Rippen, wofür er den gleichen Arm einsetzt.

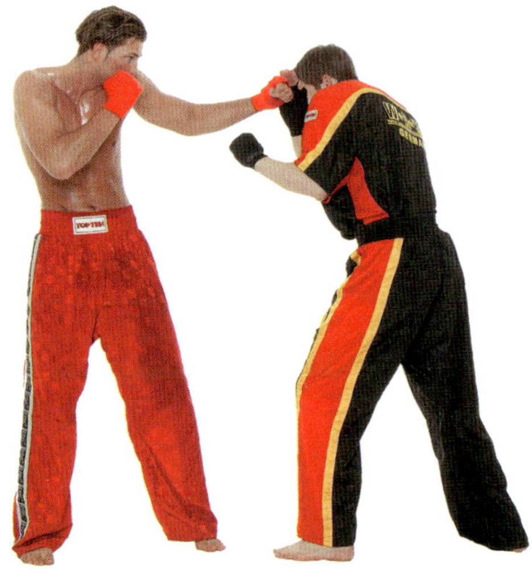

B

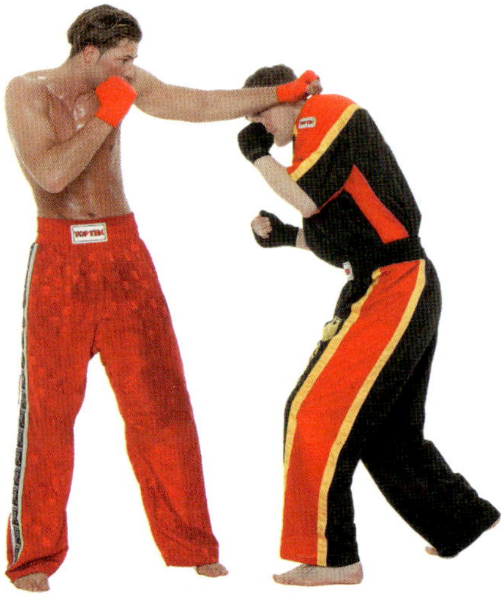

C

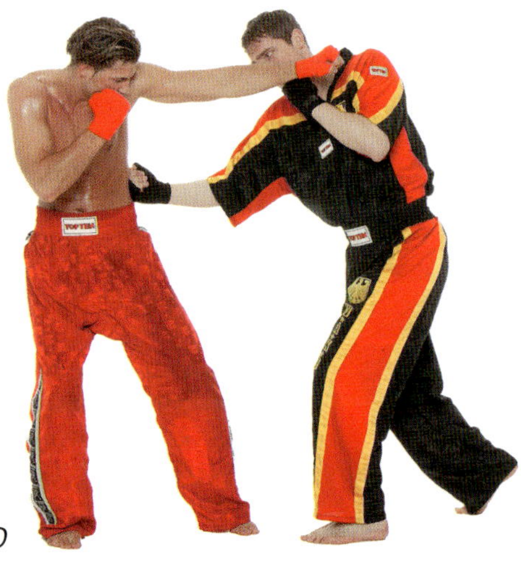

D

Gerade nach innen leiten

Gegnerische Technik:
Hintere Gerade, kraftvolle vordere Gerade.

Durchführung:
Leiten Sie den Schlag mit der gegenüberliegenden Hand nach innen und drehen Sie dabei den Oberkörper nach außen, um den Körper in Vorspannung zu bringen. Sofort folgen Sie mit einem Halbkreistritt zu den Rippen. Achten Sie darauf, dass Sie den Körper locker halten und die Bewegung gleichmäßig und ohne Unterbrechung ausführen.
Die Technik ist auch gegen eine kraftvolle vordere Gerade einsetzbar.

A–D: Jürgen greift mit einer hinteren Geraden an. Giovanni leitet den Schlag nach rechts innen und lehnt dabei den Oberkörper nach links außen. So kann er sofort mit einem Halbkreistritt zu den Rippen folgen – ohne Umstellen der Füße, den er mit dem hinteren Bein ausführt.

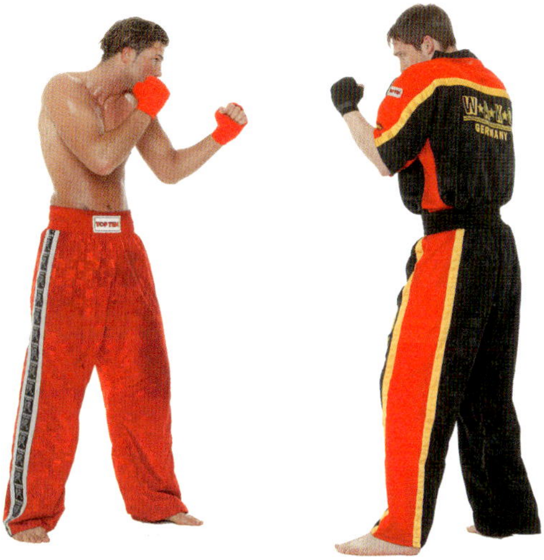

A

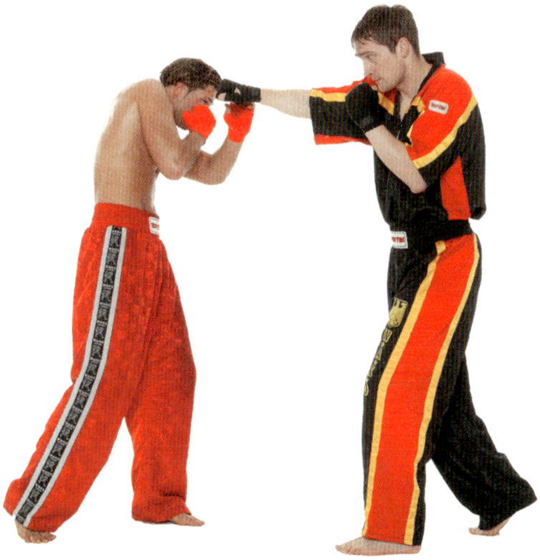

B

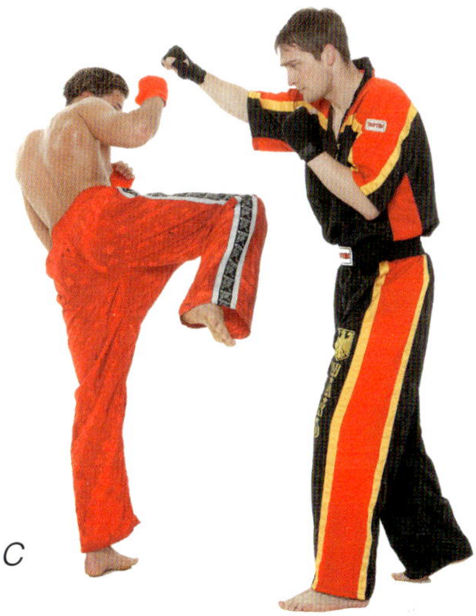

C

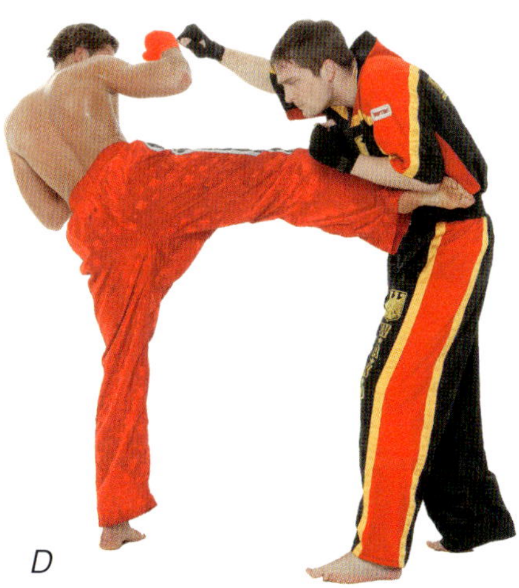

D

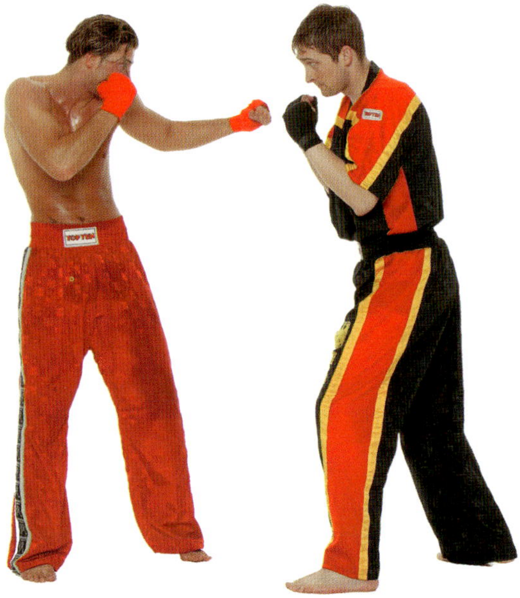

A

Abrollen unter Seithaken

Gegnerische Technik:
Seithaken zum Kopf.

Durchführung:
Sobald der Gegner einen Seithaken zum Kopf ansetzt, bewegen Sie Ihren Oberkörper zur anderen Seite und beginnen von dort, unter dem Schlag hindurch zu tauchen. Wenn der Gegner mit einem rechten Seithaken angreift, führen Sie das Abrollen von rechts nach links aus. Nutzt der Gegner stattdessen einen linken Seithaken, tauchen Sie von links nach rechts. Gleichzeitig zum Auftauchen führen Sie einen Körperhaken zu den Rippen aus.

A–C: Giovanni greift mit einem linken Seithaken zum Kopf an. Jürgen taucht von links nach rechts unter dem Schlag hindurch und führt beim Auftauchen einen linken Haken zu den Rippen aus.

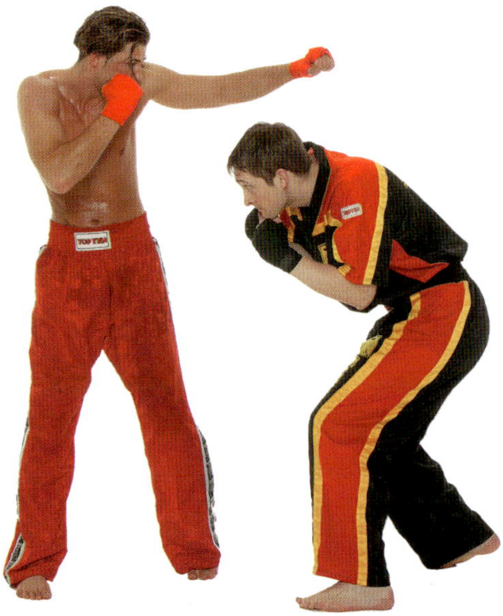

B

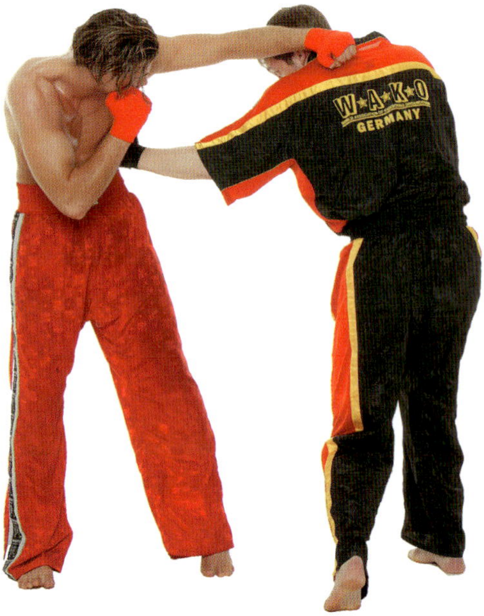

C

Block eines Aufwärtshakens

Gegnerische Technik:
Aufwärtshaken zum Kopf.

Durchführung:
Blocken Sie den Aufwärtshaken mit der Handfläche der gleichen Körperseite, so dass Sie dann mit der anderen Hand einen Seithaken zur ungeschützten Kopfseite des Gegners ausführen können. Wenn der Gegner mit einem rechten Aufwärtshaken angreift, blocken Sie mit der rechten Hand und führen den Seithaken mit der linken Faust aus. Greift der Gegner stattdessen mit einem linken Aufwärtshaken an, blocken Sie mit der linken Hand und führen den Seithaken mit der rechten Faust aus.

A–C: Andreas greift mit einem rechten Aufwärtshaken zum Kopf an. Peter blockt den Schlag mit der rechten Handfläche. Sofort kontert er mit einem linken Seithaken zur ungeschützten Kopfseite.

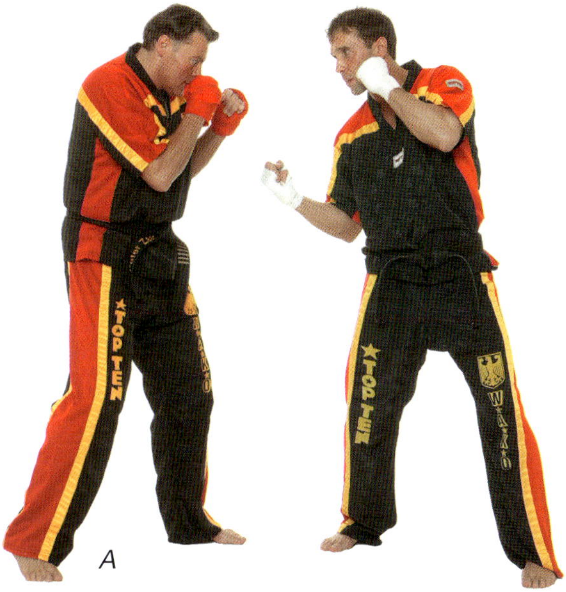

A

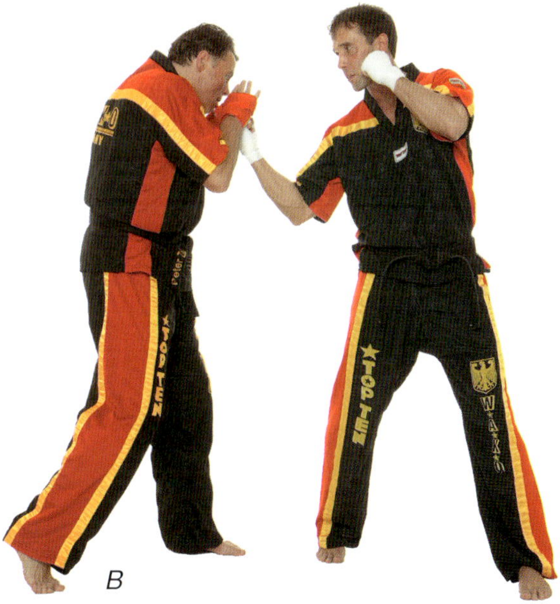

B

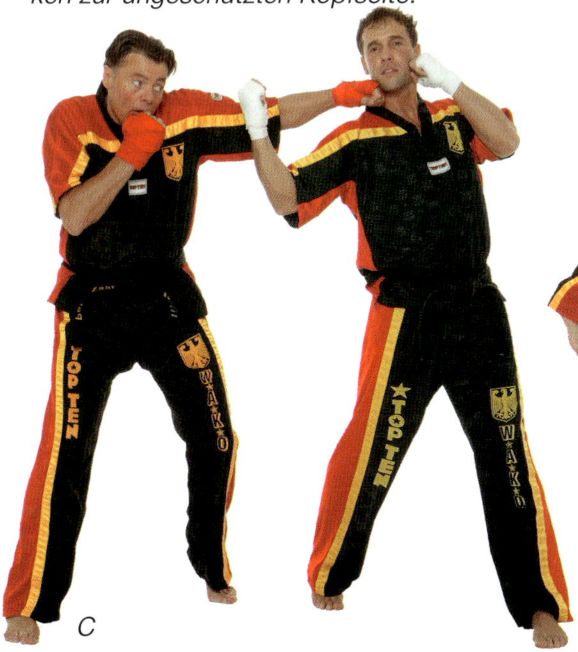

C

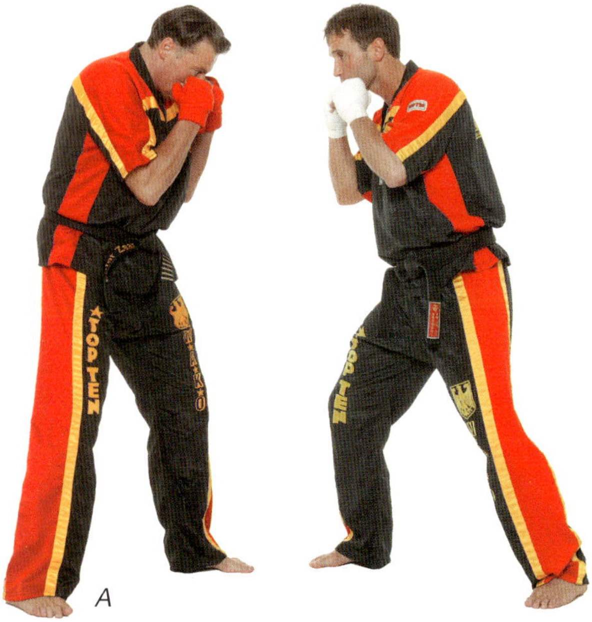

A

Unterarmblock eines Körperhakens

Gegnerische Technik:
Aufwärtshaken zum Körper, Seithaken zum Körper.

Durchführung:
Der Gegner führt einen Haken zu den Rippen aus. Blocken Sie die Technik mit Ihrem gegenüberliegenden Unterarm oder Ellbogen. Dazu drehen Sie die angegriffene Körperseite nach vorne ein, damit der Schlag nicht mit voller Härte trifft. Sofort führen Sie einen Aufwärtshaken mit dem anderen Arm zum Kinn des Gegners aus.

A–C: Andreas greift mit einem Aufwärtshaken zu den Rippen an. Peter blockt die Technik und kontert sofort mit einem Aufwärtshaken.

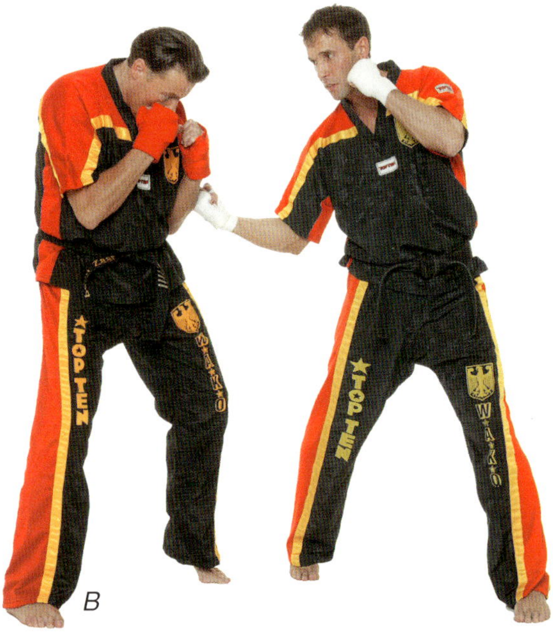

B

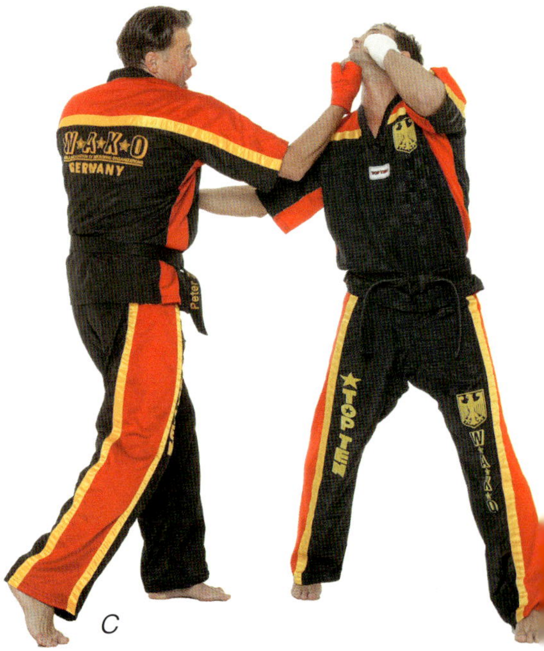

C

Wegleiten eines Tritts

Gegnerische Technik:
Vorwärtstritt zum Körper, Seittritt zum Körper.

Durchführung:
Machen Sie einen Schritt nach außen vorne und leiten Sie gleichzeitig den Tritt nach innen. Wenn der Gegner mit dem linken Bein angreift, machen Sie einen Schritt mit dem rechten Bein nach rechts vorne und leiten dabei die Technik nach links. Nutzt der Gegner stattdessen das rechte Bein, müssen Sie einen Schritt nach links vorne machen und dabei den Tritt nach rechts leiten.
Je nachdem wie weit Sie danach vom Gegner entfernt stehen, können Sie mit einer Geraden oder einem Halbkreistritt kontern.

A–D: Martin führt einen Vorwärtstritt mit dem linken Bein aus. Peter macht einen Schritt nach rechts vorne und leitet dabei die Technik nach innen. Dann kontert er mit einer Geraden zum Kopf.

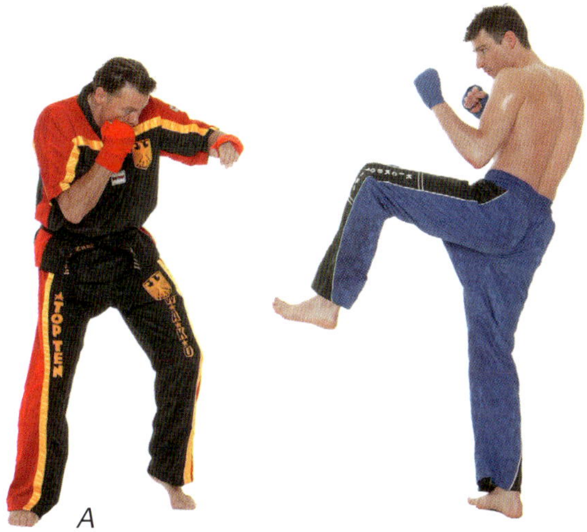

A

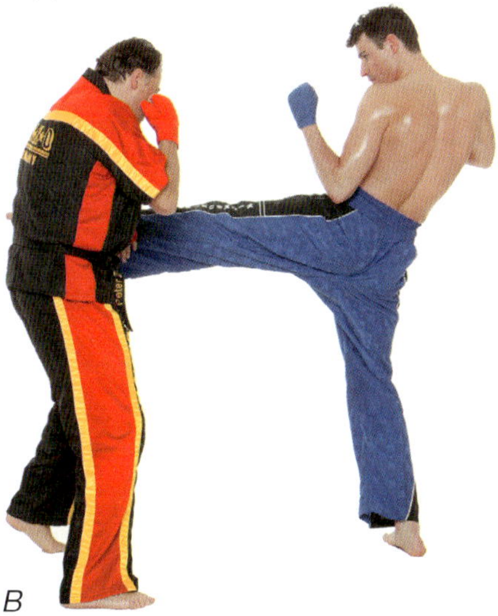

B

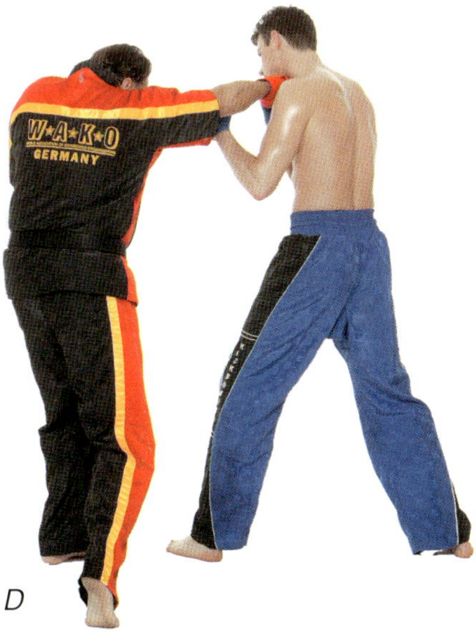

D

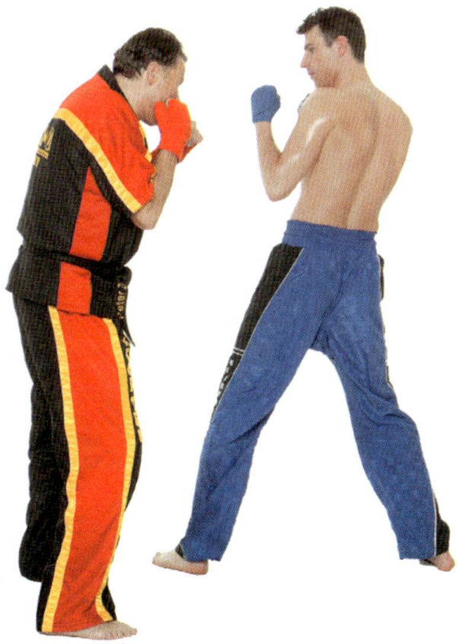

C

Block eines hohen Halbkreistritts

Gegnerische Technik: Halbkreistritt zum Kopf.

Durchführung:
Blocken Sie den Tritt des Gegners mit der gegenüberliegenden Faust. Während der Gegner sein Bein in die Kampfstellung zurückzieht, kontern Sie mit einer Geraden zum Magen, wofür Sie die andere Faust einsetzen. Achten Sie darauf, dass Sie den Block am Fußgelenk ausführen und nicht am Schienbein, um sich nicht zu verletzen.
Wenn der Gegner Ihre hintere Körperseite attackiert, blocken Sie mit der hinteren Faust und kontern mit der vorderen Faust. Machen Sie dann beim Kontern einen kleinen Schritt nach vorne, damit ein kraftvoller Schlag gelingt.

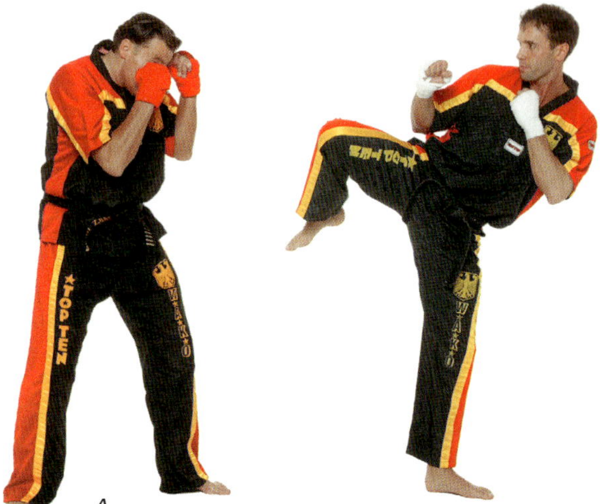
A

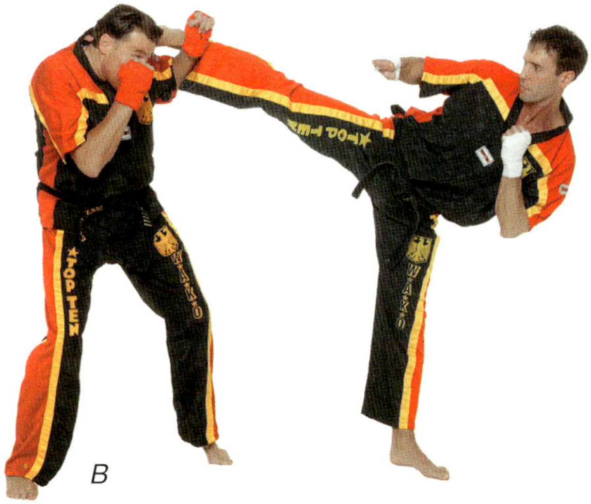
B

A–D: Andreas greift mit einem hohen Halbkreistritt an. Peter blockt die Technik mit der linken Faust. Dann kontert er mit einer rechten Geraden zum Körper.

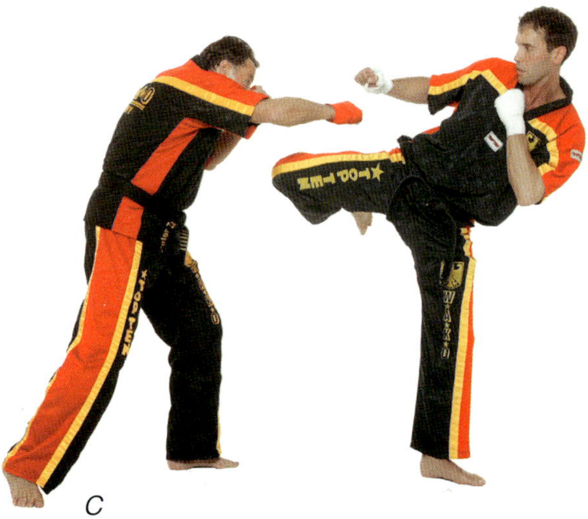
C

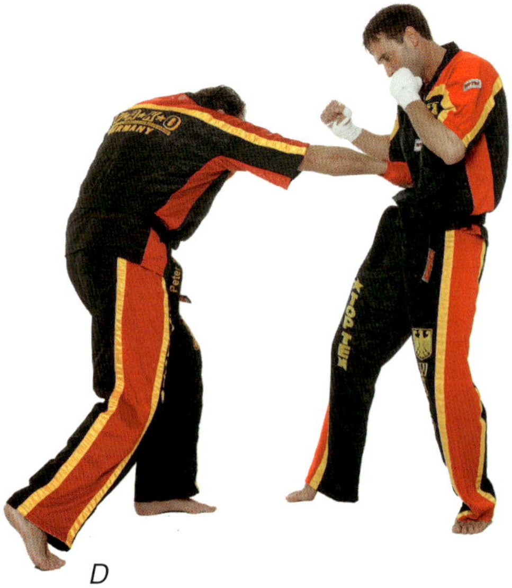
D

Schritt nach außen vorne gegen Hakentritt

**Gegnerische Technik:
Hakentritt, gedrehter Hakentritt.**

Durchführung:
Sobald Sie den Ansatz des gegnerischen Hakentritts erkennen, machen Sie einen Schritt nach außen vorne, um sich zu schützen. Wenn der Gegner mit dem rechten Bein tritt, machen Sie einen Schritt nach links vorne. Nutzt der Gegner stattdessen das linke Bein, müssen Sie einen Schritt nach rechts vorne machen. Achten Sie darauf, dass Sie Ihren Kopf mit der zum Tritt gegenüberliegenden Hand schützen. Während der Gegner sein Bein zurückführt, kontern Sie mit einem Körperhaken zu den ungeschützten Rippen.

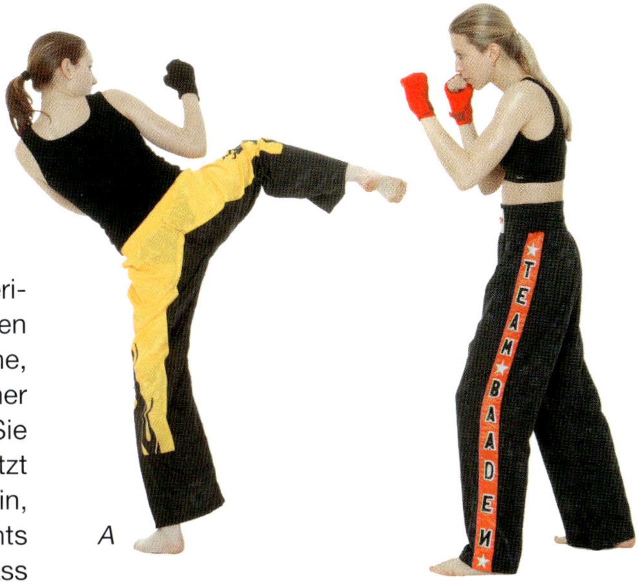

A

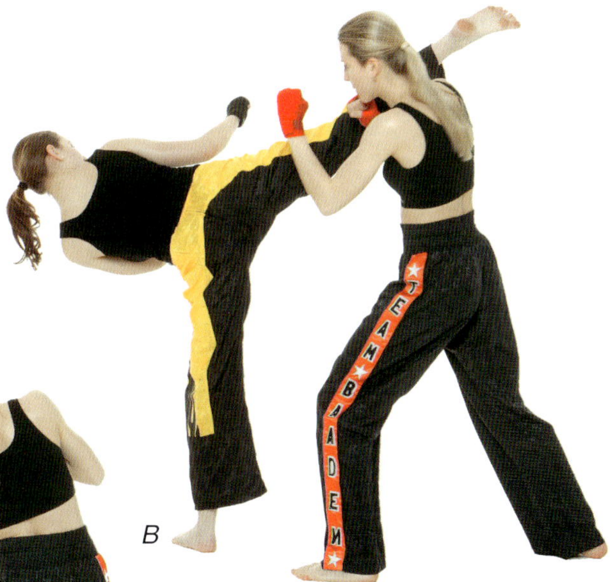

B

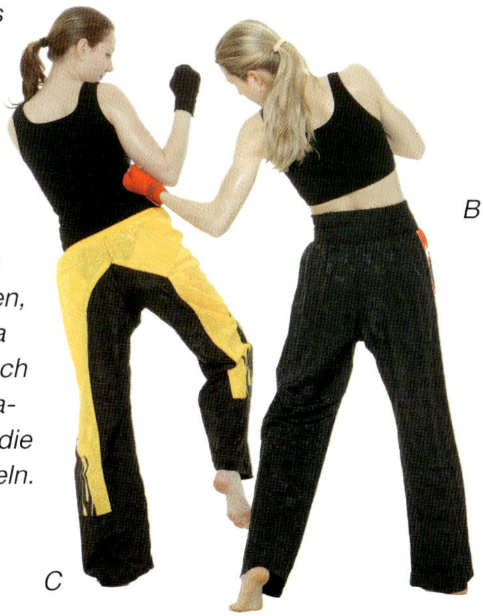

C

A–C: Natalia führt einen Hakentritt mit dem rechten Bein aus. Vanessa macht einen schnellen Schritt nach links vorne, so dass der Angriff sein Ziel verfehlt. Sobald Natalia das Bein zurückführt, kontert Vanessa mit einem Körperhaken zu den Rippen. Würde Natalia mit dem linken Bein treten, müsste Vanessa einen Schritt nach rechts vorne machen und dazu die Auslage wechseln.

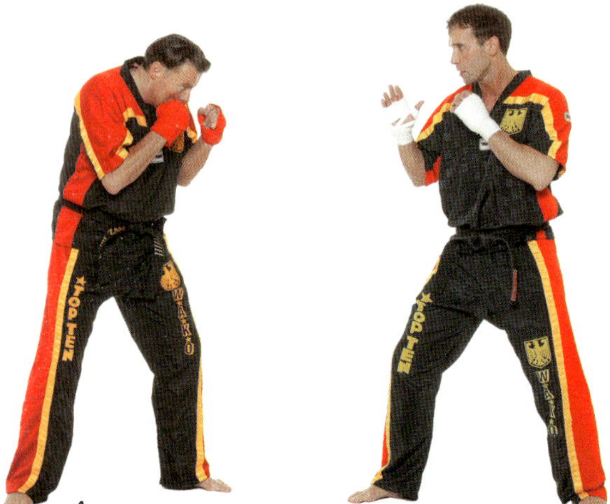

A

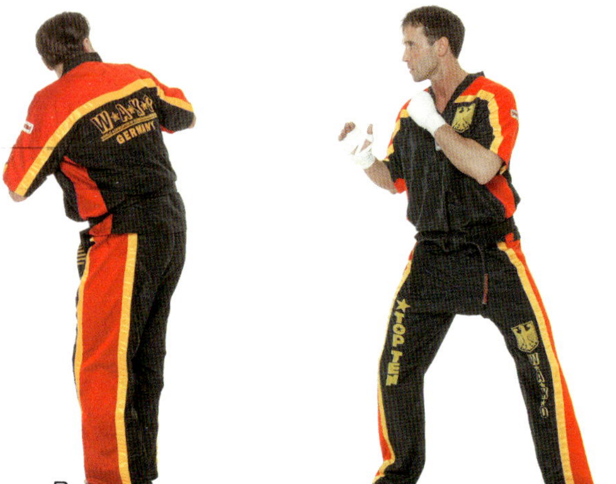

B

Zurücklehnen

Gegnerische Technik:
Hakentritt, Hakentritt aus der Drehung, Außenristtritt aus der Drehung.

Durchführung:
Lehnen Sie Ihren Oberkörper zurück, so dass der gegnerische Angriff sein Ziel verfehlt. Dazu verlagern Sie das Gewicht auf das hintere Bein. Achten Sie darauf, dass Sie das Kinn etwas zur Brust ziehen, um den Kehlkopf zu schützen. Das Zurücklehnen kann auch in Verbindung mit einem Rückschritt erfolgen. Anschließend kontern Sie mit einem Hakentritt zum Kopf.

A–D: Peter greift mit einem gedrehten Hakentritt an, wozu er sich im Uhrzeigersinn bewegt. Andreas lehnt den Oberkörper zurück, so dass der Angriff sein Ziel verfehlt. Sofort kontert Andreas mit einem Hakentritt, wozu er das vordere Bein einsetzt.

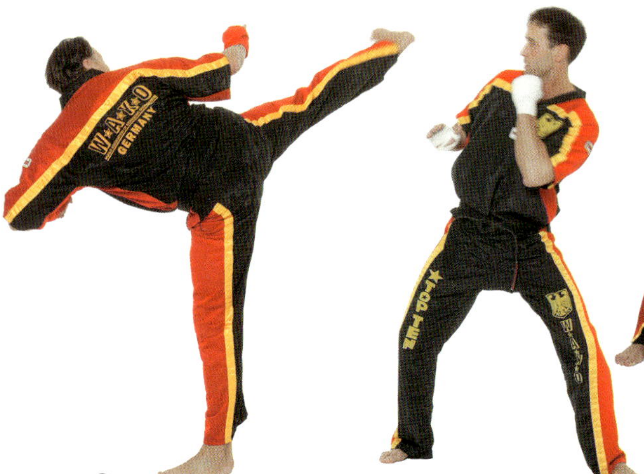

C

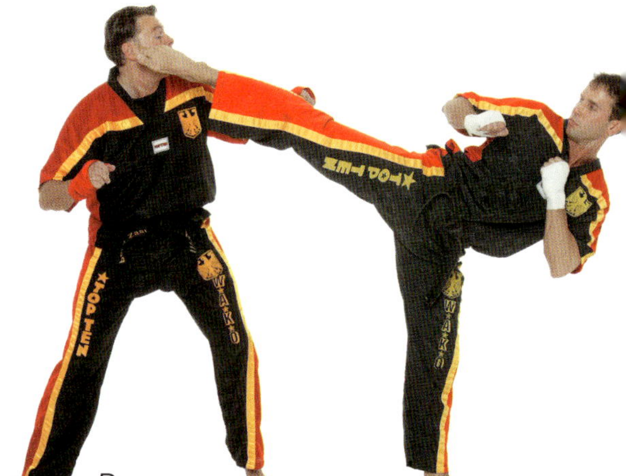

D

Beinanziehen gegen Fußfeger

Gegnerische Technik:
Fußfeger.

Durchführung:
Ziehen Sie das Knie des attackierten Beines zur gegenüberliegenden Schulter hoch, so dass der gegnerische Angriff sein Ziel verfehlt. Dabei drehen Sie den Oberkörper und die Hüfte mit und das Standbein nach hinten. So bringen Sie den Körper in Vorspannung und können sofort mit einem Seittritt folgen, ohne vorher das Bein absetzen zu müssen.

A–C: Peter Zaar führt einen Fußfeger mit dem linken Bein aus. Andreas zieht sein rechtes Knie an und kontert sofort mit einem Seittritt.

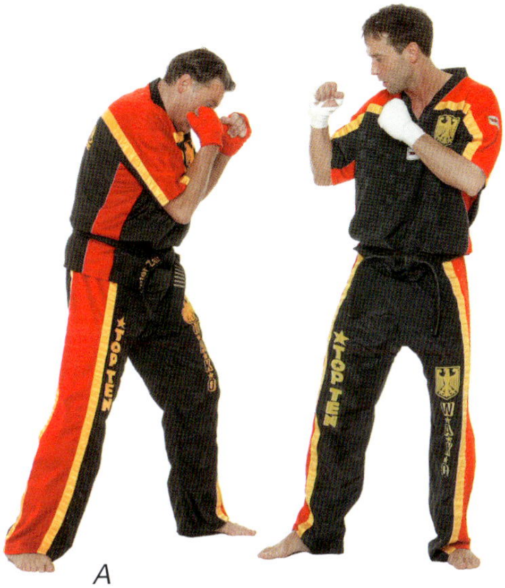

A

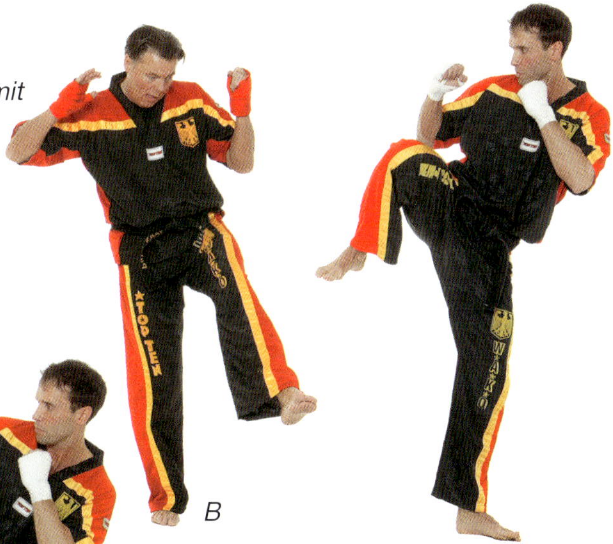

B

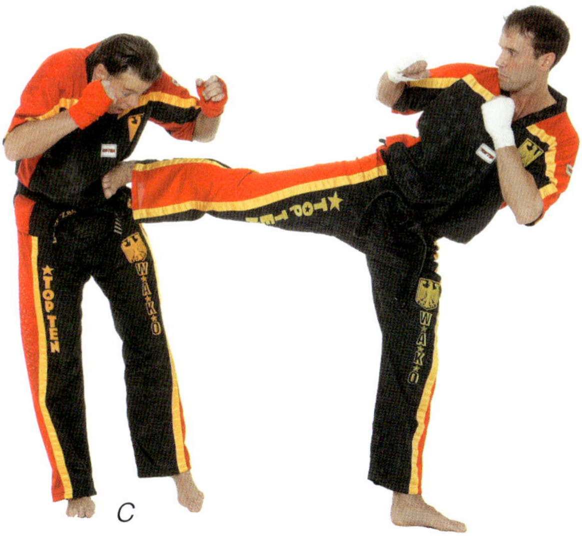

C

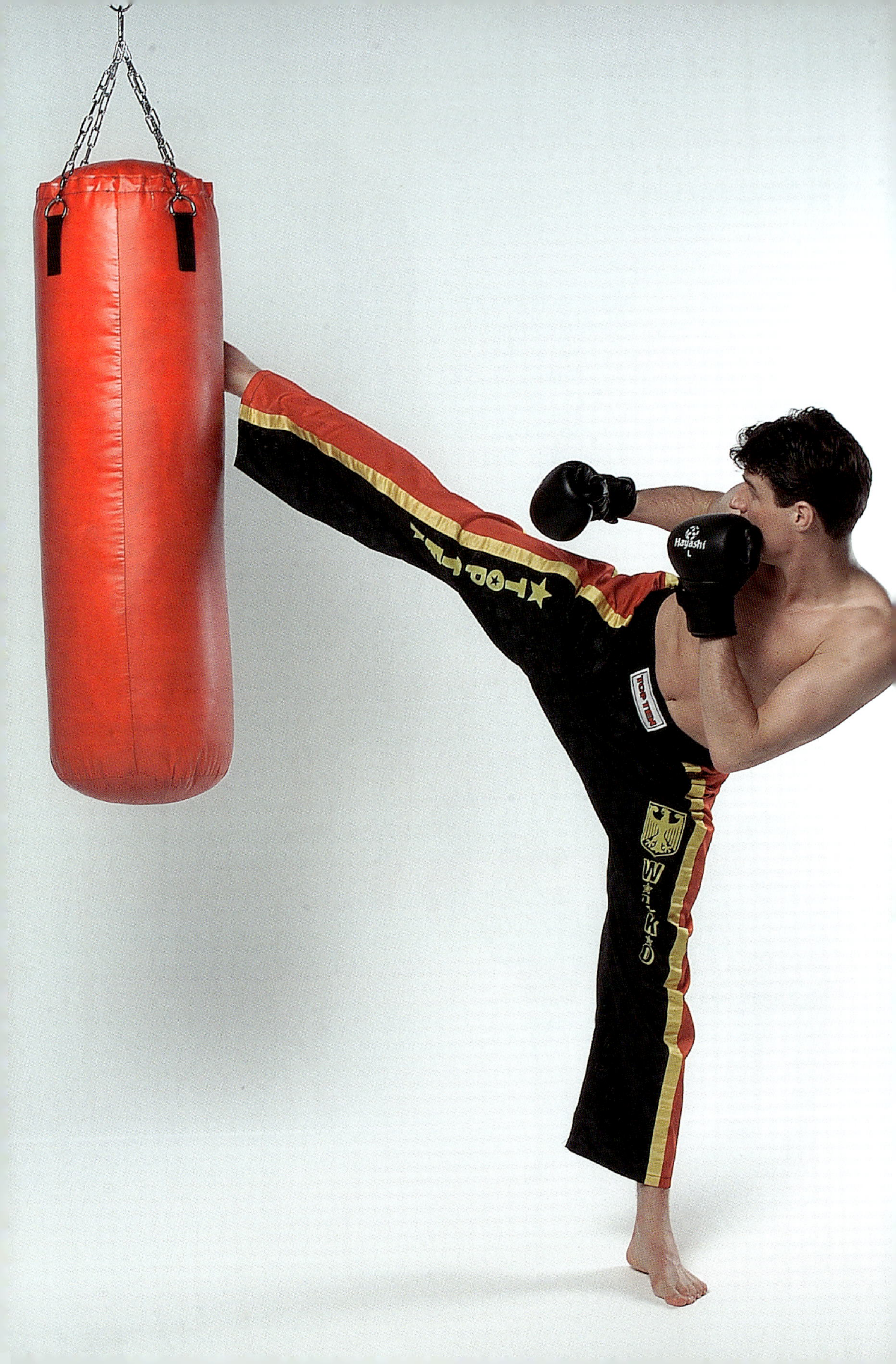
Hayashi
TOP TEN

VII. Training

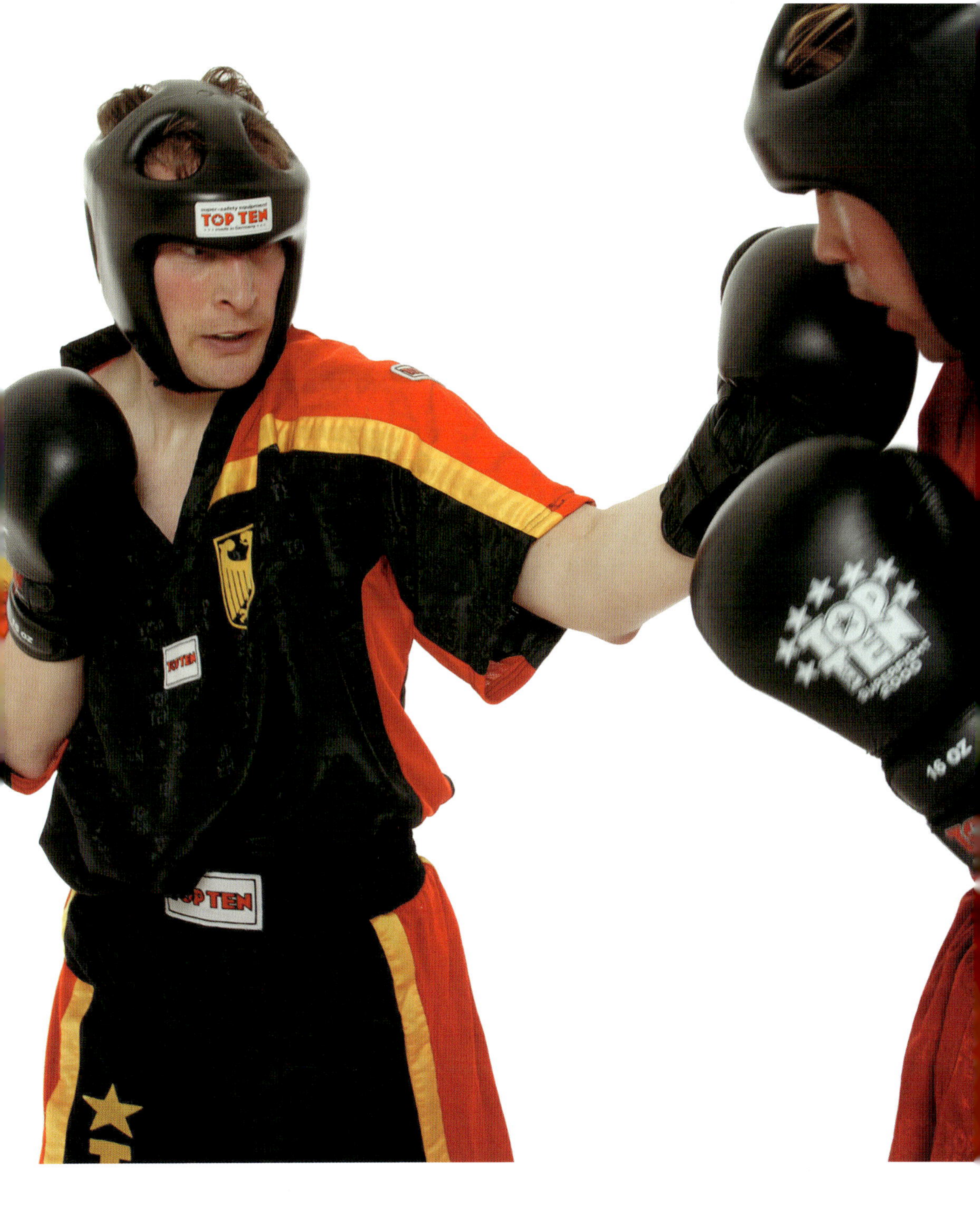

1. Trainingsinhalte

Die Kickboxer, die uns mit ihren schnellen Schlagtechniken und spektakulären Tritten begeistern, mussten viele Jahre trainieren, um sich ihr Können anzueignen. Sie können solche außergewöhnlichen Fähigkeiten entwickeln, wenn Sie kontinuierlich alle Schwerpunkte des Kickboxens trainieren, wie dies hier beschrieben wird.

Das Kickbox-Training lässt sich – wie bei allen anderen Sportarten auch – in die Phasen »Aufwärmen«, »Hauptteil« und »Abwärmen« einteilen. In der Aufwärmphase müssen Sie Ihren Körper auf das Training vorbereiten. Hierzu machen Sie einige Übungen zum Aufwärmen des Körpers und dehnen danach die Muskulatur. Dies hilft, sich auf das Training mental einzustellen, und dient der Vorbeugung vor Verletzungen.

Im Hauptteil des Trainings studieren Sie Techniken, Kombinationen und Konter und üben diese im Schattenboxen, an Geräten wie Sandsack und Pratzen sowie mit den Trainingspartnern. Fortgeschrittene üben sich außerdem im Sparring.

In der Abwärmphase werden zumeist einige Übungen zur Kräftigung der Muskulatur ausgeführt. Konzentrieren Sie sich dabei auf die Rumpfmuskulatur und auf im bisherigen Training vernachlässigte Muskelgruppen. Auch können in dieser Phase einige Selbstverteidigungsübungen ausgeführt werden. Das Training wird schließlich mit einigen Dehnübungen und dem Abwärmen der Muskulatur abgeschlossen. Diese Inhalte helfen dem Körper, schnell zu regenerieren, und verhindern, dass Verspannungen und Verhärtungen in der Muskulatur entstehen.

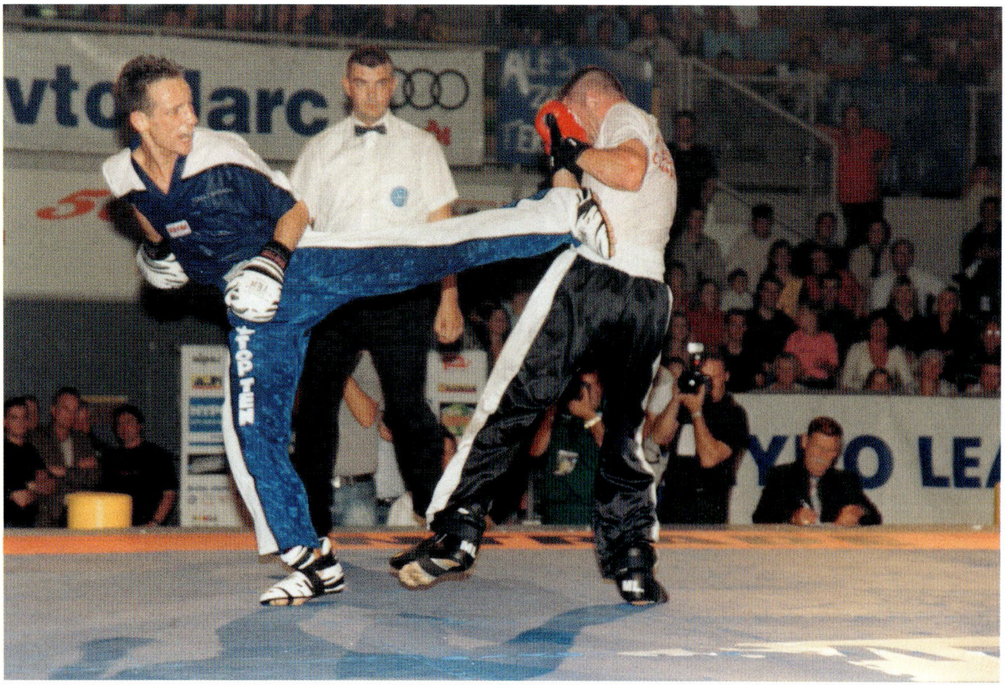

Kickbox-Trainingsstunde	
1. Aufwärmphase	
Aufwärmübung	Dauer: 5–10 min
Aufwärmen des Körpers mit geringer Intensität	
Stretching	Dauer: 10 min
Dehnen der Muskulatur	
2. Hauptteil	Dauer: 50 min
Schattenboxen	
Techniktraining mit Partner	
Gerätetraining an Sandsack und Pratzen	
Sparring	
3. Abwärmphase	
Muskeltraining	Dauer: 5–10 min
Kräftigen der Rumpfmuskulatur	
Abwärmübung	Dauer: 5 min
Abwärmen des Körpers mit geringer Intensität	
Stretching	Dauer: 5 min
Dehnen der trainierten Muskulatur zur Regeneration	

Die im Schaubild angebotenen Zeitvorschläge dienen als Orientierungshilfen für eine Trainingsdauer von 90 Minuten; sie sind jedoch keine festen Vorgaben. Jeder Kickbox-Trainer hat sein eigenes Programm entwickelt, welches aber dem abgebildeten Programm zumindest ähnlich sein muss, so dass es alle wichtigen Inhalte des Kickbox-Trainings umfasst. Wenn Sie selbstständig trainieren, sollten Sie die Angaben an Ihre eigenen Bedürfnisse und an Ihren Leistungsstand anpassen. Möchten Sie beispielsweise Ihre Beweglichkeit gezielt verbessern, können Sie das Dehnprogramm intensivieren. Oder besitzen Sie keinen Trainingspartner, dann verlängern Sie das Schattenboxen und das Sandsacktraining. Das Muskelworkout können Sie weglassen, wenn Sie bereits regelmäßig an anderen Trainingstagen Ihre Muskulatur kräftigen. Sie müssen sich aber in jeder Trainingseinheit aufwärmen, dehnen und abwärmen.

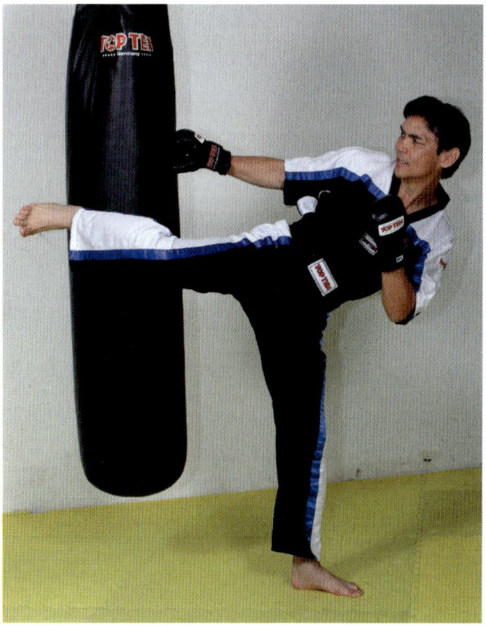

Don »The Dragon« Wilson beim Training.

2. Aufwärmphase

In der Aufwärmphase bereiten Sie Ihren Körper auf das Training vor. Dazu müssen Sie sich zuerst aufwärmen und sich dann dehnen. Der Körper wird so leistungsfähiger und ist weniger anfällig für Verletzungen.

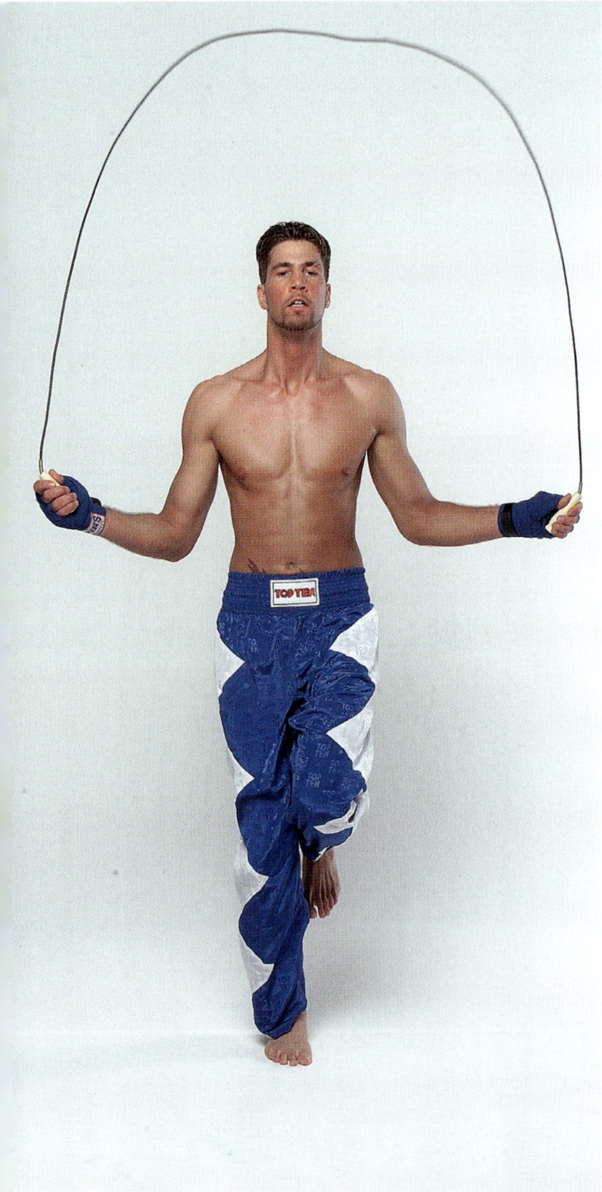

Das Training beginnen Sie mit einer Betätigung, die den Körper aufwärmt und so auf die Trainingsbelastung vorbereitet. Wählen Sie eine Übung aus, die sich in gleichmäßiger Geschwindigkeit durchführen lässt. Sie sollten sich dabei wohl fühlen, ohne sich überanstrengen zu müssen. Vermeiden Sie Extremsituationen und führen Sie keine schnellen, ruckartigen Bewegungen aus. In dieser Phase geht es darum, den Körper auf das Training einzustimmen, und nicht darum, bereits Leistung zu erbringen. Die Aufwärmübung sollten Sie etwa für die Dauer von 5–10 Minuten ausführen, am besten so lange, bis der Körper erste Schweißtropfen bildet. Dann sind Sie in der besten körperlichen Verfassung, um mit den Dehnübungen zu beginnen. Gut geeignet zum Aufwärmen sind langsames Laufen und Seilspringen. Beim Seilspringen sollten Sie aber zu Beginn keine hohen und schwierigen Sprünge ausführen, z. B. Doppelsprünge, damit Sie sich nicht verletzen. Auch die Übung »Boxen auf der Stelle« ist für das Aufwärmen geeignet. Bei dieser Übung stehen Sie aufrecht, die Beine sind schulterbreit auseinander gestellt. Schlagen Sie ohne Unterbrechung Aufwärtshaken, Geraden in Kopfhöhe und Geraden hoch in die Luft. Währenddessen ziehen Sie abwechselnd Ihre Knie leicht an, ohne die Standposition zu verlassen. Die Übung wird einige Minuten lang ausgeführt.

Seilspringen ist eine gute Methode, um sich für das Kickbox-Training aufzuwärmen.

Dehnen

Nachdem Sie Ihren Körper aufgewärmt haben, können Sie mit dem Stretching beginnen. Durch das Dehnen verringert sich die Spannung in der Muskulatur, und der Körper wird beweglich. Ohne Dehnen der verspannten Muskelgruppen sowie der Schwachstellen besteht die Gefahr, dass Sie sich bei der Ausführung der Kickbox-Techniken verletzen. Außerdem ist ansonsten der Körper nicht optimal vorbereitet und kann keine Höchstleistungen erbringen.

Dehnen können Sie sich grundsätzlich so oft Sie wollen. Bemerken Sie an sich verspannte Muskulatur, dehnen Sie diese und fühlen Sie, wie sich die Verspannungen lösen. Dehnübungen müssen jedoch regelmäßig ausgeführt werden, auch wenn Sie mit dem Training aussetzen. Nach einer Zeitspanne von einigen Monaten mit zahlreichen Dehneinheiten werden Sie »extreme« Bewegungen wie hohe Kicks ausführen können.

Für das Dehnprogramm sollten Sie eine Dauer von etwa zehn Minuten vorsehen. Stellt die Verbesserung der Beweglichkeit jedoch das Hauptziel Ihrer Trainingseinheit dar, können Sie diese Phase beliebig verlängern (siehe Seite 142).

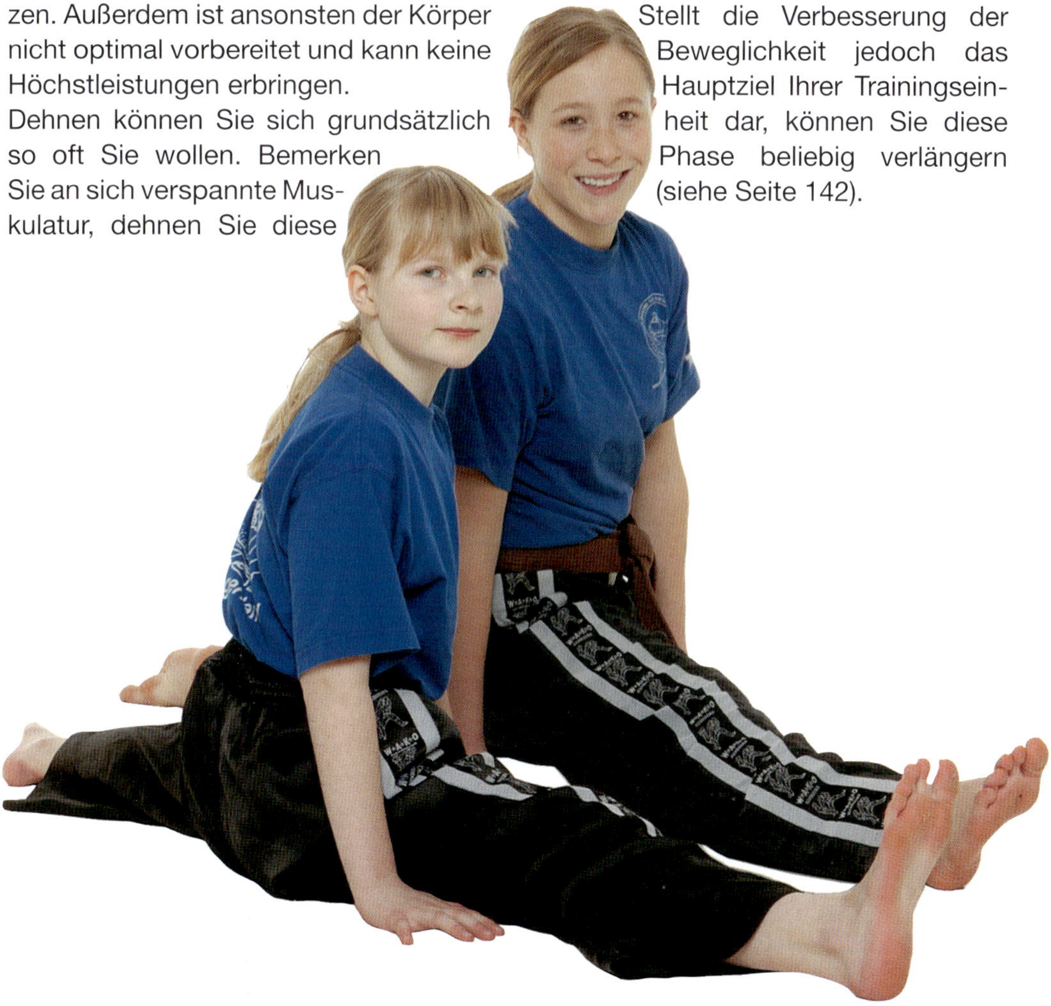

Dehnen Sie insbesondere die innere und hintere Oberschenkelmuskulatur, um sich auf hohe Kicktechniken vorzubereiten.

3. Hauptteil

Im Hauptteil des Kickbox-Trainings üben Sie die Angriffstechniken, deren Verteidigung und Konter auf gegnerische Angriffe. Die Übungseinheiten umfassen Schattenboxen, Techniktraining mit Partner und an Geräten. Fortgeschrittene trainieren außerdem verschiedene Formen des Sparrings.

Schattenboxen

Beim Schattenboxen werden die Techniken in die Luft geübt. Führen Sie die Techniken zügig, aber nicht mit vollem Krafteinsatz und nicht bis zum vollständigen Bewegungsausschlag aus, um Ihre Gelenke zu schonen.

- **Einsteiger** üben die Techniken zuerst langsam, dann schnell und schließlich kombiniert. Diese Schritte werden vom Trainer genau kontrolliert, damit sich der Kickboxer keine Fehler angewöhnt. Oft wird beispielsweise bei schneller Ausführung von Kombinationen die deckende Hand fallen gelassen. Bei eigenständigem Training können Sie die Techniken vor einem Spiegel üben und Ihre Ausführungen anhand der Beschreibungen in diesem Buch überprüfen.
- **Fortgeschrittene** perfektionieren das Schattenboxen, indem sie dabei agieren, als würden sie einem realen Gegner gegenüberstehen. Sie bewegen sich auf ihn zu, von ihm weg und weichen zur Seite aus. Dabei setzen sie ihr gesamtes Technikrepertoire ein, verteidigen sich gegen die Techniken des imaginären Kontrahenten und kontern auf diese.
- **Professionelle Sportler** richten das Schattenboxen auf den kommenden Gegner aus. Sie stellen sich den Kontrahenten gemäß dessen üblicher Kampfweise vor und trainieren im Schattenboxen die eigene Kampftaktik.

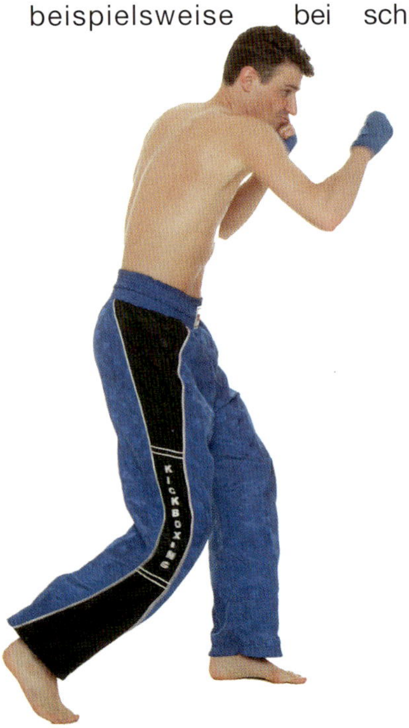

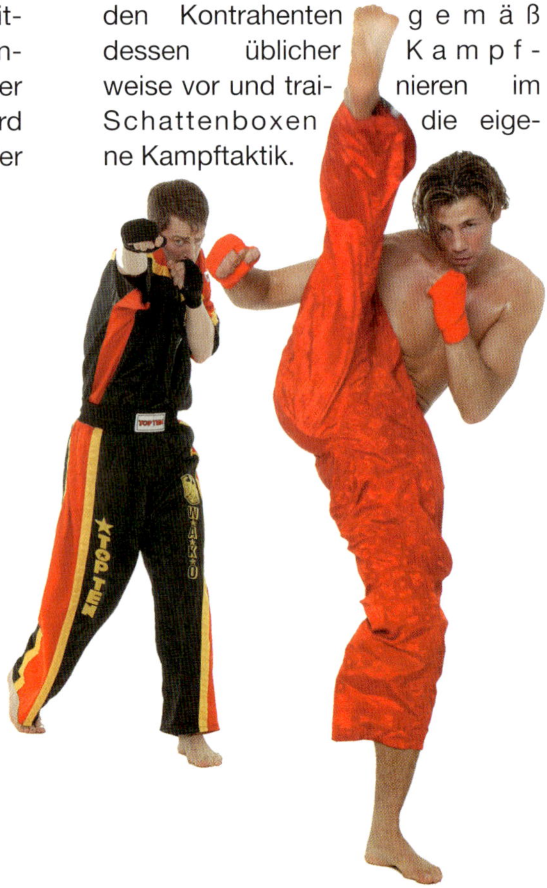

Techniktraining mit Partner

Beim Partnertraining werden die Angriffstechniken und die Verteidigungs- und Kontertechniken an einer Person geübt, um Distanzgefühl und Timing zu entwickeln. Sprechen Sie die Techniken vorher mit dem Trainingspartner ab und führen Sie diese nur mit geringem Krafteinsatz aus.

- **Einsteiger** üben zuerst einzelne Techniken. Es wird vorher angesagt, welche Technik ausgeführt wird. Der Angreifer schlägt beispielsweise eine vordere Gerade, welche der Verteidiger nach innen leitet und auf die er dann kontert. Dieses Vorgehen wird einige Male wiederholt und dann die Position von Angreifer und Verteidiger gewechselt. Dann wird die nächste Technik geübt. In den ersten Trainingsmonaten wird so eine Grundauswahl von Angriffstechniken und Verteidigungs- und Kontertechniken einstudiert.
- **Fortgeschrittene** wiederholen in jeder Trainingseinheit einige Verteidigungs- und Kontertechniken, um sie zu perfektionieren. Zusätzlich üben sie auch immer wieder neue Techniken, um ihr Repertoire zu erweitern. Außerdem kann freies Partnertraining ausgeführt werden. Einer der beiden Übenden greift dabei ausschließlich an, der andere verteidigt und kontert. Hierbei ist besonders wichtig, dass die Angriffstechniken mit wenig Krafteinsatz und technisch korrekt ausgeführt werden, da der verteidigende Kickboxer ansonsten verkrampft und nur noch Techniken einsetzt, welche er besonders gut beherrscht.
- Im **Wettkampftraining** werden speziell die Verteidigungs- und Kontertechniken trainiert, mit denen der nächste Kontrahent bekämpft werden soll. Ist dieser beispielsweise dafür bekannt, aggressiv vorwärts zu gehen, werden vorwiegend Techniken geübt, mit denen Angriffe gestoppt oder zur Seite geleitet werden.

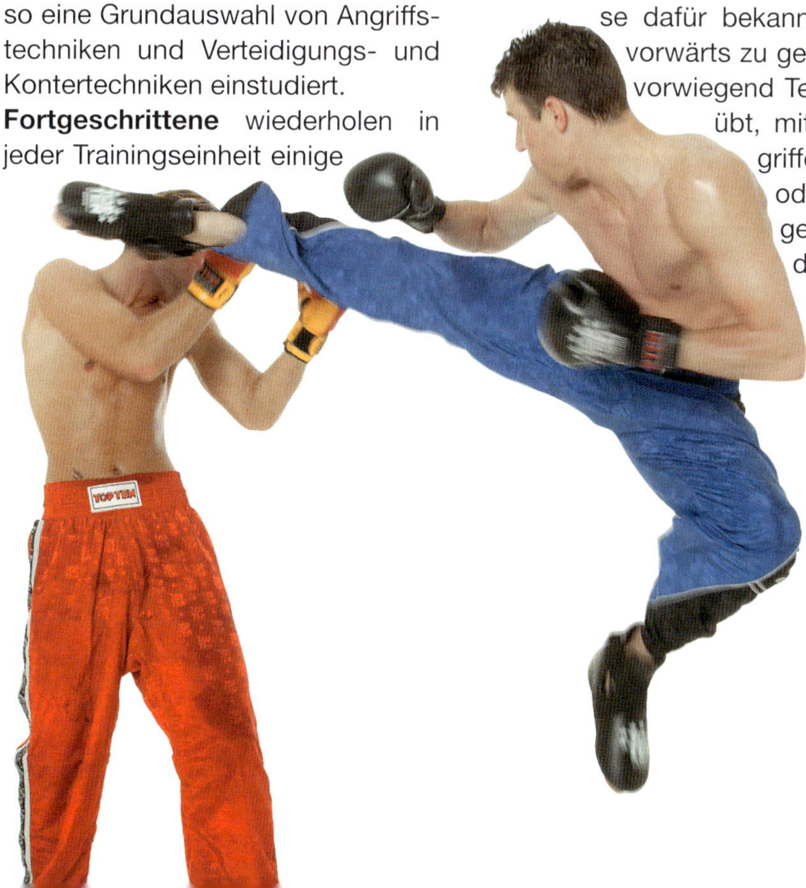

Techniktraining an Pratzen

An den Pratzen werden die Techniken an einem gehaltenen Widerstand geübt, um Distanzgefühl und Timing für deren Einsatz im Kampf zu entwickeln. Führen Sie die Techniken mit vollem Krafteinsatz aus, es sein denn, der Pratzenhaltende empfindet sie als unangenehm hart. Dies tritt häufig auf, wenn der Trainer erheblich leichter als der Sportler ist oder die Pratzen sehr dünn sind. Üben Sie dann die Technik mit weniger Krafteinsatz, wobei Sie aber weiterhin auf eine korrekte Technikausführung achten müssen.

- Für **Einsteiger** ist vor dieser Trainingsform genau festzulegen, welche Technik ausgeführt wird. Der Trainer ruft den Techniknamen und hält dann die Pratzen entsprechend. Ansonsten ist die Gefahr zu groß, dass der Kickboxer den Haltenden oder sich selbst durch falsche Ausführung verletzt. Zuerst werden die Techniken einzeln und später kombiniert geübt. Die jeweilige Kombination wird vielfach wiederholt, bevor mit der nächsten begonnen wird, damit der Sportler deren Ausführung perfektioniert.
- **Fortgeschrittene** können freies Pratzentraining machen, d. h. der Trainer bewegt die Pratzen in eine Position, worauf der Kickboxer instinktiv eine Technik einsetzt, welche die Position der Pratzen zulässt. Während dieser Trainingsform weist der Trainer den Übenden auf Fehler hin. Er schlägt beispielsweise einen leichten Seithaken mit der Pratze an den ungeschützten Kopfbereich, wenn der Kickboxer die deckende Hand fallen lässt.
- Das Pratzentraining ist besonders wichtig zur **Wettkampfvorbereitung**, da der Trainer unterschiedliche Kampfsituationen simulieren kann. Er macht beispielsweise Druck auf den Kickboxer, indem er fortlaufend auf ihn zu geht und verlangt, dass dieser ihn mit Vorwärtstritten und Seittritten stoppt. Auch kann der Trainer Angriffstechniken einsetzen, um mit dem Kickboxer das Kontern zu üben. So kann er das Kampfverhalten des Kämpfers optimieren.

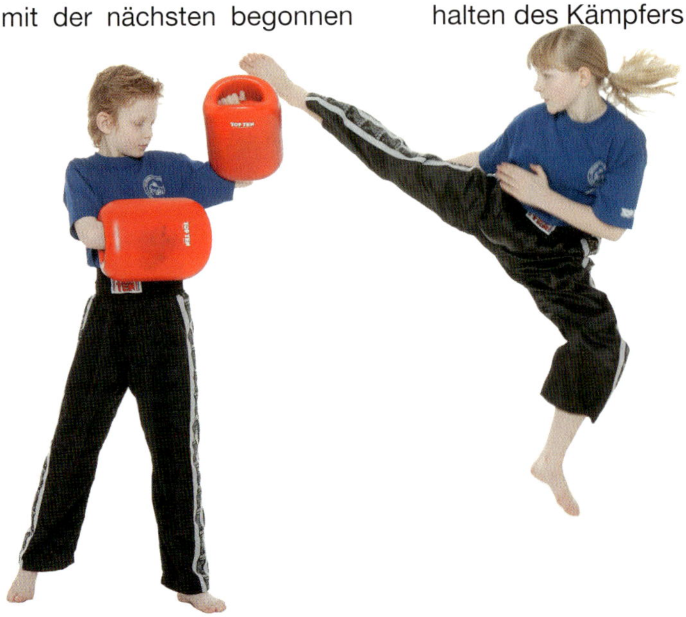

Techniktraining am Sandsack

Am Sandsack werden die Techniken an einem Widerstand geübt, um den Körper abzuhärten und um Ausdauer und Kraft in der Ausführung zu entwickeln. Versuchen Sie, jeden Schlag und Tritt mit größtmöglicher Härte auszuführen. Achten Sie dabei auf die korrekte technische Ausführung und bei Schlagtechniken auf ein gerades und fixiertes Handgelenk, um Verletzungen zu vermeiden.

- **Einsteiger** trainieren Technikkombinationen, die sie zuerst langsam und dann schnell ausführen. Der Trainer gibt die Kombinationen vor und kontrolliert den Sportler dabei, um zu verhindern, dass dieser sich Fehler angewöhnt.
- **Fortgeschrittene** können frei am Sandsack trainieren, d. h. sie trainieren keine vorher festgelegten Kombinationen, sondern sie schlagen und treten instinktiv. Der Trainer beobachtet und gibt Anweisungen, beispielsweise häufigeren Einsatz von hohen Trittechniken, oder er verlangt den Einsatz bestimmter Technikfolgen, um Handlungsmuster des Kickboxers zu verändern.
- Zur **Wettkampfvorbereitung** legt der Trainer einige Kombinationen fest, um den Kampfstil des Kickboxers zu optimieren. Diese Technikfolgen muss der Sportler von nun an immer wieder trainieren, so dass er diese im Kampf instinktiv anwendet.

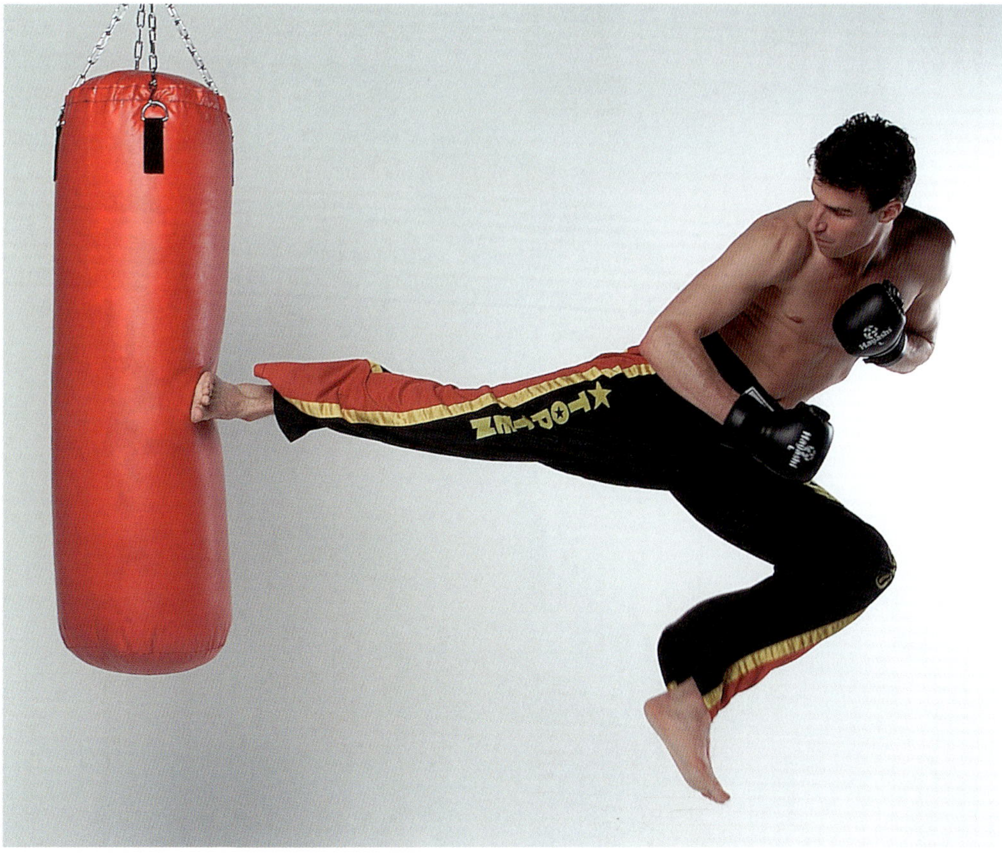

Sparring

Im Sparring werden die Angriffstechniken und die Verteidigungs- und Kontertechniken frei mit einem Trainingspartner geübt, d. h. die Techniken werden vorher nicht abgesprochen. So wird eine reale Kampfsituation simuliert. Führen Sie die Techniken nicht mit voller Härte aus, um keine Verletzung Ihres Sportkameraden zu riskieren. Arbeiten Sie mit ihm zusammen und verbessern Sie gemeinsam das Leistungsvermögen.

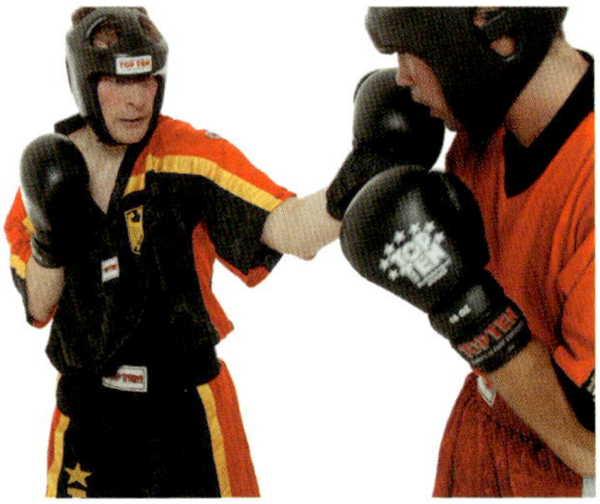

- Sparring darf nur von **Fortgeschrittenen** praktiziert werden. Ein Trainer muss dabei die Übenden überwachen und ihnen ihre Fehler mitteilen. Er legt vorher fest, welche Techniken eingesetzt werden dürfen. Oft wird beispielsweise reines Boxsparring praktiziert, um die Kopfdeckung intensiv zu üben. Der Trainer kann den Kickboxern auch verbieten, ihre bevorzugten Techniken einzusetzen. So üben die Sportler die Anwendung anderer Techniken und erweitern ihr Technikrepertoire für den Wettkampf.
- **Professionelle Kickboxer** suchen für das Wettkampftraining einen Trainingspartner aus, der möglichst viele Ähnlichkeiten mit dem nächsten Kampfgegner aufweist, beispielsweise in Größe, Kampfstil und bevorzugten Techniken. Der Partner kopiert im Sparring den Stil des Kampfgegners. Der Übende muss dann entsprechend der vom Trainer festgelegten Kampftaktik gegen den Trainingspartner agieren.

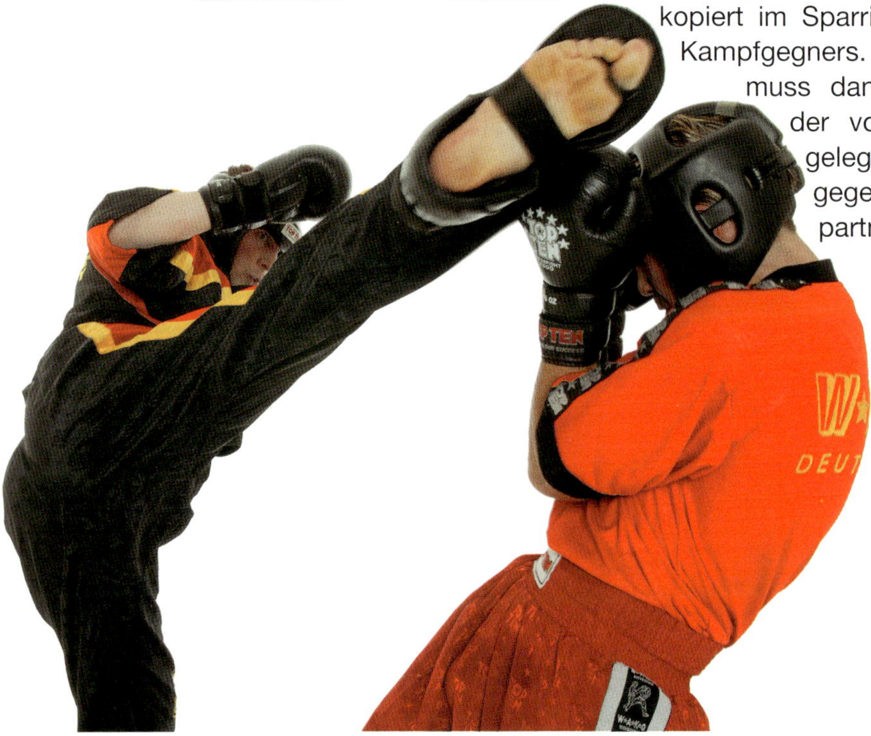

4. Abwärmphase

Die Abwärmphase des Trainings wird mit einigen Kräftigungsübungen eingeleitet. Einige Kickbox-Trainer lassen danach noch Selbstverteidigungstechniken üben. Das Training wird schließlich mit dem Abwärmen des Körpers und einigen Dehnübungen für die beanspruchte Muskulatur abgeschlossen.

Muskelworkout

Durch die Schläge gerade nach vorne, von der Seite oder von unten nach oben trainieren Sie insbesondere die Brustmuskulatur, die vordere Schultermuskulatur und die Innenrotatoren, weshalb Sie einige Ausgleichsübungen machen sollten. Sie können entweder Trainingseinheiten zur Kräftigung der Muskulatur an kampfsportfreien Tagen ausführen oder einige Übungen in die Abwärmphase des Kickbox-Trainings integrieren.

Wenn Sie Ihr Kickbox-Training mit Kräftigungsübungen ergänzen, sollten Sie nach der Kraftausdauer-Methode trainieren, was bedeutet, dass Sie 15–30 Wiederholungen je Satz ausführen. Der Einsatz der Muskelaufbau-Methode mit 8–10 Wiederholungen hingegen ist nicht ratsam, da der Körper bereits ermüdet ist. Muskelaufbau-Training sollte nur in eigenständigen Trainingseinheiten praktiziert werden. Als Variante bietet sich die Nutzung von Intervall-Training an (siehe Seite 159–167).

Als Kräftigungsübungen nach der Haupttrainingsphase sollten vorwiegend solche eingesetzt werden, die der Kräftigung der oberen Rückenmuskulatur, der mittleren und hinteren Schultermuskulatur und der Rumpfmuskulatur dienen (siehe »Perfektes Training für Bauch und Rücken«, Delp 2013, und »Fitness für Kampfsportler«, Delp 2013).

Abwärmübung

Nach dem Trainingshauptteil sollten Sie sich noch abwärmen, um die Muskulatur zu lockern. Außerdem hilft dies dem Körper, schneller zu regenerieren. Bewegen Sie sich dazu etwa 5 Minuten in einem langsamen Tempo, ohne sich anzustrengen. Gut eignen sich hierfür langsames Laufen und Radfahren mit geringer Intensität.

Stretching

Als Ende des Trainings dehnen Sie die beanspruchte Muskulatur noch einmal. Bewegen Sie sich dabei in keine extremen Dehnpositionen, da die Muskulatur ermüdet ist und deshalb zu Krämpfen neigt. Dehnen Sie sich nur in der ersten Dehnphase und erweitern Sie danach die Position nicht mehr. Das Dehnen am Trainingsende dient dazu, Verspannungen zu lösen und zu verhindern, dass sich die Muskulatur verkürzt.

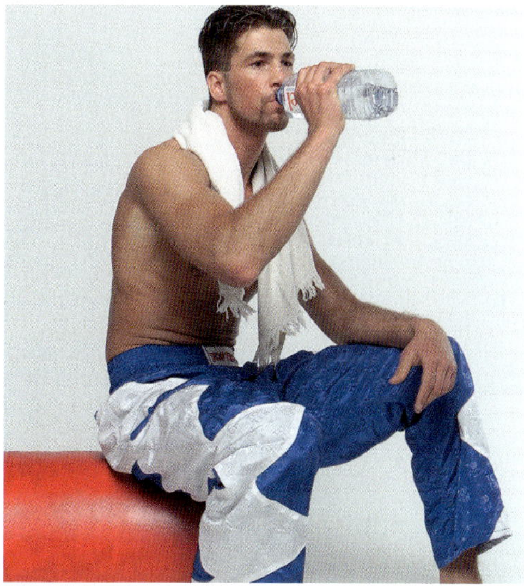

VIII. Solotraining

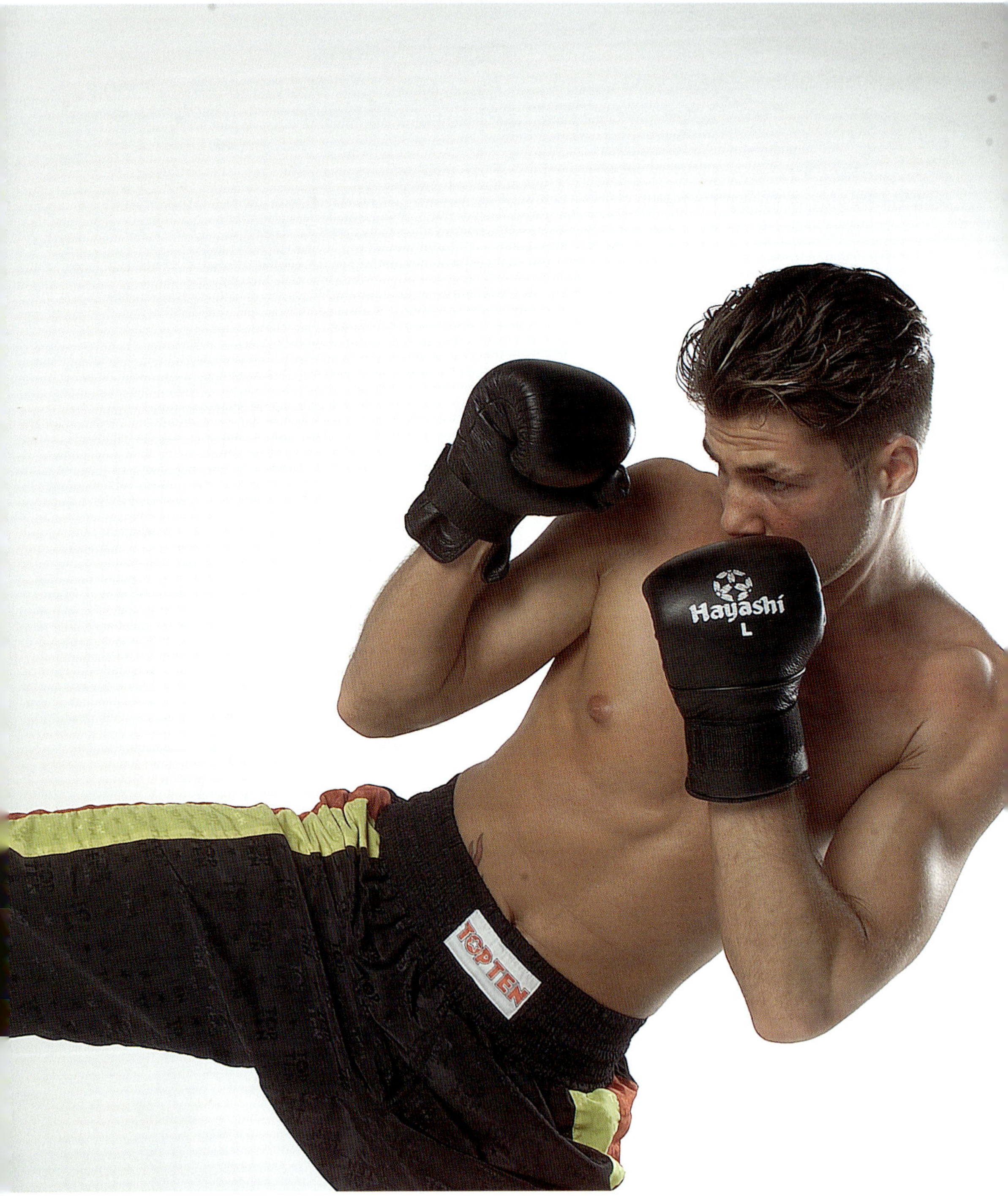

1. Hintergründe

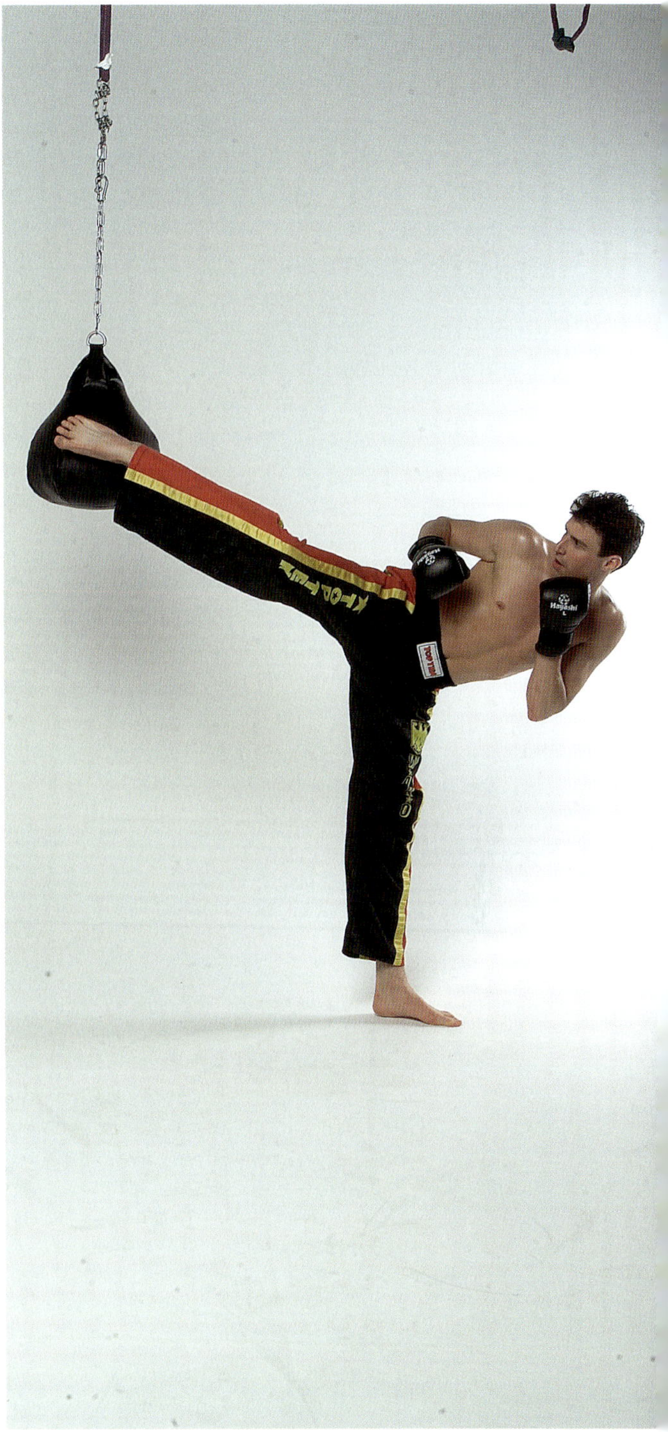

Im Kickboxen erreichen Sie hohe Ziele, wenn Sie alle Facetten körperlicher Leistungsfähigkeit bestmöglich trainieren. Dazu genügt es nicht, reines Techniktraining im Verein zu machen. Mit zusätzlichem Solotraining können Sie gezielt Schwachstellen verringern und somit zu einem besseren Kickboxer werden. Im Solotraining können Sie beispielsweise Kickbox-Techniken verfeinern oder auch die Beweglichkeit, die Ausdauer und die Kraft gezielt fördern.

Viele Menschen haben gar kein Interesse, einen Verein aufzusuchen, sondern wollen die Kickbox-Techniken selbstständig am Sandsack üben, um sich fit zu halten und Stress abzubauen. Auch als Einsteiger können Sie mit sinnvoll geplantem Solotraining gute Trainingsergebnisse erreichen.

Auf den folgenden Seiten werden die Grundlagen für das eigenständige Training vermittelt. Kickboxer lernen Workouts kennen, die auf die Beseitigung von Schwachstellen ausgerichtet sind und die Leistungsfähigkeit mit effektiven Übungen verbessern. Und auch Einsteiger erhalten alle wichtigen Grundlagen, damit sie sich selbstständig ein Kickbox-Training aufbauen können. Nutzen Sie Solotraining, gleich ob als Fitnesssportler oder als aktiver Kickboxer, um langfristig den Körper mit Kampfsport- und Fitnesseinheiten wirkungsvoll zu trainieren.

2. Techniktraining

Wenn Sie selbstständig die Kickbox-Techniken (siehe Seiten 54–89) üben, führen Sie diese zuerst langsam in die Luft aus und kontrollieren Sie sich immer wieder vor einem Spiegel. Dann machen Sie die Techniken immer schneller, wobei Sie darauf achten müssen, dass Sie die Deckung nicht fallen lassen. Wenn Sie die Techniken schnell in die Luft beherrschen, beginnen Sie, diese auch am Sandsack zu üben.

Stellen Sie sich beim Techniktraining vor, wo sich das Trefferziel befindet und wie Sie es mit einer Technik treffen. Überlegen Sie beispielsweise, wie der Seithaken den Kiefer oder die Schläfe trifft, der Aufwärtshaken von unten das Kinn oder der Seitkick den Körper. Das Visualisieren ist besonders wichtig für das Schattenboxen und das Sandsacktraining und lässt sich gut im Solotraining durchführen. Durch das Vorstellen, wo die Technik trifft, lernen Sie, bewusst zu agieren und die Muskulatur im richtigen Moment anzuspannen.

Eine weitere gute Übung ist es, sich Technikabläufe in Gedanken vorzustellen, erst langsam und dann immer schneller. Sie können sich z. B. bei einer hinteren Geraden vorstellen, wie Sie sich mit dem hinteren Fuß leicht abdrücken und den vorderen Fuß vorstellen. Dann bewegen Sie die Faust nach vorne, wobei der Ellbogen möglichst lange unten bleibt. Dabei drehen sich hinterer Fuß, Hüfte und Körper mit. Kurz vor dem Ziel drehen Sie die Faust und treffen dann mit den Knöcheln. Stellen Sie sich auch Verteidigungshaltungen, Kontertechniken sowie Finten vor. Am besten überlegen Sie sich ein System aus Verteidigungs- und Kontertechniken gegen alle möglichen Angriffe. Indem Sie sich Bewegungsabläufe zuerst vorstellen und einprägen, wird es Ihnen leichter fallen, diese real auszuführen und zu perfektionieren. Auch lernen Sie so, das Schattenboxen bewusst und somit effektiv durchzuführen. In diesem Buch finden Sie eine erste Auswahl aus Verteidigungs- und Kontertechniken (siehe Seiten 112–123). Eine Vielzahl weiterer Techniken und Finten sind in dem zweiten Band »Kickboxen perfekt« (Delp 2006) dieser Kickbox-Reihe zu finden.

TIPP

Training von Augen und Schritten

Diese Übung hilft Ihnen, das Distanzgefühl sowie Verteidigung und Seitschritte zu verbessern. Üben Sie Seitschritte mit Auslagenwechsel und Meidbewegungen, bis sie zu einer natürlichen Bewegung werden, ohne dass Sie darüber nachdenken müssen.

Befestigen Sie einen Gegenstand wie eine große Schraube an einer Schnur und verknoten dann die Schnur in hoher Position, so dass sich der Gegenstand etwa in Kopfhöhe befindet. Stoßen Sie den Gegenstand etwas nach vorne weg. Immer wenn der Gegenstand auf Sie zukommt, machen Sie einen Schritt nach links oder rechts vorne. Danach bewegen Sie sich wieder in die Ausgangsposition zurück. Wichtig ist dabei, dass Sie keine Trippelschritte machen und die Balance halten.

Linksausleger machen bei dem Schritt nach rechts einen Auslagenwechsel, indem Sie den rechten Fuß nach vorne stellen. Rechtsausleger wechseln die Auslage bei einem Schritt nach links.

3. Dehnen

Ein beweglicher Körper ist die Voraussetzung, um die hohen Kicks im Kickboxen ausführen zu können. Außerdem bereiten Sie mit den Dehnübungen den Körper auf die Anforderungen vor, verringern die Verletzungsgefahr und beschleunigen schließlich die Regenerationsphase.

INFO

Dehnen

Der Begriff »Dehnen« umfasst das gezielte Ausführen von Übungen zur Verbesserung der Beweglichkeit. Darunter wird das langsame Einnehmen einer Position verstanden, in der man einen leichten Dehnreiz in der Muskulatur spürt. In dieser Position wird dann durch das Ausführen einer Dehnmethode die Beweglichkeit vergrößert.
Gedehnt wird, um die Beweglichkeit zu verbessern und Bewegungseinschränkungen vorzubeugen sowie die Körperhaltung und Körperwahrnehmung zu fördern. Alternativen zu den vorgestellten Dehnübungen finden Sie in Büchern »Dehnen für Kampfsportler« (2014) und »Best Stretching« (Delp 2008).

Anwendungsmöglichkeiten

Dehnen sollten Sie sich vor dem Kickbox-Techniktraining zur Vorbereitung und nach dem Kickbox-Techniktraining, um Regenerationsprozesse zu beschleunigen. Wichtig für das Kickboxen sind eine gut entwickelte Beweglichkeit der inneren und hinteren Oberschenkelmuskulatur sowie der Wadenmuskulatur. Sind diese Muskelgruppen bei Ihnen verkürzt, dann empfehlen sich zusätzliche Trainingseinheiten, in denen Sie sich ganz dem Dehnen widmen. Ist für weitere Einheiten nicht die Zeit vorhanden, dann können Sie am Ende einer Trainingsstunde einige Dehnübungen statisch ausführen, wobei Sie sich auf die Muskelgruppen konzentrieren, bei denen Sie eine Beweglichkeitsverbesserung anstreben. Ein ausführliches Dehnprogramm ist hingegen im Anschluss an ein intensives Training nicht möglich, da der Köper zu müde ist.

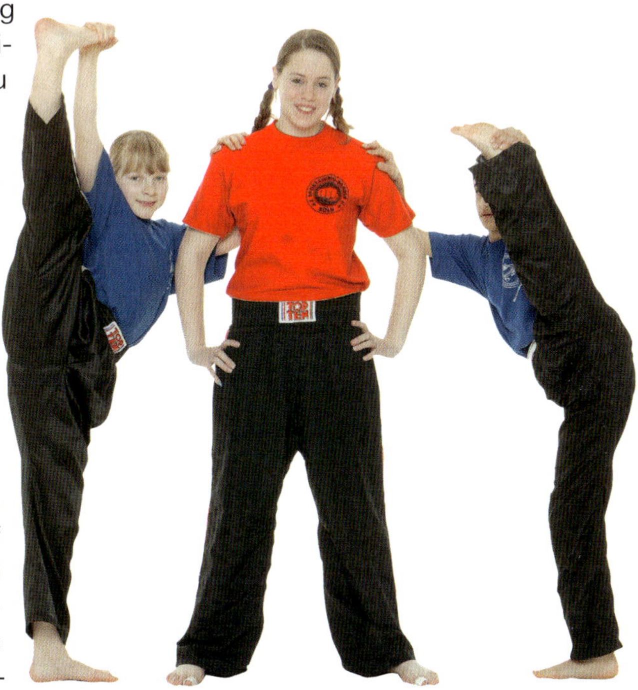

Dehnen vor dem Techniktraining (Vordehnen)

Jede Trainingseinheit wird mit einer Aufwärmübung begonnen. Danach wenden Sie einige Dehnübungen an, wobei die Übungen und die Methoden abhängig von Ihren Bedürfnissen sind. Das Dehnen in der Aufwärmphase dient vor allem zur Vorbereitung auf die sportliche Anforderung. Sie können alle Muskelgruppen andehnen oder ein Kurzprogramm für die Muskelgruppen ausführen, bei denen Sie Defizite in der Beweglichkeit besitzen. Dazu können die Nackenmuskulatur, die Schultermuskulatur, die untere Rückenmuskulatur, die Hüftmuskulatur, die innere und die hintere Beinmuskulatur sowie die Wadenmuskulatur gehören.

Sie können die Dehnübungen mit statischer oder dynamischer Methode ausführen. Auch sind danach einige dynamische Schwungbewegungen einsetzbar, wie beispielsweise »Beinschwünge«. Statt der Schwünge können Sie die Kickbox-Techniken locker in die Luft machen, wobei Sie Bewegungsumfang und Ausführungsgeschwindigkeit steigern.

Vor einem Wettkampf ist ein spezielles kickboxspezifisches Aufwärmen notwendig. Der Kämpfer muss beispielsweise einige Techniken im Schattenboxen und an den Pratzen ausführen, um mit optimaler Leistungsfähigkeit den Wettkampf beginnen zu können.

Häufig gestellte Frage: Statisch oder dynamisch Dehnen?

In den letzten Jahren war es bei vielen westlichen Kickboxern in der Aufwärmphase üblich, ein Dehnprogramm für den ganzen Körper mit statischen Übungen einzusetzen. Das Programm sollte sicherstellen, dass die Techniken in der optimalen Bewegungsamplitude ausgeführt werden und somit die Leistungsfähigkeit erhöhen und die Verletzungsgefahr vermindern. Es hat sich mittlerweile in Untersuchungen gezeigt, dass ein ausführliches statisches Dehnprogramm vor dem Sport den Tonus der Muskulatur senkt und somit die Leistungsfähigkeit verringert. Es wurde beispielsweise festgestellt, dass sich die Kraftleistungsfähigkeit sowie die Sprungkraft verringern. Einige Kickboxer sind nun davon überzeugt, dass im Aufwärmen vollständig auf statisches Dehnen zu verzichten ist und stattdessen dynamische Übungen auszuführen sind. Es gibt auch zahlreiche Kickboxer, die dem widersprechen und sich fragen, warum sie Veränderungen vornehmen sollen, wenn sie sich jahrelang erfolgreich statisch gedehnt haben. Bei der Entscheidung zwischen den Dehnmethoden ist zu beachten, dass es zum Teil unterschiedliche Untersuchungsergebnisse gibt und vieles aus dem Beweglichkeitstraining noch nicht hinreichend erforscht ist.

Es ist wichtig, dass Sie ein Dehnprogramm zum Aufwärmen nutzen, das Ihre individuellen Bedürfnisse berücksichtigt. Wenn dieses Aufwärmprogramm statische Dehnübungen beinhaltet, dann verbleiben Sie in den Positionen nicht länger als 10 Sekunden (andehnen). Auch empfiehlt es sich, nach den Dehnübungen die Gelenke zu kreisen und schnelle Bewegungen auszuführen, um wieder leistungsbereit zu sein.

Dehnen nach dem Techniktraining (Nachdehnen)

Das Nachdehnen kann in zwei Phasen unterschieden werden: das Dehnen zur Leistungsverbesserung und das Dehnen im Anschluss an das Abwärmen, welches der Regenerationsförderung und dem Erhalt der Beweglichkeit dient.

- **Dehnen zur Leistungsverbesserung:** Nach dem Hauptteil des Trainings können Sie einige Übungen zur gezielten Verbesserung der Beweglichkeit ausführen. Dehnen Sie sich dazu im noch aufgewärmten Zustand, wobei Sie sich am besten auf ein bis zwei Muskelgruppen konzentrieren. Allerdings ist diese Trainingsvariante davon abhängig, wie anstrengend Sie das Training wahrgenommen haben. Im Vereinstraining werden diese Übungen oft als Partnerübungen gemacht. Führen Sie die Dehnübungen nach den hier vorgestellten Methoden aus. Die Erfahrungen und Empfehlungen über die Effektivität der Methoden in dieser Trainingsphase sind sehr unterschiedlich. Testen Sie die Methoden und nutzen Sie die Methode, mit der Sie die besten Dehnresultate ohne Überforderung des Körpers erreichen. Grundsätzlich sollten Sie nicht lange in der Dehnposition verbleiben, da ansonsten negative Effekte für die Durchblutung der Muskulatur und somit für den Abtransport der im Training entstandenen Stoffwechsel-Endprodukte festzustellen sind. Nach einem sehr intensiven Haupttrainingsteil sollten Sie auf das Ausführen von Dehnübungen zur Leistungsverbesserung verzichten. Das ist darin begründet, dass der Körper zu Krämpfen neigt, eine größere Verletzungsgefahr besteht und dann deutliche Verlängerungen der Regenerationsprozesse verursacht werden.
- **Dehnen zum Trainingsabschluss:** Um sich abzuwärmen machen Sie eine Übung mit geringer und gleichmäßiger Intensität über einen Zeitraum von etwa 5 Minuten, wie langsames Laufen oder Seilspringen. Im Anschluss daran können Sie noch solche Muskelgruppen kurz dehnen, die Sie im Hauptteil des Trainings vorrangig aktiviert haben und die sich deutlich angespannt anfühlen. Dieses Vorgehen hilft, vom Training abzuschalten und verhindert, dass Muskelverkürzungen entstehen. Wenn Sie das Training als sehr intensiv wahrgenommen haben und sich zu müde für das Dehnen fühlen, können Sie die Dehnübungen 1–2 Stunden später ausführen. Verbleiben Sie auch in der abschließenden Trainingsphase maximal 10 Sekunden in der Dehnposition, was gemäß dem aktuellen Stand der Trainingswissenschaft empfohlen wird, um die ablaufenden Regenerationsprozesse nicht zu verlangsamen. Es genügt, wenn Sie jede Übung nur einmal ausführen, und eine zweite Dehnphase mit Erweiterung der Dehnposition ist nicht notwendig. Als wichtige Bereiche für das Nachdehnen lassen sich insbesondere die Brust-, die Nacken- und die Wadenmuskulatur sowie die vordere, hintere und innere Oberschenkelmuskulatur anführen.

Dehnen als Haupttrainingszweck (Dehntraining)

Sie können eigenständige Trainingseinheiten zur gezielten Verbesserung der Beweglichkeit ausführen. Mit dem Dehntraining entwickeln Sie ein besseres Muskelgefühl und können Muskelverkürzungen beseitigen, die sich beispielsweise durch einseitige Tätigkeiten oder nach Verletzungen entwickelt haben. Einige Kickbox-Techniken erfordern eine gute Beweglichkeit bestimmter Muskelgruppen, auf die Sie im eigenständigen Dehnen hintrainieren können. Sie müssen jedoch keine extremen Dehnpositionen einnehmen können, welche eine für die Ausführung der Kickbox-Techniken notwendige Beweglichkeit deutlich überschreiten. Es ist zu bedenken, dass eine zu große Beweglichkeit die Verletzungsanfälligkeit erhöht.

Auch das Beweglichkeitstraining beginnen Sie mit einer Aufwärmübung, die Sie über einen Zeitraum von 5–10 Minuten mit gemäßigter Intensität ausführen. Nur mit einem aufgewärmten Körper lassen sich intensive Dehnpositionen einnehmen. Im Hauptteil des Trainings widmen Sie sich der Beweglichkeit, wozu Sie alle Muskelgruppen dehnen, die Schwachstellen beziehungsweise Trainingsschwerpunkte aber besonders intensiv. Das Dehntraining wird mit einer Abwärmübung abgeschlossen, die Sie zirka 5 Minuten lang mit geringer Intensität ausführen. Planen Sie für das vollständige Dehntraining einschließlich Auf- und Abwärmphase eine Dauer von etwa 60–90 Minuten ein.

Im Beweglichkeitstraining können Sie alle Dehnmethoden zur Verwirklichung Ihrer Trainingsziele einsetzen. Dehnen Sie die Muskelgruppen intensiv und halten Sie dazu Dehnpositionen für 10–60 Sekunden. Vermeiden Sie es aber, im Schmerzbereich zu trainieren. Sie erreichen deutliche Erfolge in Ihrem Beweglichkeitstraining, wenn Sie sich mindestens zweimal wöchentlich intensiv dehnen.

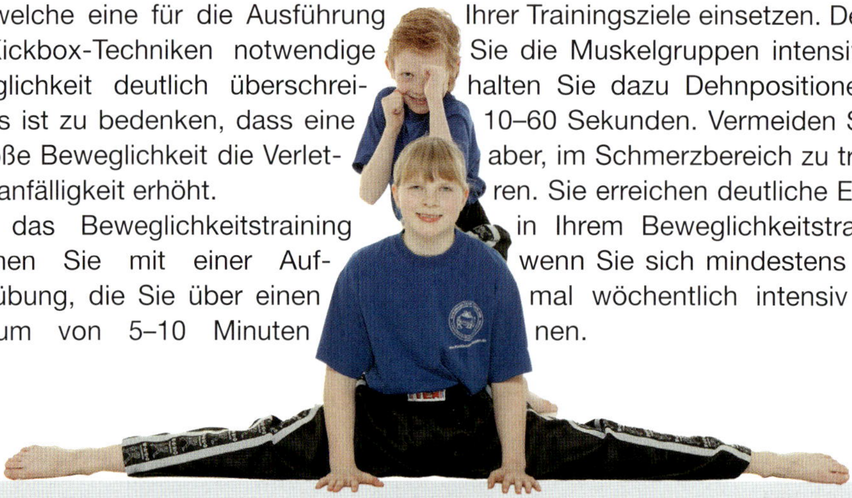

TIPP

Zum Dehntraining

- Nutzen Sie im Dehntraining ein Programm, das alle wichtigen Muskelgruppen umfasst. Ihren Schwachstellen widmen Sie sich dabei besonders ausführlich.
- Dehnen Sie sich intensiv, denn nur Dehnungen an der persönlichen Dehngrenze führen zu einer besseren Beweglichkeit. Bei Schmerzen müssen Sie allerdings die Dehnposition vorsichtig verlassen.
- Nutzen Sie alle der in diesem Buch vorgestellten Dehnmethoden beim Training Ihrer Schwachstellen. Variables Training führt zu den besten Ergebnissen.

Dehnmethoden

Hier erhalten Sie einen Überblick über Dehnmethoden, die Sie im Training einsetzen können. Testen Sie die Methoden und wählen Sie diejenige, die sich für Ihr Muskelgefühl am besten eignet.

Methode »Entspannen – Erweitern« (Leichtes und fortschreitendes Dehnen)

In der **ersten Dehnphase** nehmen Sie vorsichtig eine Position ein, in der Sie einen leichten Dehnreiz spüren. Halten Sie diese Stellung im Dehntraining für etwa 20 Sekunden und entspannen Sie bewusst den Muskel (Im Vor- und Nachdehnen halten Sie diese maximal 10 Sekunden). Mit fortschreitender Dehnerfahrung orientieren Sie sich an dem eigenen Körperempfinden und nicht mehr an der Zeitdauer. Die Dehnspannung sollte nach kurzer Zeit etwas nachlassen. Auch wenn Sie das nicht spüren, sollten Sie sich in der Position wohlfühlen und entspannen können. Ist dies nicht der Fall, müssen Sie etwas nachgeben und die Spannung verringern.

In der **zweiten Dehnphase** intensivieren Sie die Position, bis Sie einen erneuten Reiz spüren. Anschließend halten Sie diese Stellung für etwa 20 Sekunden (Im Vor- und Nachdehnen halten Sie diese maximal 10 Sekunden). Auch die erweiterte Position müssen Sie als angenehm empfinden, ansonsten müssen Sie diese korrigieren. Zum Abschluss bewegen Sie sich vorsichtig aus der Dehnposition heraus.

INFO

Dehnungsdurchführung

- Bringen Sie den Muskel langsam in eine Position, in der Sie einen leichten Dehnreiz spüren.
- Halten Sie ihn etwa 20 Sekunden in dieser Stellung (1. Phase). (Im Auf- und Abwärmen maximal 10 Sekunden.)
- Erweitern Sie die Dehnung, bis Sie eine erneute Spannung spüren. Halten Sie auch diese Stellung etwa 20 Sekunden (2. Phase). (Im Auf- und Abwärmen maximal 10 Sekunden.)
- Lösen Sie sich vorsichtig aus der Dehnung.

Andehnen

Wenn Sie sich in der Aufwärm- oder der Abwärmphase statisch dehnen, sollten Sie die Dehnposition nicht länger als 10 Sekunden halten. Auch ist es im Nachdehnen nicht notwendig, eine zweite Dehnphase auszuführen.

Methode »Anspannen – Entspannen – Erweitern«

In der **ersten Dehnphase** bewegen Sie sich langsam in eine Position, in der Sie einen leichten Dehnreiz spüren. Spannen Sie den zu dehnenden Muskel mit mittlerer Intensität gegen einen Widerstand, ohne die Position zu verändern. Je nach Ausgangsstellung kann es sich beispielsweise um eine Wand, einen Boden oder einen Trainingspartner handeln. Die Spannung kann aber auch gegen einen imaginären Widerstand erfolgen. Es gibt unterschiedliche Auffassungen darüber, wie lange und mit welcher Intensität das Anspannen ausgeführt werden soll. Es wird beispielsweise die Meinung vertreten, dass die Anspannung über ein bis zwei Sekunden mit voller Intensität auszuführen ist. Dies führt aber zu hoher Verletzungsgefahr, und außerdem ist es schwierig, in so kurzer Zeit den Muskel vollständig zu aktivieren. Es empfiehlt sich deshalb eine Anspannungsdauer von etwa fünf Sekunden mit mittlerer Intensität. Anschließend entspannen Sie den aktivierten Muskel für ein bis drei Sekunden, wobei die genaue Dauer davon abhängig ist, wie schnell Ihnen die Entspannung gelingt.

In der **zweiten Dehnphase** intensivieren Sie die Position, bis Sie einen erneuten Reiz spüren. Dann halten Sie kurz diese Stellung, bevor Sie den zu dehnenden Muskel wieder anspannen und entspannen und die Position erweitern. Dieser Vorgang sollte mindestens einmal, kann aber auch häufiger ausgeführt werden. Bei jedem Durchgang wird die mögliche anschließende Erweiterung der Dehnposition geringer, bis schließlich nahezu keine mehr erkennbar ist.

Grundsätzlich wird angenommen, dass umso intensiver und länger die Dehnspannung erfolgt, desto größer die Entspannung und effektiver die nachfolgende Dehnung ist.

INFO

Dehnungsdurchführung

- Bringen Sie den Muskel langsam in eine Position, in der Sie einen leichten Dehnreiz spüren.
- Spannen Sie den zu dehnenden Muskel etwa fünf Sekunden mit mittlerer Intensität gegen einen realen oder imaginären Widerstand, ohne die Gelenkstellung zu verändern (1. Phase).
- Entspannen Sie ein bis drei Sekunden den Muskel, ohne die Position zu verlassen.
- Erweitern Sie die Dehnung, bis Sie einen erneuten Reiz spüren und halten diese Stellung für wenige Sekunden (2. Phase).
- Anschließend führen Sie erneut die 1. Phase aus.
- Lösen Sie sich vorsichtig aus der Dehnung.
-

Anspannen der Muskelgruppe

Machen Sie sich bewusst, wo genau der Dehnreiz erfolgt. Spannen Sie nun die gereizte Muskelgruppe an. Die Spannung erfolgt entgegen der Richtung, in welcher Sie den Körper bewegen. Eine tatsächliche Bewegung des Gelenks erfolgt aber nicht. Wenn Sie stattdessen beim Anspannen den Körper in Richtung der Ausgangsposition zurückbewegen, ist es anschließend nicht möglich, eine Erweiterung der Dehnposition vorzunehmen

Methode »Dynamisch Dehnen«

Das dynamische Dehnen stellt behutsame rhythmische Bewegungen bis in eine Position mit spürbarer Dehnspannung dar, die dann sofort wieder verlassen wird. Einige Kickboxer führen dieses rhythmische Federn mit so kleinem Umfang aus, dass die Bewegungen kaum zu erkennen sind. Beim dynamischen Dehnen vollziehen Sie eine Übung so, dass Sie erst eine geringe Vorspannung einnehmen und aus dieser Position die Übung fünf- bis zehnmal wiederholen, wobei Sie den Bewegungsumfang bei den Wiederholungen behutsam vergrößern. Im Anschluss daran lockern Sie die aktivierte Muskulatur. Nutzen Sie dynamisches Dehnen, um den Körper auf Bewegungen mit großer Amplitude vorzubereiten. Sie sollten aber vor dem Ausführen von dynamischen Dehnübungen den Körper zuerst gründlich aufwärmen, da die Methode mit dem Risiko verbunden ist, über einen leichten Dehnreiz hinaus zu federn und sich somit zu verletzen. Die Methode wird deshalb vorwiegend von Fortgeschrittenen genutzt wird, die bereits eine gute Körperwahrnehmung entwickelt haben.

INFO

Dehnungsdurchführung

- Aus einer leichten Vorspannung vollziehen Sie kleine federnde Bewegungen in eine tiefere Dehnposition hinein und wieder in die Ausgangsposition zurück.
- Führen Sie 5–10 federnde Bewegungen aus, wobei Sie versuchen die Dehnposition zu erweitern, bis Sie Ihre maximale Bewegungsamplitude erreicht haben.
- Lösen Sie sich vorsichtig aus der Dehnung.

Schwungbewegungen

Als Variante des dynamischen Dehnens werden von einigen Kickboxern Schwungbewegungen in das Aufwärmprogramm integriert. Manche Kickboxer führen sogar nach dem Aufwärmen des Körpers ausschließlich Schwungbewegungen aus. Einsteiger sollten jedoch zuvor einige Dehnübungen ausführen, da die Gefahr besteht, die Schwungbewegung mit zu großem Radius auszuführen und sich dabei zu verletzen.

Meistens werden Schwungübungen mit den Armen und den Beinen ausgeführt. Schwingen Sie beispielsweise das gestreckt gehaltene Bein vom Boden etwas nach oben, wobei Sie die Muskulatur möglichst locker halten. Wiederholen Sie die Schwünge etwa zehnmal, wobei Sie die Höhe und die Geschwindigkeit steigern. Sobald Sie Ihr Bewegungsmaximum erreichen, können Sie zur nächsten Übung übergehen.

Machen Sie **Armschwünge** seitlich nach außen, oben und unten. Auch können Sie seitliche Armschwünge mit einer Rumpfdrehung verbinden. Führen Sie **Beinschwünge** nach vorne, zur Seite und nach hinten aus. Sie können sich an einer Stuhllehne festhalten, um das Gleichgewicht besser halten zu können. Danach können Sie Kreisbewegungen mit dem Bein von innen nach außen und von außen nach innen ausführen.

INFO

Durchführung

- Schwingen Sie ein Körperteil in eine leichte Dehnspannung hinein.
- Führen Sie 5–10 Wiederholungen aus, wobei Sie versuchen, die Bewegungsamplitude kontinuierlich zu erweitern, bis Sie Ihre maximale Spannweite erreicht haben.
- Gehen Sie zur nächsten Schwungübung über.

Dehnprogramme

Überlegen Sie bei der Zusammenstellung eines Programms, welche Muskelgruppen vorrangig aktiviert werden. Diese Muskeln müssen im Auf- und Abwärmen ebenso wie Dehntraining enthalten sein. Generell sollten Sie Ihre Schwachstellen intensiv dehnen, aber nicht einseitig. Ist beispielsweise die rückwärtige Beinmuskulatur der rechten Seite weniger beweglich als die der linken Seite, dann dehnen Sie beide Seiten, für die rechte führen Sie aber einen Durchgang mehr aus. Außerdem müssen Sie beachten, ob Sie das Programm im Rahmen des Aufwärmens, des Abwärmens oder für ein spezielles Dehntraining nutzen. Die Anforderungen an ein Dehnprogramm sind immer etwas unterschiedlich, da diese abhängig von Muskelspannung, Trainingsziel und -intensität sind. Während Einsteiger auf ein Basisprogramm zurückgreifen können, sollten Fortgeschrittene das Dehnprogramm entsprechend der Tagesbedürfnisse variieren.

Auf den Seiten 157–158 lernen Sie ein Dehnprogramm für Muskelgruppen kennen, die zur Verkürzung neigen und deshalb oft Schwachstellen darstellen, sowie ein Ganzkörperprogramm. Das Kurzprogramm eignet sich zum Vor- und Nachdehnen im Kickbox-Training; das Ganzkörperprogramm können Sie zum Vordehnen sowie zum eigenständigen Dehntraining nutzen. Nutzen Sie für die Programme die zuvor beschriebenen Dehnmethoden. Die Programme dienen als Anregung, und Sie können diese mit fortschreitender Dehnerfahrung an Ihre Bedürfnisse anpassen. Weitere Dehnübungen finden Sie in dem Buch »Dehnen für Kampfsportler« (Delp 2014).

TIPPS

Grundlagen Dehnprogramme

- Stabile Ausgangsposition und langsame Bewegungen: Nehmen Sie eine stabile Ausgangsposition ein, damit Sie sich vollständig auf die Dehnung konzentrieren können. Besonders bei einer hohen Dehnintensität kann ein unsicherer Stand dazu führen, dass Sie die optimale Position überschreiten und sich verletzen. Bewegen Sie sich langsam, um die richtige Dehnposition zu finden. Ruckartige Bewegungen können zu Verletzungen führen. Lösen Sie sich anschließend ebenso vorsichtig wieder aus der Dehnposition.
- Korrekte Dehnposition: Das eigene Leistungsvermögen entscheidet über die Dehnposition. Versuchen Sie nicht, die gleiche Position wie die Darsteller einzunehmen, denn jeder hat andere körperliche Voraussetzungen. Auch stellt sich die Muskelspannung von Tag zu Tag unterschiedlich dar. Vermeiden Sie deshalb, eine Dehnposition mit Gewalt zu erreichen. Bei Schmerzen müssen Sie umgehend die Dehnposition verringern, da sich der Muskel ansonsten verhärtet. Nur wenn Sie den entspannten Muskel langsam an die neue Position gewöhnen und dies regelmäßig üben, wird sich die Beweglichkeit deutlich verbessern.
- Gleichmäßig atmen: Wenn Sie die richtige Dehnposition gefunden haben, konzentrieren Sie sich auf den zu dehnenden Muskel. Atmen Sie gleichmäßig und nehmen Sie wahr, wie die Muskelspannung nachlässt. Erweiterungen der Position werden während des Ausatmens vorgenommen.

TIPPS

Vorgehen bei den Übungen

Für die folgenden Übungen wird Ihnen jeweils der Weg in die Dehnposition beschrieben. Sie können die Übung statisch mit den Methoden »Entspannen – Erweitern« und »Anspannen – Entspannen – Erweitern« sowie dynamisch mit kontrollierten federnden Bewegungen ausführen. Zum Vordehnen und Nachdehnen halten Sie die Position beim statischen Dehnen für maximal zehn Sekunden.
Bei einigen Übungen ist die Dehnung nur zu einer Körperseite beschrieben. Führen Sie dann anschließend die Übung zur anderen Seite aus.

Der Nacken

D 1: Kopf zur Seite legen

Diese Übung dehnt die Hals- und Nackenmuskulatur.

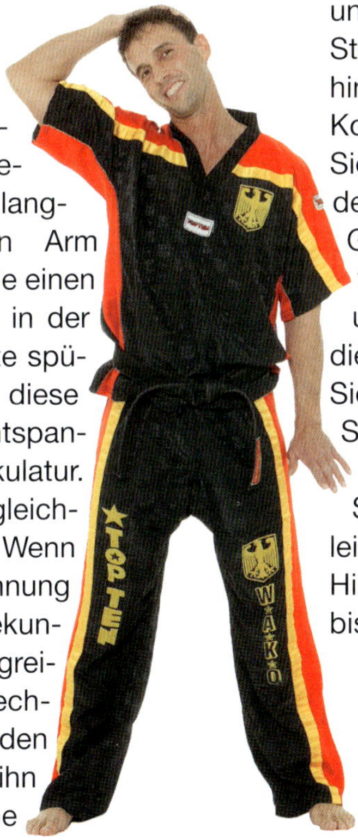

Sie stehen aufrecht, und der Kopf ist zur rechten Seite abgelegt. Ziehen Sie langsam den linken Arm nach unten, bis Sie einen leichten Dehnreiz in der linken Nackenseite spüren. Halten Sie diese Position und entspannen Sie Ihre Muskulatur. Dabei atmen Sie gleichmäßig weiter. Wenn die Dehnspannung nach einigen Sekunden nachlässt, greifen Sie mit dem rechten Arm über den Kopf und ziehen ihn mit der Handfläche nach unten, bis Sie einen erneuten Reiz spüren. Vermeiden Sie es dabei, die linke Schulter hochzuziehen.

D 2: Kopf nach vorne drücken

Diese Übung dehnt die Hals- und Nackenmuskulatur.

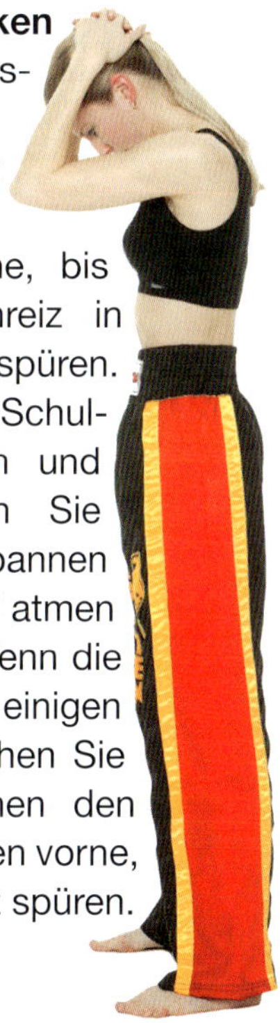

Stellen Sie sich aufrecht hin und beugen Sie den Kopf langsam nach vorne, bis Sie einen leichten Dehnreiz in der Nackenmuskulatur spüren. Gleichzeitig werden die Schultern leicht nach hinten und unten gezogen. Halten Sie diese Position und entspannen Sie Ihre Muskulatur. Dabei atmen Sie gleichmäßig weiter. Wenn die Dehnspannung nach einigen Sekunden nachlässt, ziehen Sie leicht mit den Handflächen den Hinterkopf weiter nach unten vorne, bis Sie einen erneuten Reiz spüren.

Die Brust

D 3: Brust vorschieben

Diese Übung dehnt die Brust-, die vordere Oberarm- und die vordere Schultermuskulatur.

Sie stehen im beginnenden Ausfallschritt, die Arme sind u-förmig angehoben. Schieben Sie den Brustkorb vor und bewegen Sie gleichzeitig die Arme nach hinten, bis Sie einen leichten Dehnreiz spüren.

Wenn Sie die Arme gestreckt halten, intensivieren Sie die Dehnung der vorderen Oberarmmuskulatur.

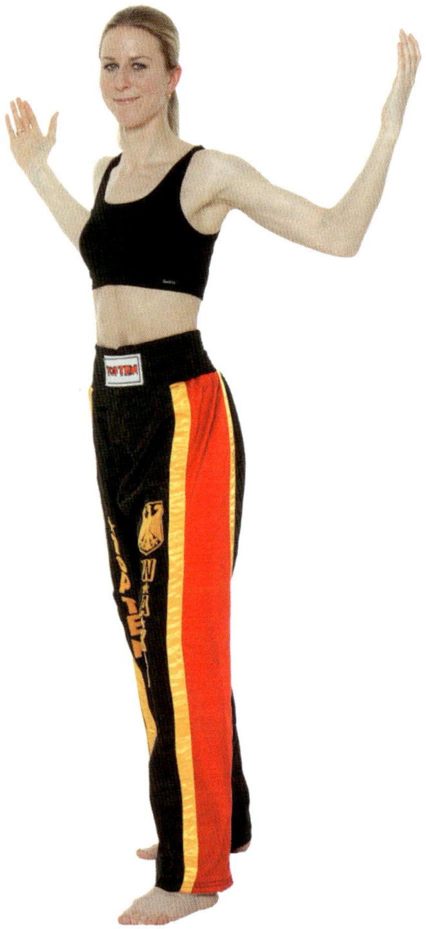

D 4: Gestreckten Arm dehnen

Diese Übung dehnt die Brust-, die vordere Oberarm- und die vordere Schultermuskulatur.

Sie knien auf dem Boden, ein Arm ist seitlich abgelegt. Mit dem anderen, gebeugten Arm stützen Sie den Oberkörper. Senken Sie die Schulter, bis Sie einen leichten Dehnreiz spüren. Sie dehnen unterschiedliche Bereiche der Brustmuskulatur, wenn Sie den Arm etwas tiefer oder höher ablegen.

Die Übung kann auch im Stand ausgeführt werden. Dazu drücken Sie den Arm gegen eine Wand oder einen hohen Gegenstand. Nun drehen Sie den Oberkörper nach vorne, bis Sie einen Dehnreiz spüren.

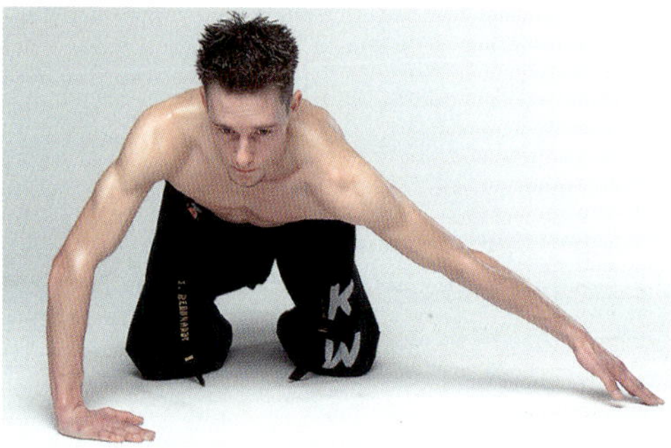

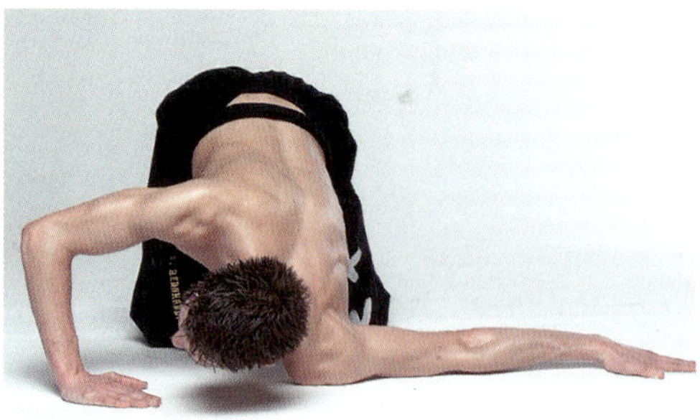

Der Rücken

D 5: Arme und Oberkörper nach vorne und nach oben strecken

Diese Übung dehnt die obere Rücken-, die äußere Arm-, die Schulter-, die Handgelenks- und Fingerbeugemuskulatur.

Sie stehen aufrecht, die Hände halten Sie vor dem Körper, die Finger sind ineinander gelegt. Strecken Sie zuerst die Arme nach vorne und drehen Sie gleichzeitig die Handinnenflächen vom Körper weg. Führen Sie dann die Arme gestreckt nach oben. Dabei strecken Sie den Körper, bis Sie einen leichten Dehnreiz spüren.

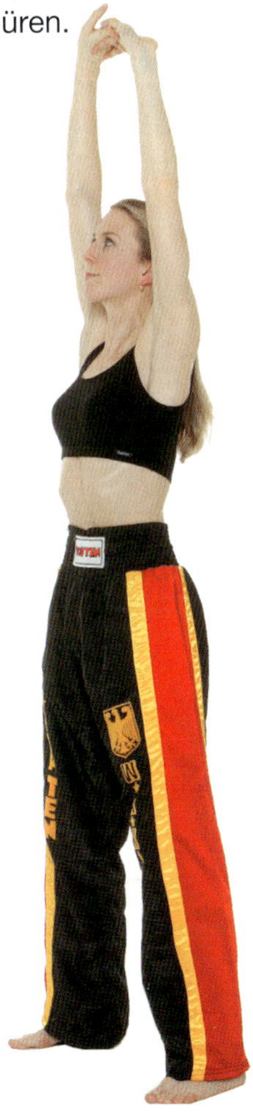

D 6: Oberkörper seitlich abknicken

Diese Übung dehnt die seitliche Rumpf- und die Rückenmuskulatur.

Sie stehen aufrecht, die Beine sind hüftbreit auseinander. Strecken Sie einen Arm in die Luft und beugen Sie dann den Oberkörper zur anderen Seite, bis Sie einen leichten Dehnreiz spüren. Achten Sie darauf, dass Sie mit dem Oberkörper auf einer Linie bleiben und nicht mit dem Becken zur Seite ausweichen.

Gut kontrolliert lässt sich die Übung ausführen, wenn Sie sich an einem Gegenstand mit dem äußeren, über den Kopf geführten Arm festhalten, z. B. an einer Sprossenwand. Bewegen Sie nun die Hüfte langsam nach außen von der Sprossenwand weg, bis Sie eine Dehnspannung spüren.

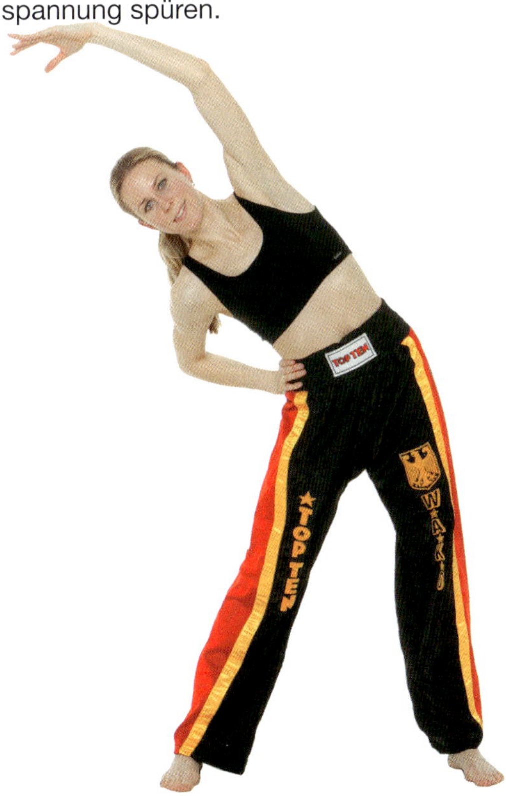

Die Schultern

D 7: Arm am Kopf vorbei seitlich nach hinten drücken

Diese Übung dehnt die mittlere und hintere Schultermuskulatur, die hintere Oberarm- und die obere Rückenmuskulatur.

Sie stehen aufrecht und halten den linken Arm in Schulterhöhe vor dem Körper. Mit der rechten Hand fassen Sie oberhalb des Ellbogens und schieben so den linken Arm am Kopf vorbei seitlich nach hinten, bis Sie einen leichten Dehnreiz spüren.

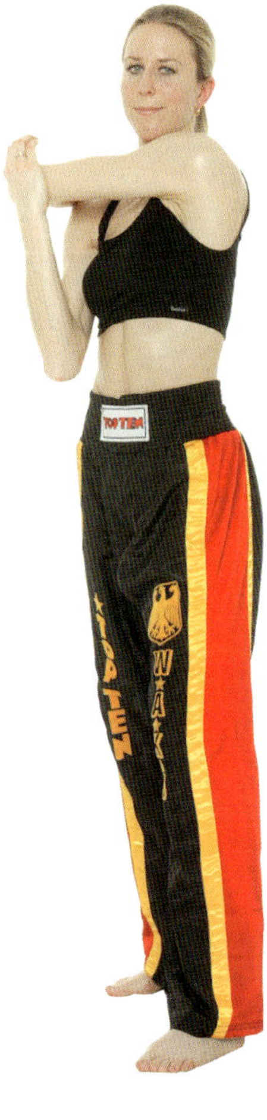

D 8: Schulterblätter greifen

Diese Übung dehnt die Schulter- und die obere Rückenmuskulatur.

Sie stehen aufrecht und führen die Hände gekreuzt in Richtung der Schulterblätter, bis Sie einen leichten Dehnreiz spüren. Die Oberarme bleiben dabei in waagrechter Position. Geübte halten sich an den Schulterblatträndern fest.

Die Übung wird intensiviert, wenn Sie den Schultergürtel etwas nach vorne unten ziehen.

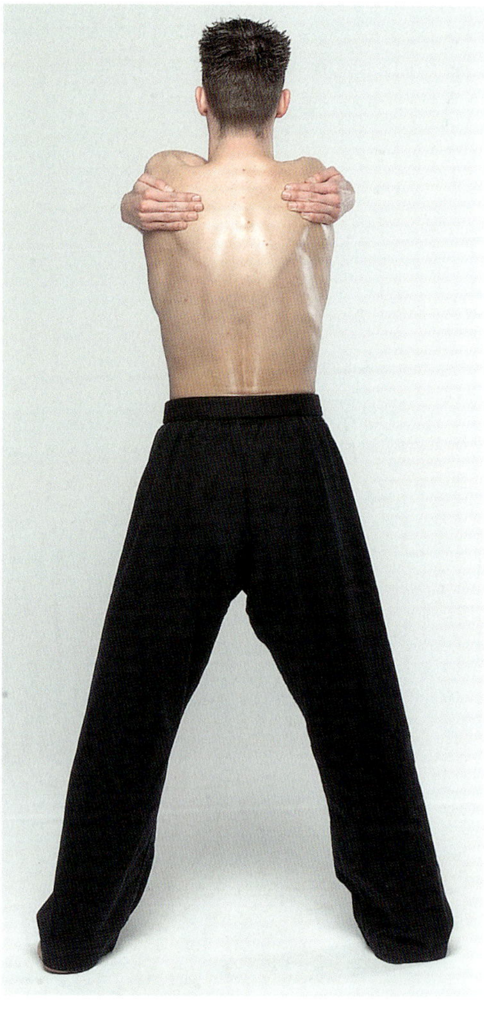

D 9: Angewinkeltem Arm hinter dem Kopf nach unten drücken

Diese Übung dehnt die hintere Oberarm-, die Schulter- und die obere Rückenmuskulatur.

Sie stehen aufrecht, der rechte Unterarm hängt hinter dem Kopf nach unten, wobei sich der Oberarm etwa in waagrechter Position befindet. Legen Sie die linke Hand auf den rechten Ellbogen und schieben Sie so den Arm gerade nach unten, bis Sie einen leichten Dehnreiz spüren.

Wenn Sie den Arm nicht gerade nach unten, sondern diagonal zur linken Seite bewegen und gleichzeitig den Oberkörper in dieselbe Richtung mitbewegen, intensivieren Sie die Dehnung der oberen Rückenmuskulatur.

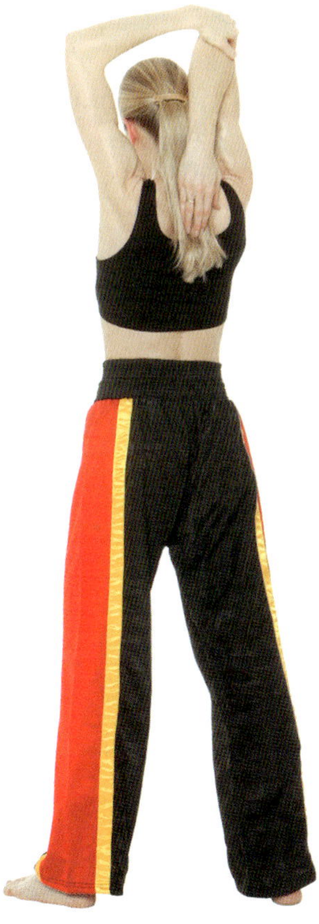

D 10: Hände greifen einander hinter dem Kopf

Diese Übung dehnt die Schulter-, die Brust- und die Armmuskulatur.

Sie stehen aufrecht, der rechte Unterarm hängt hinter dem Kopf nach unten, wobei der Oberarm etwa in waagrechter Position ist. Führen Sie langsam den linken Unterarm hinter dem Rücken von unten nach oben, bis sich beide Hände greifen können.

Fühlen Sie bereits vorher einen Dehnreiz, vereinfachen Sie die Übung mit einem Handtuch, indem Sie dieses gespannt hinter dem Rücken in den Händen halten. Bewegen Sie nun die Hände am Handtuch entlang aufeinander zu, so dass sich der Abstand immer weiter verkürzt, bis Sie die gewünschte Dehnposition erreicht haben.

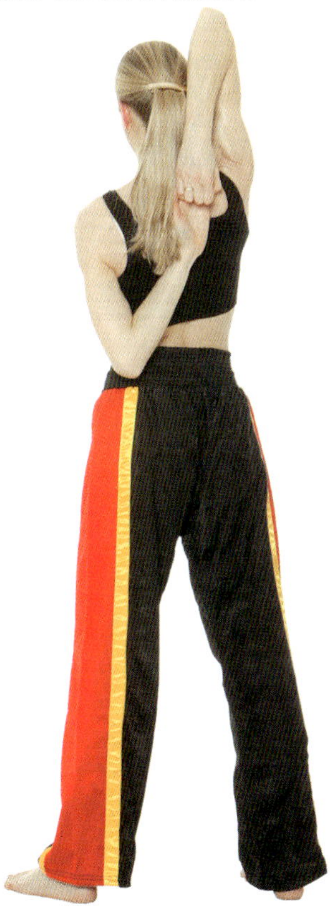

Die Beine und das Gesäß

D 11: Wadendehnung

Diese Übung dehnt die Wadenmuskulatur.

Aus dem geraden Stand machen Sie einen Schritt mittlerer Größe nach vorne, wobei Sie die Hüfte mit nach vorne schieben. Die Füße sind gerade nach vorne gerichtet, das hintere Bein ist leicht gebeugt und dessen Ferse angehoben. Nun strecken Sie das hintere Bein langsam durch und schieben gleichzeitig die Ferse in Richtung Boden, bis Sie einen leichten Dehnreiz in der Wadenmuskulatur spüren.

Nachdem Sie in der ersten Position gedehnt haben, beugen Sie das Knie des hinteren Beines so weit, bis Sie eine Dehnung im unteren Wadenbereich und in der Achillessehne spüren. Die Ferse bleibt dabei auf dem Boden.

D 12: Oberkörper vorbeugen

Diese Übung dehnt die hintere Oberschenkel-, die Rücken- und die Wadenmuskulatur.

Im Stand: Sie stehen gerade, die Füße sind eng beieinander, und die Knie sind durchgedrückt. Bewegen Sie nun langsam den Oberkörper in Richtung Boden, bis Sie einen leichten Dehnreiz spüren.

Im Sitz: Sie sitzen mit gestreckten Beinen auf dem Boden. Schieben Sie die Hüfte und gleichzeitig den Oberkörper nach vorne, bis Sie einen leichten Dehnreiz spüren. Bewegen Sie sich dabei, als würden Sie am Brustbein nach vorne gezogen. Anschließend können Sie die Zehen anziehen, um die Dehnung der Wadenmuskulatur zu intensivieren.

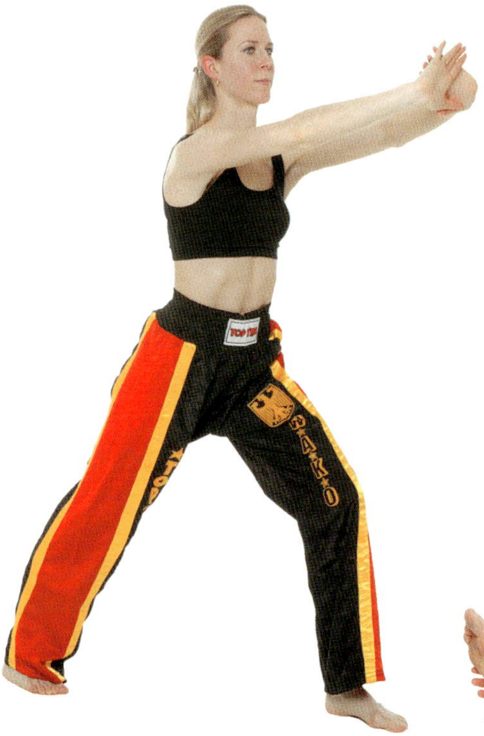

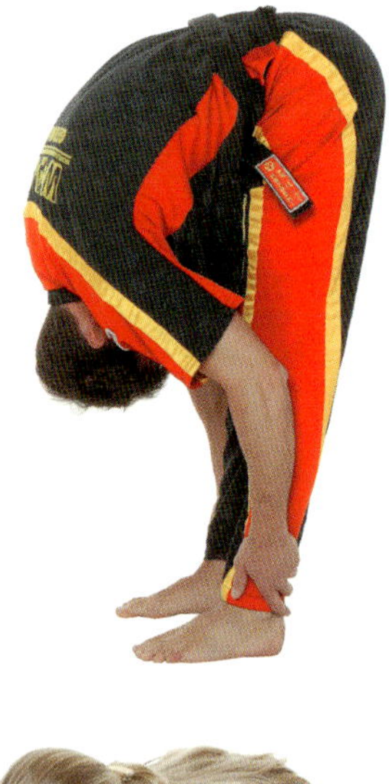

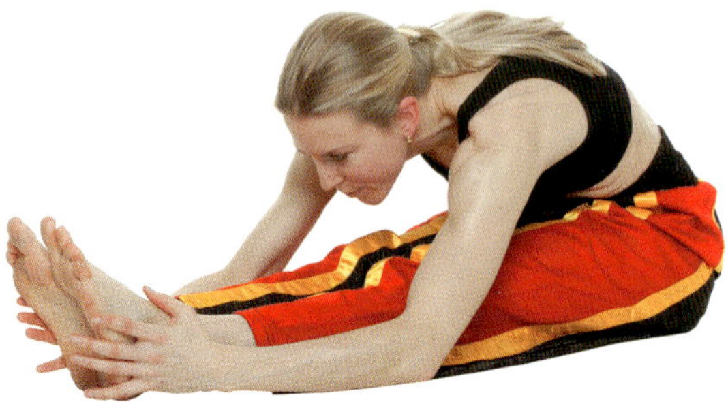

D 13: Bein in der Luft strecken
Diese Übung dehnt die hintere Oberschenkel-, die Gesäß- und die Wadenmuskulatur.
Sie liegen auf dem Rücken und ziehen ein Bein gebeugt in der Luft zum Körper. Fassen Sie es von vorne und ziehen Sie es weiter, bis Sie einen leichten Dehnreiz spüren. Das andere Bein bleibt auf dem Boden liegen. Wenn Sie es dort nicht halten können, ist die Hüftbeugemuskulatur verkürzt. Drücken Sie das Bein in diesem Fall bei der gesamten Übungsausführung aktiv nach unten. Zusätzlich sollte die verkürzte Muskulatur in den nächsten Trainingseinheiten besonders intensiv gedehnt werden.
Nachdem Sie sich in der ersten Position gedehnt haben, bewegen Sie das angehobene Bein etwas nach unten und greifen nun unterhalb der Kniekehle. Stabilisieren Sie den Oberschenkel in dieser Position und bewegen Sie den Unterschenkel nach oben, bis Sie eine Dehnspannung spüren.

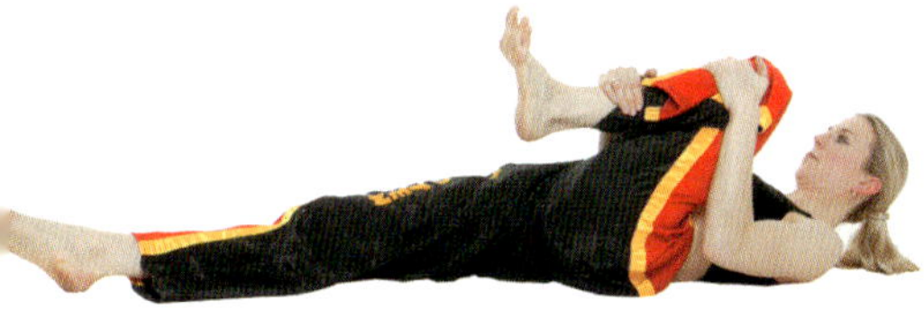

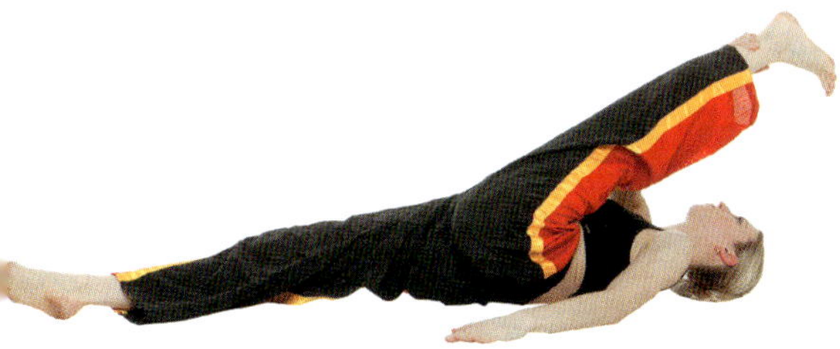

D 14: Unterschenkel anziehen
Diese Übung dehnt die Hüftbeuge- und die vordere Oberschenkelmuskulatur.
In Bauchlage bringen Sie ein Bein aus eigener Kraft so weit wie möglich zum Gesäß. Greifen Sie den Fuß und ziehen ihn in Richtung Gesäß, bis Sie einen leichten Dehnreiz spüren. Drücken Sie dabei bewusst die Hüfte nach vorne. Wenn Sie den Fuß nicht fassen können, legen Sie ein Handtuch um den Spann und ziehen so das Bein an.
Sie können die Übung auch in Seitenlage oder im Stand machen. Bei der Ausführung in Seitenlage stützen Sie den Kopf mit der Hand oder legen ihn auf dem unteren Arm ab. Im Stand können Sie sich an einem Gegenstand abstützen, um das Gleichgewicht zu halten. Nach einigen Trainingswochen können Sie dann die Übung ohne Abstützen ausführen und so auch Ihre Koordination trainieren.

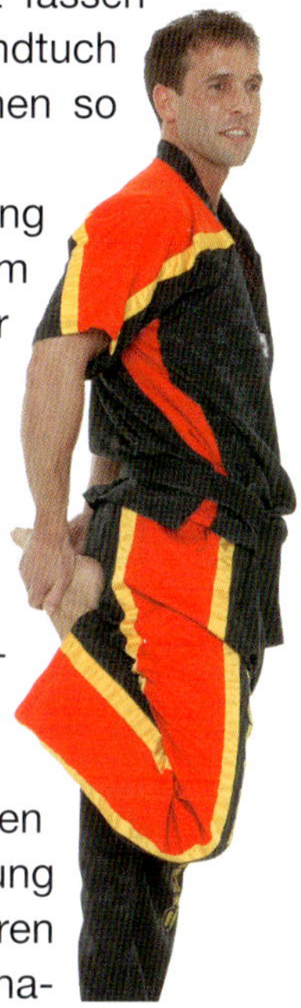

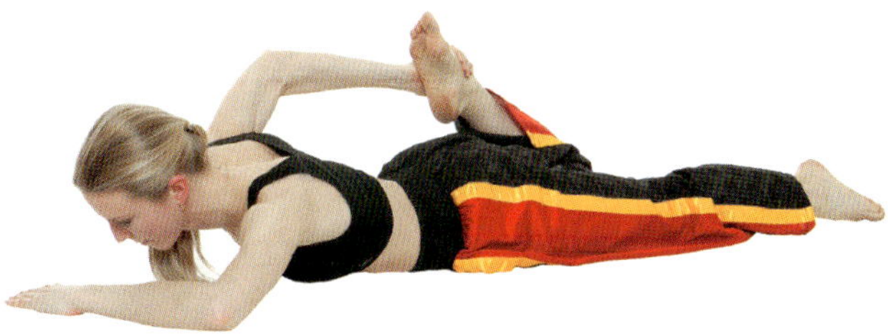

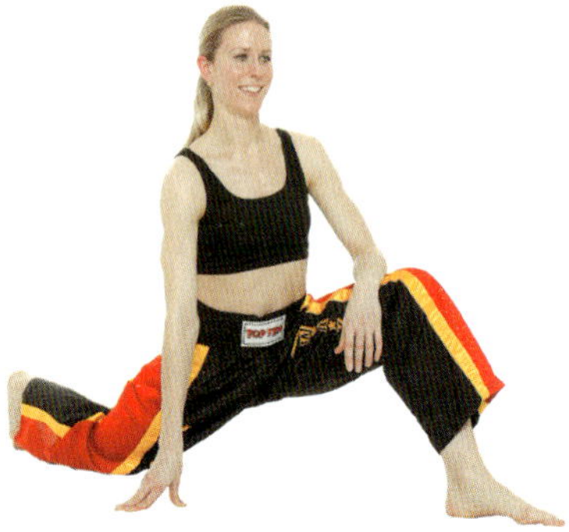

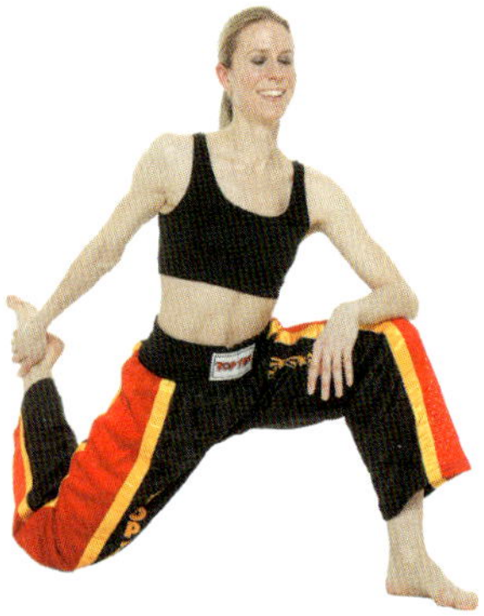

D 15: Hüfte senken im Ausfallschritt
Diese Übung dehnt die Hüftbeuge- und die vordere Oberschenkelmuskulatur.
Sie befinden sich im Ausfallschritt, das hintere Bein ist auf dem Boden abgelegt. Senken Sie Ihr Gesäß so weit wie möglich und drehen Sie den Fuß, so dass der Spann auf dem Boden liegt. Richten Sie den Oberkörper auf und stabilisieren Sie die Position. Entspannen Sie die Hüfte und bewegen Sie diese nach vorne unten, bis Sie einen leichten Dehnreiz spüren.
Danach geben Sie etwas nach und ziehen dann den hinteren Fuß an, um die Dehnung der Oberschenkelvorderseite zu intensivieren. Wiederholen Sie in dieser Position die zuvor ausgeführte Dehnmethode.

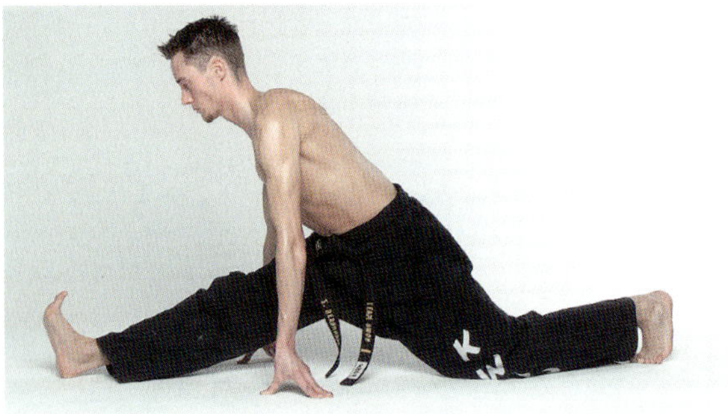

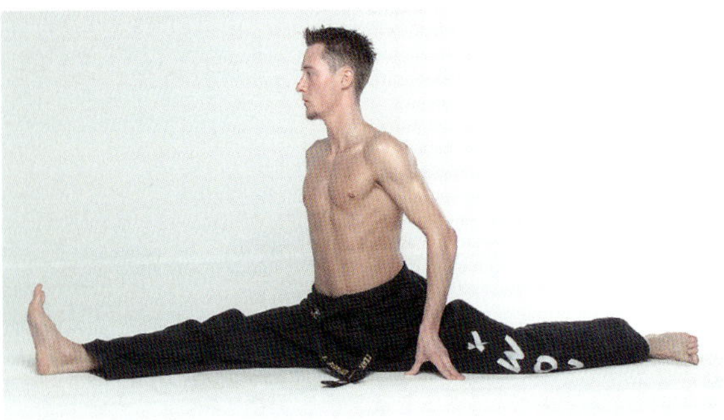

D 16: Vorwärtsspagat
Diese Übung dehnt die hintere Oberschenkel-, die Hüftbeuge- und die vordere Oberschenkelmuskulatur.
Sie knien mit dem linken Bein auf den Boden, das rechte Bein ist nach vorne gestreckt. Schieben Sie langsam die Hüfte und gleichzeitig das rechte Bein vor, bis Sie einen leichten Dehnreiz spüren. Dabei können Sie sich mit den Händen an den Seiten abstützen, um die Übung kontrolliert auszuführen.
Fortgeschrittene setzen sich mit den gestreckten Beinen auf dem Boden ab.

D 17: Grätschstand
Diese Übung dehnt die innere und hintere Oberschenkel- sowie die Wadenmuskulatur.

Aus dem beginnenden Grätschstand spreizen Sie die Beine weiter, bis Sie eine leichte Dehnspannung spüren. Achten Sie darauf, dass die Hüfte vorne bleibt und nicht nach hinten ausweicht. Nachdem Sie sich in der ersten Position gedehnt haben, beugen Sie das linke Bein, bis Sie einen erneuten Reiz spüren. Verbleiben Sie in dieser Position und wiederholen Sie die Dehnmethode. Dann strecken Sie das rechte Bein und führen die Übung zur anderen Seite aus. Anschließend können Sie beide Beine weiter nach außen bewegen und die zuvor praktizierte Dehnmethode wiederholen.

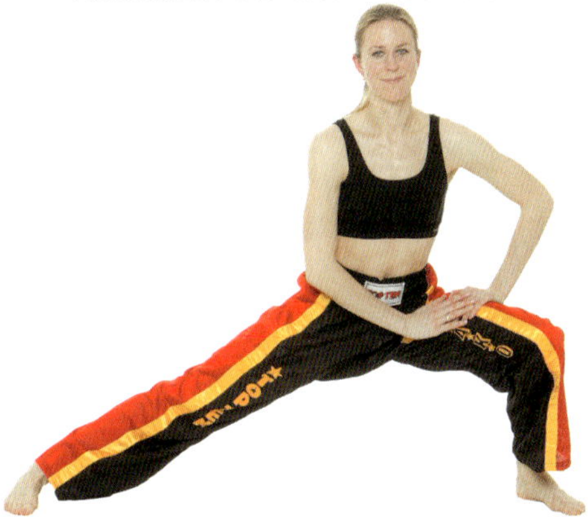

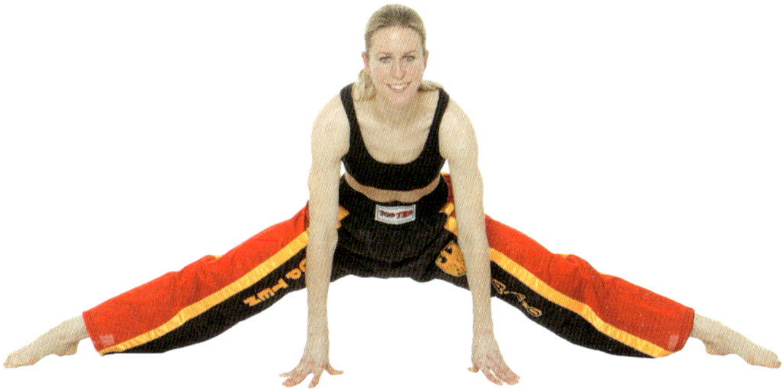

D 18: Knie nach außen sinken lassen
Diese Übung dehnt die innere Oberschenkelmuskulatur.

Sie sitzen aufrecht, die Fußsohlen liegen aneinander, und die Knie zeigen nach außen. Ziehen Sie die Füße so weit wie möglich zum Gesäß und schieben Sie die Hüfte nach vorne. Entspannen Sie die Beine und lassen sie sinken, bis Sie einen leichten Dehnreiz spüren. Mit den Ellbogen oder den Händen können Sie den Druck nach unten verstärken.

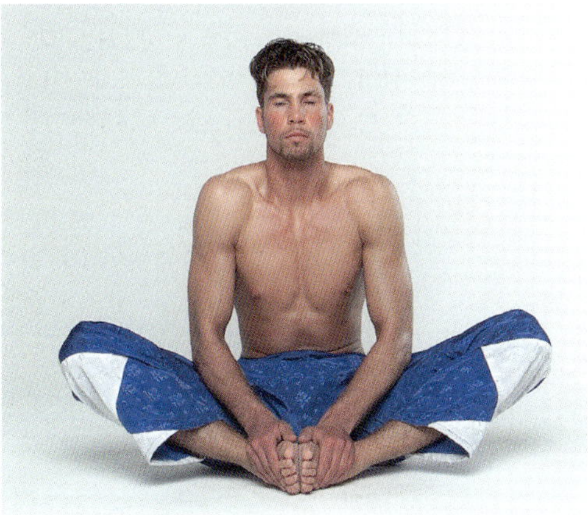

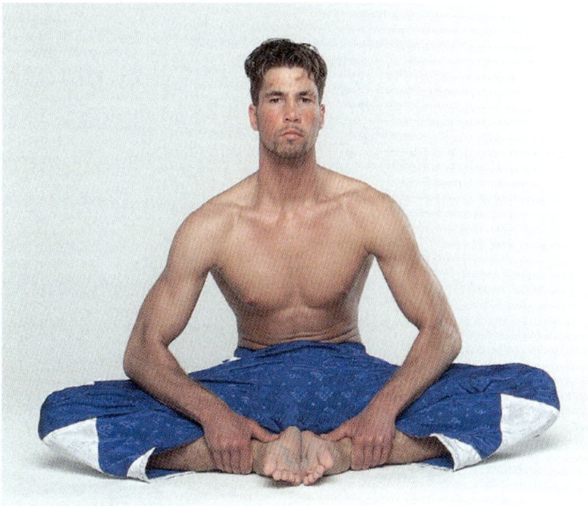

D 19: Oberkörper vorbeugen im Seitsitz

Diese Übung dehnt die innere und die hintere Oberschenkel-, die Waden- und die Rückenmuskulatur.

Sie sitzen aufrecht, die Beine sind nach außen gestreckt, und die Hände sind hinter dem Gesäß aufgestellt. Schieben Sie das Becken nach vorne und bewegen Sie dabei die Beine immer weiter nach außen, bis Sie einen leichten Dehnreiz spüren.

Nach der Dehnung in der ersten Position stellen Sie die Hände vor dem Körper ab und schieben sie dann nach vorne, bis Sie eine Dehnspannung spüren. Dabei bewegen Sie den Oberkörper, als würden Sie am Brustbein nach vorne gezogen. Anschließend führen Sie die Übung zur linken und rechten Seite aus.

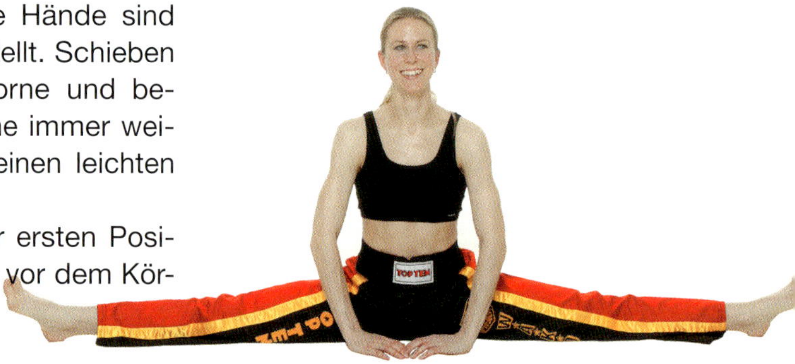

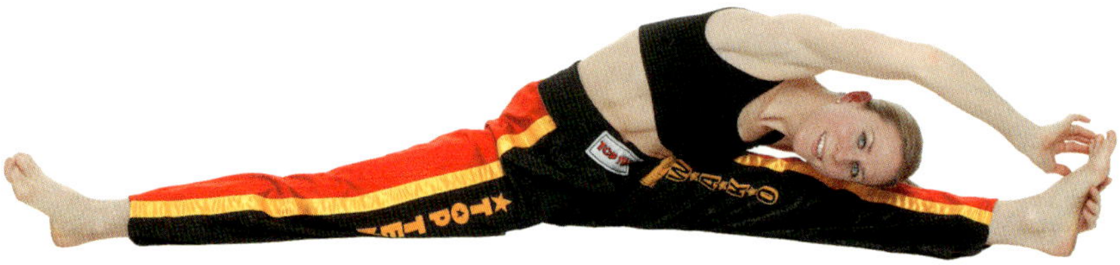

D 20: Körperdrehung im Sitz

Diese Übung dehnt die Gesäß-, die äußere Oberschenkel- und die Rückenmuskulatur.

Sie sitzen mit gestreckten Beinen und aufrechtem Oberkörper auf dem Boden. Stellen Sie das linke Bein möglichst nah am Gesäß über das rechte. Der linke Fuß ist nun aufgestellt und fast gerade nach vorne gerichtet. Entspannen Sie das linke Bein und ziehen Sie es zum Körper, bis Sie einen leichten Dehnreiz spüren.

Nachdem Sie sich in der ersten Position gedehnt haben, legen Sie den rechten Ellbogen an die Außenseite des linken Knies und drehen Kopf und Oberkörper entgegen dem Uhrzeigersinn, bis Sie einen erneuten Dehnreiz spüren. Das liegende Bein kann bei der Übung gebeugt werden, was eine intensivere Dehnung des Rückens ermöglicht.

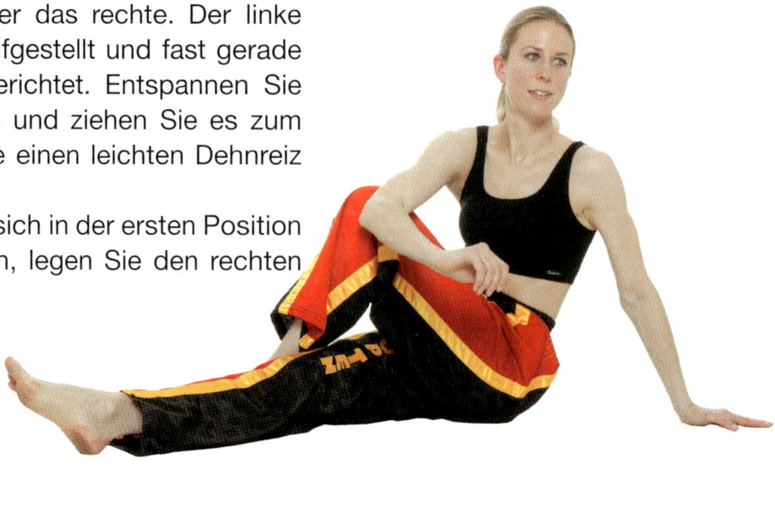

Dehnprogramm: Wichtige Muskelgruppen

Dieses Programm können Sie zum Andehnen vor dem Training der Kickbox-Techniken einsetzen sowie danach. Es ist möglichst kurz und dehnt vorrangig die Muskelgruppen, deren Beweglichkeit oftmals das Ausführen von Techniken einschränkt. Sie können Übungen für die gleiche Muskelgruppe austauschen oder weitere Übungen einfügen, um Schwachstellen zu beseitigen. Sie können die Übung statisch mit den Methoden »Entspannen – Erweitern« und »Anspannen – Entspannen – Erweitern« oder dynamisch mit kontrollierten federnden Bewegungen ausführen. Zum Vordehnen und Nachdehnen halten Sie die Position beim statischen Dehnen für etwa zehn Sekunden.

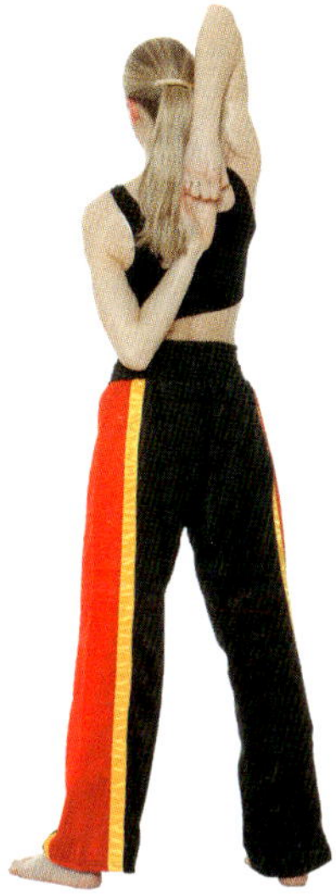

D 10: Hände greifen einander hinter dem Kopf

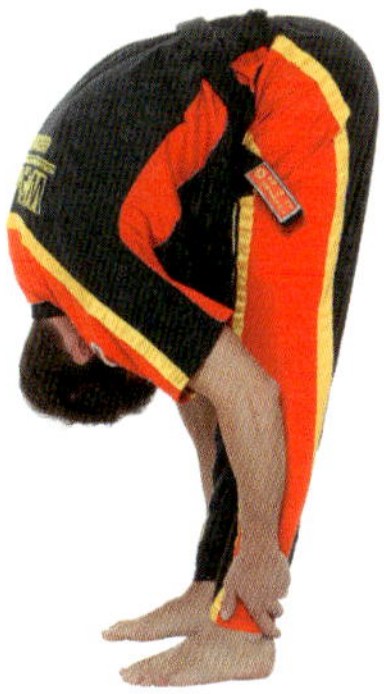

D 12: Oberkörper vorbeugen

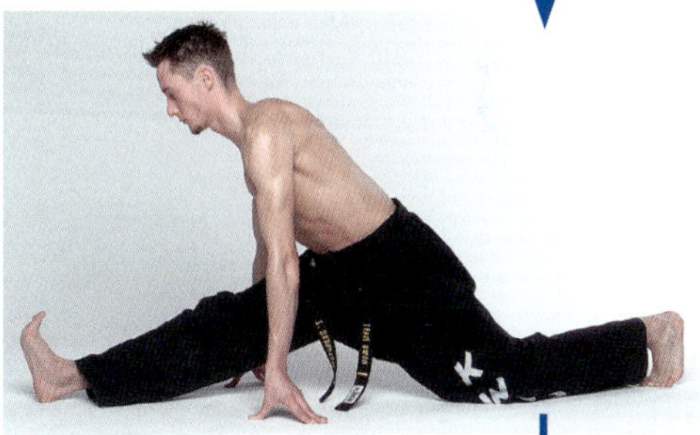

D 16: Vorwärtsspagat

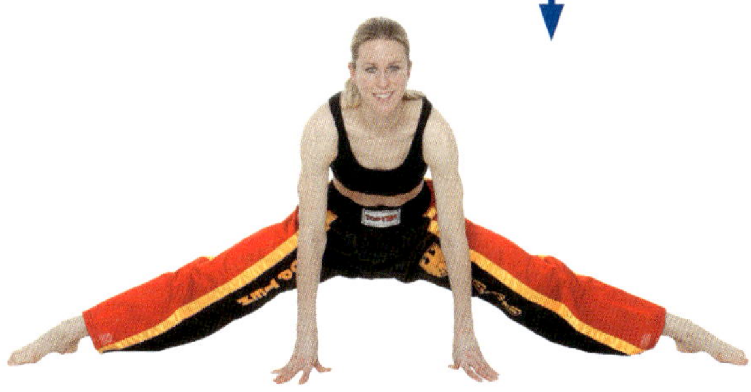

D 17: Grätschstand

Dehnprogramm Ganzkörper

Das Dehnprogramm können Sie zum Einstieg für das eigenständige Kickbox-Training nutzen. Passen Sie das Programm mit fortschreitender Trainingserfahrung an Ihre individuellen Bedürfnisse und Ihr verbessertes Leistungsvermögen an.

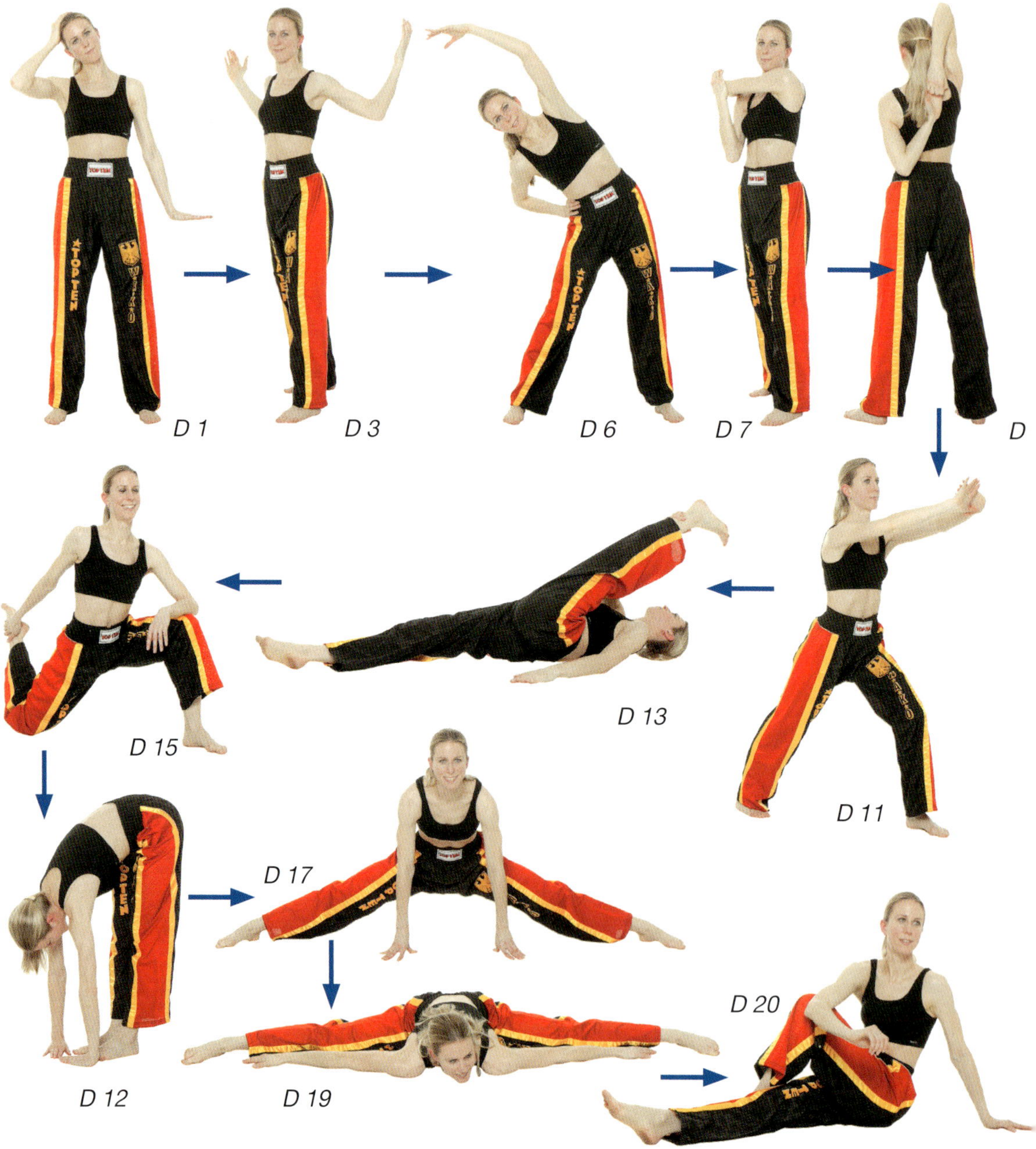

4. Workouts

Auf den folgenden Seiten werden Workouts vorgestellt, die Sie zum Solotraining einsetzen können. Nutzen Sie diese Workouts als Anregung für Ihre Trainingsplanung und passen Sie diese an Ihre Bedürfnisse an. Umso besser der Trainingsplan auf Ihre Anforderungen ausgerichtet ist, desto bessere Ergebnisse werden Sie mit dem Training erzielen.

Die Workouts beinhalten Aufwärmphase, Hauptteil und Abwärmphase. Zuerst müssen Sie sich **aufwärmen**. Machen Sie eine Aufwärmübung wie Laufen oder Seilspringen mit lockerer Intensität. Danach dehnen Sie und lockern sich. Entscheiden Sie abhängig von Ihren Erfahrungen, ob Sie sich dynamisch oder statisch dehnen.

Im **Hauptteil** widmen Sie sich dem eigentlichen Kickbox-Training. Die Workouts setzen etwas unterschiedliche Schwerpunkte: Technik, Ausdauer oder Kraft. Nutzen Sie die Angaben der Workouts als Orientierung und passen Sie diese individuell an.

Beenden Sie das Training mit der **Abwärmphase**. Dazu können Sie einige Minuten locker Seilspringen und schließlich zu Verkürzung neigende Muskulatur kurz statisch dehnen.

INFO

Die Workouts sind relativ kurz gehalten, damit Sie diese oft ausführen können und den Körper nicht so intensiv belasten, dass er eine lange Regenerationspause benötigt. Sie können die Workouts intensivieren, indem Sie die Runden- oder Satzzahlen erhöhen und die Intensitäten vergrößern. Auch können Sie Übungen austauschen, um die Workouts zu variieren.

Die Angaben sind wie folgt zu verstehen:

2–3 x 3 min = 2 oder 3 Runden (Sätze), jede Runde dauert 3 Minuten.

2 x 4 x 30 sec = 2 Runden (Sätze) mit jeweils 4 Übungen. Eine Übung wird 30 Sekunden lang durchgeführt und dann zur nächsten Übung übergangen. Erst wenn für alle 4 Übungen ein Durchgang durchgeführt wurde, wird pausiert.

Führen Sie das gleiche Workout nicht an 2 Tagen hintereinander aus. Auch empfiehlt es sich, an einem Tag der Woche vollständig vom Training zu pausieren. Achten Sie darauf, dass Sie nach einem Trainingszyklus von 6–12 Wochen Umstellungen an dem Trainingsprogramm vornehmen, damit keine Leistungsstagnation eintritt.

TIPP

Für das Solotraining bietet sich die Nutzung eines Timers an. Diesen können Sie für zirka 20 EUR im Handel erwerben, beispielsweise von der Firma Gymboss. Alternativ können Sie einen Online-Timer nutzen, wenn Sie beim Training daheim den Laptop neben sich stellen. Es werden zahlreiche Online-Timer im Internet kostenlos angeboten, die sich leicht finden lassen, indem Sie in eine Suchmaschine »Online Intervall Timer« oder »Online Tabata Clock« eingeben. Es eignen sich beispielsweise die Online-Timer www.tabatatimer.com und www.beach-fitness.com/tabata.

Workout A: Kickbox-Techniktraining

	Level 1	Level 2	Level 3
Aufwärmen mit lockerem Seilspringen	10 min	10 min	10 min
Dehnen und Lockern	5–10 min	5–10 min	5–10 min
Schattenboxen *1 min Pause zwischen Sätzen*	1 x 3 min	2 x 3 min	2 x 3 min
Neue Kickbox-Techniken *1 min Pause zwischen Sätzen*	2 x 3 min	2 x 3 min	3 x 3 min
Sandsacktraining *1 min Pause zwischen Sätzen*	2–3 x 3 min	3 x 3 min	3–5 x 3 min
Speedtraining - Schlagtechnik oder Folge 1 - Tritttechnik oder Folge 2 *20 sec Pause zwischen Sätzen*	2 x 20 sec	2 x 30 sec	2 x 30 sec
Kraftübungen für den Rumpf *1-2 min Pause zwischen Sätzen*	2 x 4 x 30 sec	2 x 4 x 45 sec	2–3 x 4 x 45–60 sec
Lockeres Seilspringen	5 min	5 min	5 min
Dehnen und Lockern	5 min	5 min	5 min

Mit diesem Programm können Sie selbstständig Kickboxen trainieren. Ist kein Sandsack verfügbar, dann verlängern Sie das Schattenboxen.

Zuerst wärmen Sie den Körper mit lockerem Seilspringen auf und führen danach Dehnübungen aus. Nun folgt das Training der Kickbox-Techniken (siehe Seiten 54–89). Beim Schattenboxen üben Sie zuerst einige Male die Ihnen bekannten Techniken. Dann üben Sie neue Techniken zuerst sehr langsam vor einem Spiegel und dann immer etwas schneller. Wenn Sie die neuen Techniken korrekt ausführen können, beginnen Sie, schwierige Kicktechniken sowie Angriffskombinationen zu üben.

Beim Sandsacktraining gehen Sie am besten so vor, dass Sie in den ersten Runden mit Kombinationsfolgen üben (siehe Seiten 93–103). Wählen Sie ein oder zwei Folgen und führen Sie diese über eine Runde hinweg aus. Die letzte Runde üben Sie instinktiv. Dann machen Sie Schnelligkeitstraining. Führen Sie hintereinander bestimmte Faust- und Tritttechniken oder Kombinationsfolgen aus. Wichtig dabei ist, dass Sie diese schnell, mit vollem Krafteinsatz und ohne Unterbrechung einsetzen.

Nun folgen einige Übungen für den Rumpf wie Crunches und Superman. Wählen Sie hier 4 Übungen aus, die für Ihr Training besonders wichtig sind. Führen Sie die Übung über die angegebene Sekundenzeit durch und gehen Sie dann direkt zur nächsten Übung über. Wenn Sie so für alle Übungen einen Durchgang ausgeführt haben, pausieren Sie 1–2 Minuten. Das Training wird mit langsamem Seilspringen und Dehnen abgeschlossen.

Workout B: Kickbox-Ausdauertraining

	Level 1	Level 2	Level 3
Aufwärmen mit lockerem Seilspringen	10 min	10 min	10 min
Dehnen und Lockern	5–10 min	5–10 min	5–10 min
Schattenboxen *1 min Pause zwischen Sätzen*	2 x 3 min	3 x 3 min	3 x 3 min
Sandsacktraining *1 min Pause zwischen Sätzen*	2–3 x 3 min	3 x 3 min	3–5 x 3 min
Speedtraining am Sandsack - Technik oder Folge 1 - Technik oder Folge 2 - Technik oder Folge 3 *20 sec Pause zwischen Sätzen*	3 x 20 sec	3 x 30 sec	4 x 30 sec
Seilspringen mit Intervallen *1 min Pause zwischen Sätzen*	2 x 3 min	3 x 3 min	3–5 x 3 min
Speedtraining mit Seil *10 sec Pause zwischen Sätzen*	3 x 20 sec	3 x 30 sec	4 x 30 sec
Lockeres Seilspringen	5 min	5 min	5 min
Dehnen und Lockern	5 min	5 min	5 min

Dieses Kickbox-Workout zielt auf das Verbessern der Ausdauer. Wenn Ihnen kein Sandsack zur Verfügung steht, dann verlängern Sie das Schattenboxen.

Zuerst wärmen Sie den Körper mit lockerem Seilspringen auf. Dann führen Sie Dehnübungen aus. Beim Schattenboxen üben Sie die korrekte Ausführung von Techniken und Technikfolgen.

Beim Sandsacktraining führen Sie in den ersten Runden Technikfolgen aus und wiederholen diese vielfach. Die letzte Runde können Sie instinktiv – ohne festgelegte Folgen – üben. Im Speedtraining machen Sie immer wieder die gleiche Technik oder Technikfolge über einen Satz hinweg. Wichtig dabei ist, dass Sie diese mit vollem Krafteinsatz und ohne Unterbrechung einsetzen. Dazwischen pausieren Sie 20 Sekunden.

Danach springen Sie Seil mit unterschiedlichen Geschwindigkeiten. Es erfolgt auch ein Speed-Intervall mit dem Seil, wobei Sie so schnell wie möglich über die vorgegebene Zeit Seilspringen und zwischen den Runden nur 10 Sekunden pausieren.

Das Training wird mit langsamen Seilspringen sowie Dehnübungen abgeschlossen.

Workout C: Kickbox-Krafttraining

	Level 1	**Level 2**	**Level 3**
Aufwärmen mit lockerem Seilspringen	10 min	10 min	10 min
Dehnen und Lockern	5–10 min	5–10 min	5–10 min
Schattenboxen *1 min Pause zwischen Sätzen*	2 x 3 min	3 x 3 min	3 x 3 min
Schnellkrafttraining - Liegestütze mit Absprung - Kniebeuge mit Absprung *1 min Pause zwischen Sätzen*	Je 2 x 10 Wdh.	Je 2 x 15 Wdh.	Je 2 x 15 Wdh.
Kraft am Sandsack - Schlagtechnik 1 - Schlagtechnik 2 - Tritttechnik 1 - Tritttechnik 2 *30 sec Pause zwischen Sätzen*	4 x 10 Wdh.	4 x 15 Wdh.	4 x 20 Wdh.
Sandsacktraining *1 min Pause zwischen Sätzen*	2–3 x 3 min	3 x 3 min	3–5 x 3 min
Kraft-Workout D *1–2 min Pause zwischen Sätzen*	2 x 4 x 30 sec	2–3 x 4 x 30–45 sec	2–3 x 4 x 45–60 sec
Lockeres Seilspringen	5 min	5 min	5 min
Dehnen und Lockern	5 min	5 min	5 min

Mit diesem Workout entwickeln Sie mehr Kraft bei den Kickbox-Techniken. Zuerst wärmen Sie den Körper mit lockerem Seilspringen auf. Dann führen Sie Dehnübungen aus. Nun folgen Sie mit Schattenboxen.

Beim Schnellkrafttraining führen Sie die Bewegung aus der unteren Position nach oben so schnell wie möglich aus. Machen Sie 2 Sätze Liegestütze und 2 Sätze Kniebeugen. Je nach Leistungsstand intensivieren Sie die Variante, z. B. einbeinige Kniebeugen für Fortgeschrittene. Dann üben Sie Schlag- und Tritttechniken mit größtmöglicher Härte. Pausieren Sie zwischen jeder Wiederholung etwa 1 Sekunde und agieren Sie mit größtmöglicher Härte und Muskelanspannung. Danach erfolgt das Sandsacktraining über jeweils 3 Minuten, indem Sie Kombinationen nutzen. Die letzte Runde können Sie instinktiv am Sandsack trainieren.

Führen Sie nun ein Kraft-Workout aus (siehe Seiten 163–164). Machen Sie für 4 Übungen hintereinander je einen Durchgang. Am besten nutzen Sie einen Intervall-Timer und stellen in diesem 30, 45 oder 60 Sekunden und eine Pause von 10–15 Sekunden ein.

Beenden Sie das Training mit lockerem Seilspringen und Dehnübungen.

TIPP

Durchführung der Kraft-Workouts

Beginnen Sie das Workout, indem Sie sich aufwärmen. Wählen Sie dazu das für Ihr Training geeignete Vorgehen. Für das Krafttraining ist das Intervall-Training in Zirkelform gewählt. Sie können den notwendigen Timer online im Internet nutzen (www.tabatatimer.com und www.beach-fitness.com/tabata) oder kostengünstig erwerben. Beim Zirkeltraining machen Sie einen Übungssatz für eine Übung und folgen umgehend mit einem Übungssatz für die nächste Übung. Fahren Sie so fort, bis Sie einen Durchgang für alle Übungen vollzogen haben.

Stellen Sie dazu beim Timer eine Trainingszeit von 30, 45 oder 60 Sekunden pro Übungssatz ein sowie eine Pausenzeit von 10 oder 15 Sekunden. Beachten Sie, dass einige Übungen für die linke und die rechte Seite ausgeführt werden. Für das Workout Kraft E müssen Sie für eine Zirkelrunde 9 Übungssätze im Timer einstellen, da die Übung K 7 mit der linken und der rechten Körperseite gemacht wird. Nachdem Sie für alle Übungen einen Satz ausgeführt haben, pausieren Sie etwa ein bis drei Minuten, bevor Sie den Zirkel wiederholen.

Wenn Sie beim Training mit den angegebenen Zeitintervallen feststellen, dass Sie eine Übungsvariante nicht mehr fortführen können, dann wechseln Sie während der Übung zu einer einfacheren Variante. Es geht darum, die Muskulatur in der Zeitspanne effektiv zu ermüden. Fortgeschrittene können dazu Intensivierungstechniken wie Halten der Endposition und Teilbewegungen einsetzen. Es ist hingegen hier nicht beabsichtigt, möglichst schnell viele Wiederholungen auszuführen – es sei denn, Sie trainieren Ihre Schnellkraft.

Beenden Sie das Workout mit der Abwärmphase. Nach dem Krafttraining empfehlen sich auch einige statische Dehnübungen.

Für jede Kraft-Übung sind Variationen genannt, die sich mit Körpergewicht, Hanteln oder Kleingeräten ausführen lassen. Weitere Übungen finden Sie in dem Buch »Perfektes Training für Bauch und Rücken« (Delp 2013).

Workout D: Kraft Kurzprogramm

Aufbau
Aufwärmen (*nicht nötig, wenn es im Rahmen des Kickbox-Trainings ausgeführt wird*)
1. K 1: Klimmzug oder Rudern mit Hanteln
2. K 2: Liegestütz oder Brustdrücken mit Hanteln
3. K 3: Käfer oder seitlicher Crunch oder Unterarmstütz
4. K 4: Arme und Beine anheben (Superman) oder Oberkörperaufrichten aus Bauchlage
Abwärmen (*nicht nötig, wenn es im Rahmen des Kickbox-Trainings ausgeführt wird*).

Intensität		
Einsteiger	2 Sätze je Übung	Belastungszeit 30 sec je Übungssatz
Leicht-Fortgeschrittene und Fortgeschrittene	2–3 Sätze je Übung	Belastungszeit 45 oder 60 sec je Übungssatz

K 1: Klimmzug. Hängen Sie sich an eine Stange, wobei die Arme etwa schulterbreit auseinander sind. Ziehen Sie sich in einer gleichmäßigen Bewegung nach oben. Halten Sie kurz diese Position, bevor Sie sich langsam zurückbewegen und die Übung wiederholen. Sie intensivieren die Übung, indem Sie ein Handtuch um eine Stange legen und sich daran hochziehen.

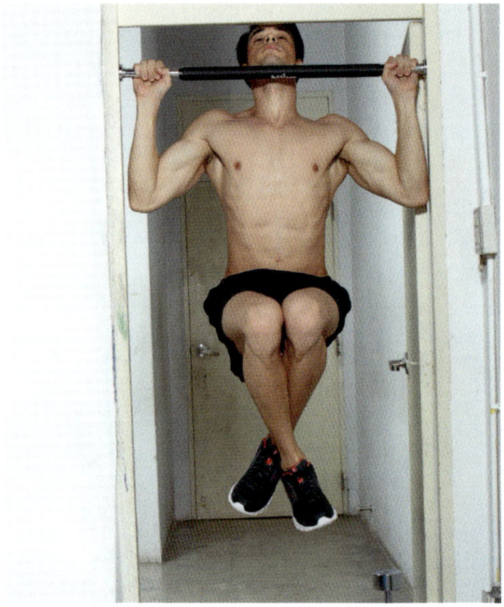

K 2: Liegestütz. Stützen Sie sich mit den Händen und Füßen ab, die Bauchmuskulatur ist angespannt und der Rücken gerade. Beugen und strecken Sie nun die Arme. Sie intensivieren die Übung, indem Sie die Hände oder die Füße auf einen beweglichen Untergrund wie einen Gymnastikball aufstellen.

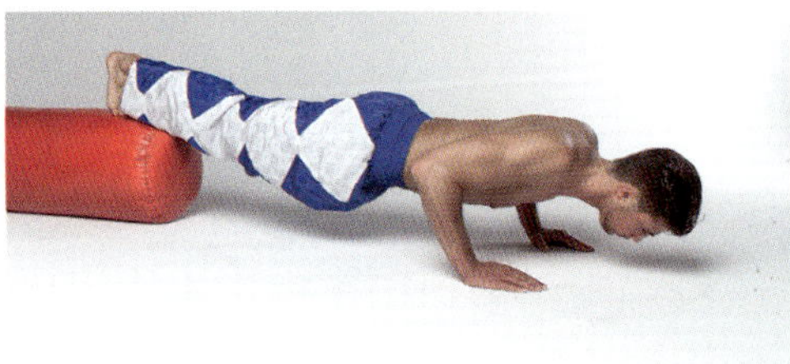

K 3: Käfer. In Rückenlage heben Sie den Kopf, die gestreckten Arme und die Beine vom Boden ab, der untere Rücken behält Bodenkontakt. Heben Sie nun abwechselnd den Oberkörper zur rechten und zur linken Seite an – ohne den Körper abzulegen. Gleichzeitig ziehen Sie das gegenüberliegende Knie zum Körper und fassen mit der Hand an die Fußinnenseite. Sie intensivieren die Übung, indem Sie kleine Kurzhanteln in den Händen halten.

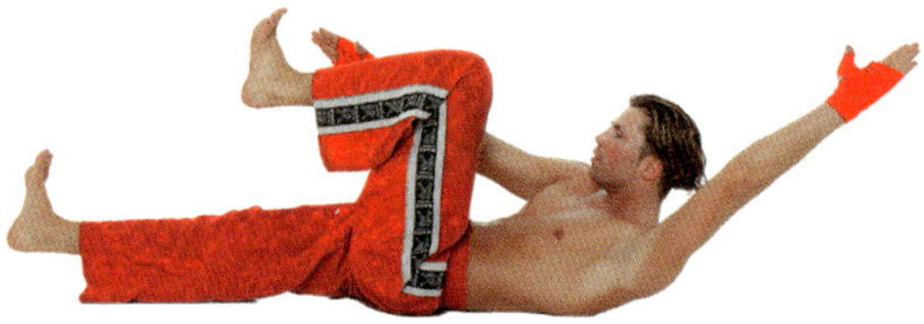

K 4: Arm- und Beinanheben. Sie befinden sich in Bauchlage. Heben Sie gleichzeitig die gestreckten Arme und die Beine an. Sie können die Position halten oder kleine Schwünge nach unten und oben machen. Fortgeschrittene können die Übung mit kleinen Kurzhanteln und Fußgelenksgewichten intensivieren.

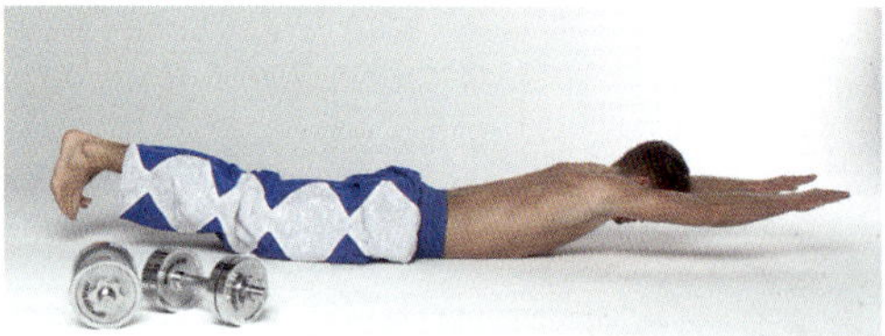

Workout E: Kraft Ganzkörper

Aufbau
Aufwärmen
1. K 5: Brustdrücken oder K 2: Liegestütz
2. K 6: Rudern vorgebeugt oder K 1: Klimmzug
3. K 7: Handstand-Liegestütz oder Schulterdrücken oder vorgebeugtes Schulterdrücken
4. K 8: Einbeinige oder beidbeinige Kniebeuge oder Kniebeuge im Ausfallschritt
5. K 9: Beckenlift oder Beckenlift mit Beinanziehen oder Fersenziehen
6. K 10: Crunch oder Unterarmstütz oder K 3: Käfer
7. K 11: Seitlicher Unterarmstütz oder Bein- oder Oberkörperanheben in Seitenlage
8. K 12: Anheben des Oberkörpers oder K 4: Arm- und Beinanheben
Abwärmen

Intensität		
Einsteiger	2 Sätze je Übung	Belastungszeit 30 sec je Übungssatz
Leicht-Fortgeschrittene und Fortgeschrittene	2–3 Sätze je Übung	Belastungszeit 45 oder 60 sec je Übungssatz

K 5: Brustdrücken. Sie liegen auf einem Gymnastikball oder einer Hantelbank. Drücken Sie die Füße auf den Boden und spannen Sie die Bauch- und die Gesäßmuskulatur an. Strecken und senken Sie die Arme.

Sie können auch einarmiges Brustdrücken ausführen, wozu Sie einen Arm gestreckt in der Luft halten und die Wiederholungen erst mit einer Seite ausführen, bevor Sie wechseln.

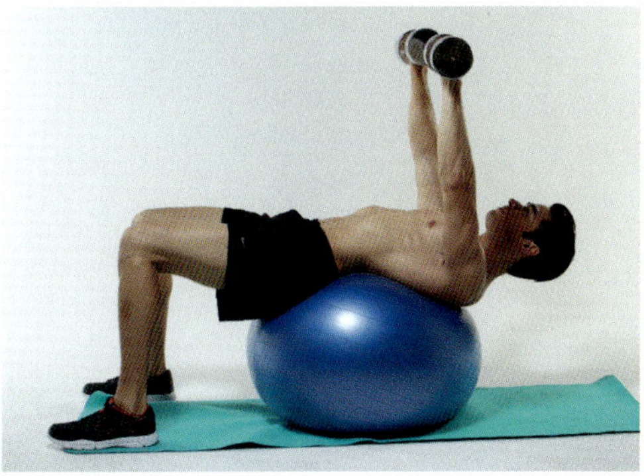

K 6: Rudern vorgebeugt. Aus dem aufrechten Stand schieben Sie das Gesäß nach hinten und verlagern den Oberkörper nach vorne. Spannen Sie die Bauchmuskulatur an und halten Sie den Rücken gerade. Ziehen Sie die Ellbogen an den Rippen entlang nach hinten oben und dann die Schulterblätter zusammen. Der Rücken wird dabei nicht bewegt.

Sie können die Muskulatur auch einarmig trainieren. Einsteiger können sich dabei abstützen, was auch auf einem Gymnastikball möglich ist.

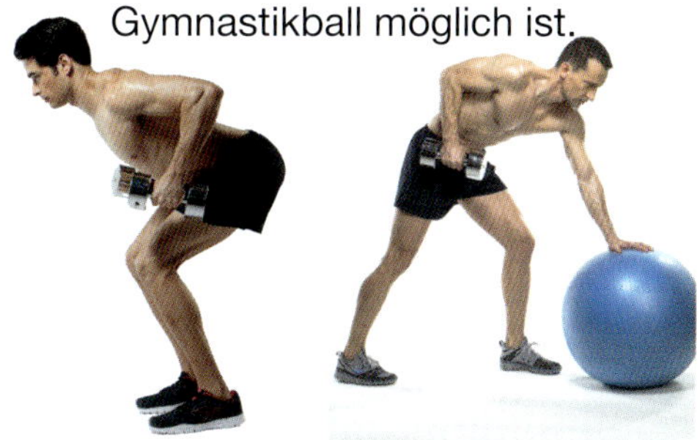

K 7: Handstand-Liegestütz. Stützen Sie die Hände so auf den Boden, dass die Finger zur Wand zeigen. Nehmen Sie Schwung und bringen Sie die Beine an die Wand und balancieren Sie die Position aus. Beugen und strecken Sie langsam die Arme. Sie vereinfachen die Übung, indem Sie einen Bücherstapel nutzen und den Kopf nur bis zum Berühren des Stapels senken.
Als Hantelübung bietet sich das Schulterdrücken an. Führen Sie die Hanteln über dem Kopf zusammen.

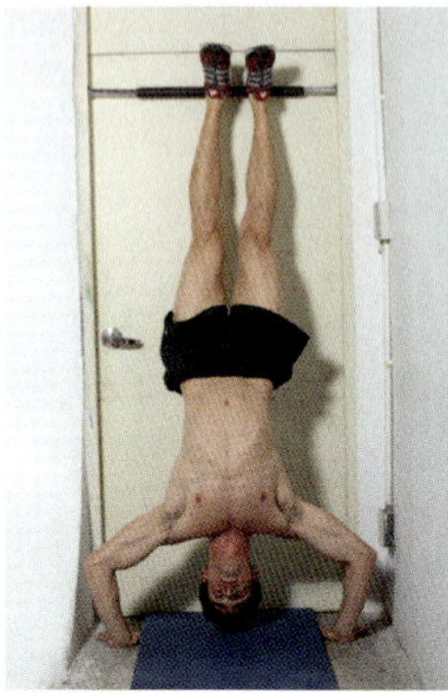

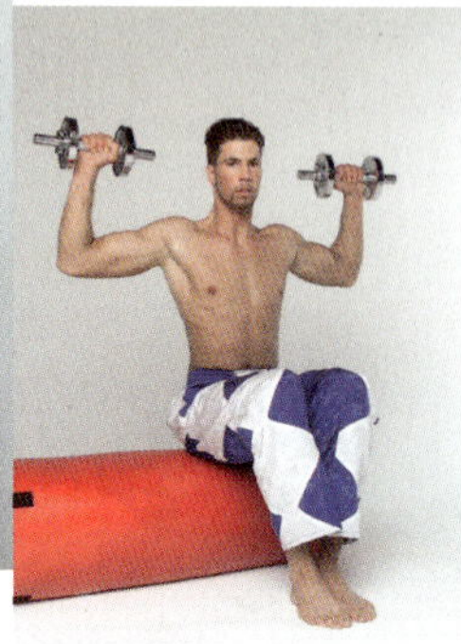

K 8: Einbeinige Kniebeuge. Sie stehen aufrecht und halten einen Fuß nach hinten oder vorne gerichtet in der Luft. Beugen Sie tief das Standbein und bewegen Sie dabei das Gesäß nach hinten. Dann strecken Sie das Bein wieder und wiederholen die Übung. Achten Sie darauf, dass sich das vordere Knie über dem Fuß befindet und nicht nach vorne oder zur Seite ausweicht. Einsteiger führen die Übung in einem kleinen Bewegungsradius aus und können sich mit einer Hand an einem Stuhl abstützen. Fortgeschrittene können Zusatzgewichte nutzen.
Als Variante können Sie Ausfallschritte machen.

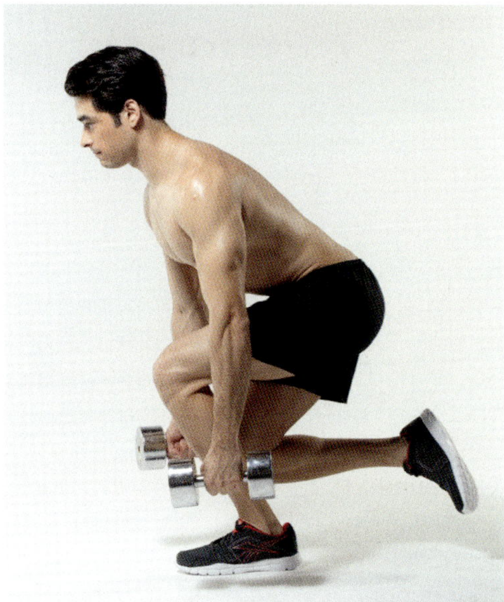

K 9: Beckenlift. Sie befinden sich in Rückenlage, die Beine sind angezogen und die Fersen aufgestellt. Drücken Sie die Fersen nach unten und heben Sie das Becken so weit hoch, bis Oberschenkel und Rücken in einer Linie sind. Senken und heben Sie das Becken mehrfach, ohne es abzulegen. Zur Intensivierung können Sie die Übung einbeinig ausführen oder ein Zusatzgewicht auf dem Brustkorb halten.

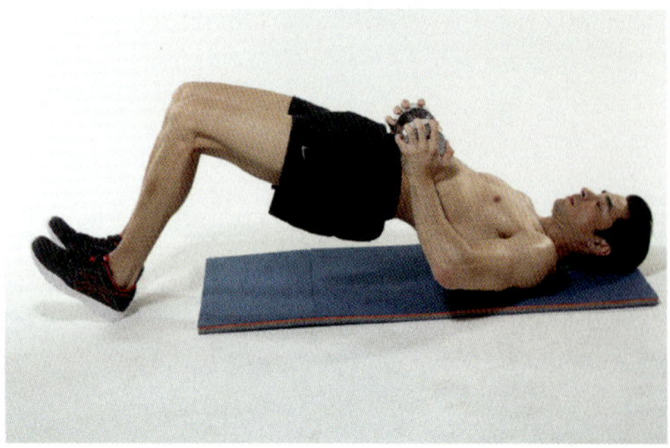

K 10: Crunch. Sie befinden sich in Rückenlage, die Füße sind aufgestellt. Heben und senken Sie langsam den Oberkörper, ohne ihn abzulegen. Die gesamte Bewegung erfolgt aus der Bauchmuskulatur. Zur Intensivierung können Sie ein Gewicht in den nach oben gestreckten Händen halten oder die Übung auf einem Gymnastikball ausführen.

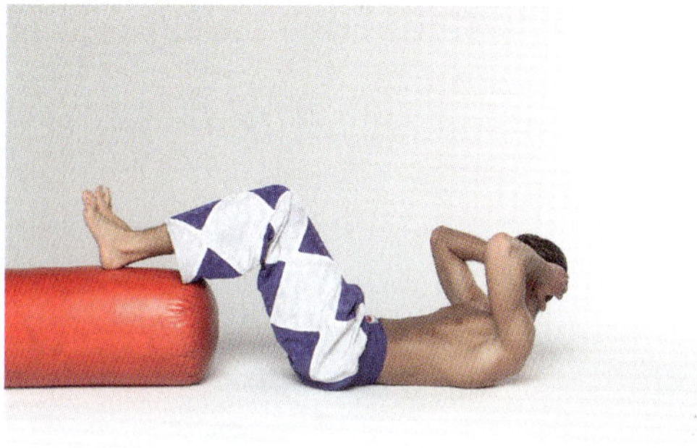

K 11: Seitlicher Unterarmstütz. Platzieren Sie den Unterarm unterhalb der Schulter und heben Sie das Becken und den Oberschenkel an, bis der Körper gerade ist. Halten Sie kurz diese Position, bevor Sie das Becken etwas senken und dann wieder anheben. Fortgeschrittene können das obere Bein anheben und den oberen Arm über den Kopf strecken oder einen Gymnastikball nutzen.

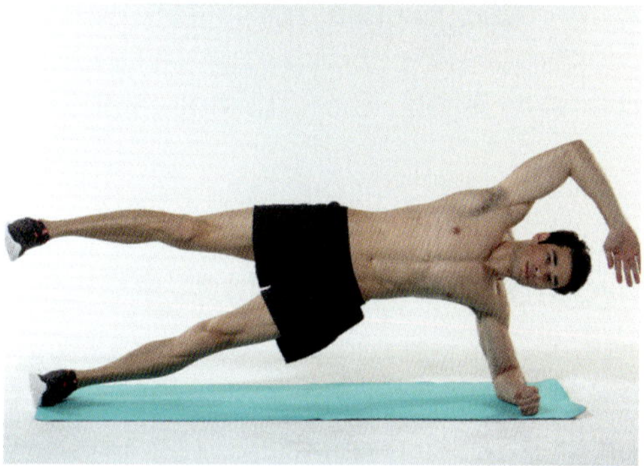

K 12: Anheben des Oberköpers. Sie befinden sich in Bauchlage auf einem Gymnastikball. Die Hände sind an die Schläfen gelegt, und die Zehen drücken fest auf den Boden. Heben und senken Sie langsam den Oberkörper. Zur Intensivierung können Sie kleine Kurzhanteln oder einen Medizinball in den Händen über dem Kopf halten. Einsteiger können die Füße unter einem Gegenstand fixieren.

Wenn Ihnen kein Ball zur Verfügung steht, können Sie die Muskulatur auch auf einem Stuhl, im Kniestand oder im Stand trainieren. Um diese Varianten zu intensivieren, eignet sich auch der Einsatz eines Stretchbandes, das in tiefer Position befestigt ist.

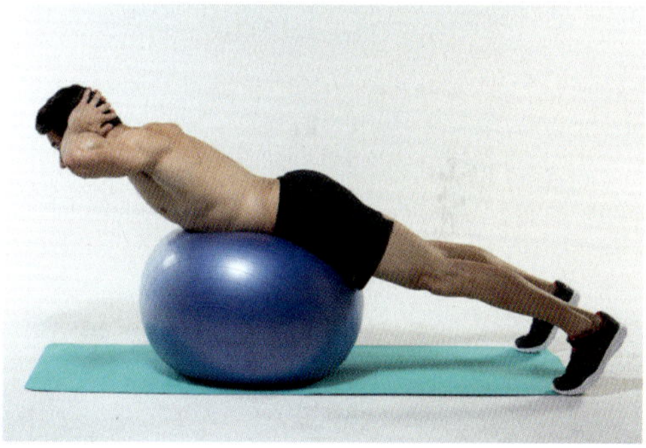

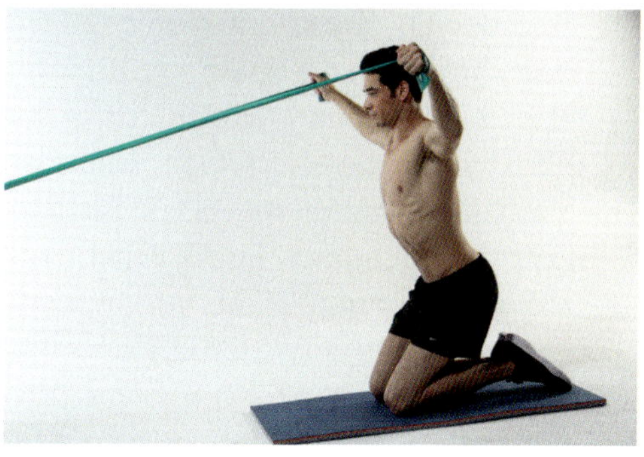

5. Trainingsplanung

Als Fitnesssportler mit dem Ziel, eine gute körperliche Fitness zu erreichen beziehungsweise diese zu bewahren, können Sie Kickboxen daheim oder im Verein trainieren. Damit Sie kontinuierlich Verbesserungen im Kickboxen erreichen, ist eine Trainingshäufigkeit von mindestens zwei Einheiten pro Woche notwendig. Ist es Ihr Ziel, die körperliche Fitness sowie die Körperproportionen deutlich zu verbessern, dann müssen Sie Trainingseinheiten ergänzen, in denen Sie sich ganz dem Fitnesstraining widmen.
Um hingegen an Wettkämpfen teilzunehmen, sind zwei Kickboxeinheiten pro Woche zu wenig, insbesondere wenn Sie keine zusätzlichen Kraft- und Ausdauereinheiten machen.
Hier wird ein Wochentrainingsplan für Fitnesssportler vorgestellt, in dem Kickboxen und Fitnesstraining enthalten ist. Wählen Sie einen Level, welcher Ihrer Trainingsmotivation entspricht.

Wochentrainingsplan

	Level 1	**Level 2**	**Level 3**
Tag 1	Kickboxen	Kickboxen	Kickboxen
Tag 2	Pause	Krafttraining	Krafttraining
Tag 3	Krafttraining	Pause	Kickboxen
Tag 4	Pause	Kickboxen	Pause oder Dehnen
Tag 5	Kickboxen	Kraft- oder Ausdauertraining	Kickboxen
Tag 6	Pause oder Dehnen	Pause oder Dehnen	Kraft- oder Ausdauertraining
Tag 7	Pause	Pause	Pause

- **Level 1:** Level 1 bietet sich für Sportler an, die recht wenig Zeit in das Training investieren können, aber sicherstellen wollen, dass sie effektiv trainieren. Diese Minimalintensität ermöglicht, dass Sie Ihre Leistungsfähigkeit im Kickboxen steigern können. Eine ergänzende Einheit Krafttraining ist zu empfehlen, wobei Sie mit einem Ganzkörperprogramm trainieren sollten. Eine Ausdauereinheit ist in diesem Level nicht nötig. Sie können aber an das Krafttraining noch eine 20–30-minütige Laufeinheit anhängen. Wenn Sie Defizite in der Beweglichkeit haben, können Sie eine Trainingseinheit ergänzen, in der Sie sich im Trainingshauptteil dem Dehnen widmen (siehe Seite 142).
- **Level 2:** Ab vier Trainingseinheiten pro Woche können Sie als Fitness-

sportler gute Trainingsergebnisse erzielen. Machen Sie zwei Trainingseinheiten Kickboxen und zwei Trainingseinheiten Fitness. Im Fitnesstraining können Sie zwei Einheiten Krafttraining ausführen oder jeweils eine Einheit Krafttraining und eine Einheit Ausdauertraining. Wenn Sie sich für nur eine Einheit Krafttraining entscheiden, dann müssen Sie ein Ganzkörperprogramm nutzen; zwei Einheiten ermöglichen die Auswahl zwischen Ganzkörper- und Splitprogramm. An das Krafttraining können Sie bei Bedarf ein 20–30-minütiges Ausdauertraining anhängen. Das Programm lässt sich mit einer Trainingseinheit Dehnen erweitern, wenn Sie Ihre Beweglichkeit verbessern wollen.

- **Level 3:** Mit einer Trainingshäufigkeit von mindestens fünf Einheiten lassen sich als Fitnesssportler alle Trainingsziele erreichen. Im Kickboxen erhalten Sie mit drei Einheiten schnelle Leistungsverbesserungen, und auch das Fitnesstraining können Sie entsprechend Ihrer Trainingsziele gestalten. Wenn Sie andere Schwerpunkte in einem Trainingszyklus setzen wollen, dann ersetzen Sie eine Kickboxeinheit durch eine Fitnesseinheit. Abhängig von der Trainingshäufigkeit im Krafttraining können Sie zwischen Ganzkörper- und Split-Programm wählen. Ein intensives Kraft- oder Ausdauertraining bietet sich am sechsten Tag an, da am Folgetag ein Regenerationstag eingeplant ist. Zwischen den beiden Kickbox-Einheiten könnten Sie eine Trainingseinheit Dehnen einfügen.

Trainingszyklus »12 Wochen«

Dieser Zyklus ist ein Beispielprogramm für Fitnesssportler, um in zwölf Wochen die gesamte körperliche Leistungsfähigkeit zu verbessern und somit auch die Leistungsfähigkeit im Kickboxen zu steigern. Auch wenn Sie normalerweise im Level 1 mit drei Trainingseinheiten üben, können Sie diesen Plan nutzen, um sich selbst für einige Zeit zu fordern, und danach wieder die Trainingsintensität reduzieren. Achten Sie darauf, dass Sie sich gesund und bedarfsgerecht ernähren und genügend Eiweiß zu sich nehmen. Wenn diese Trainingsintensität intensiver ist, als Sie dies gewohnt sind, müssen Sie mehr Zeit für die Regeneration einplanen und auf genügend Schlaf achten.

In der **Woche 1–6** führen Sie zwei Einheiten Kickboxen aus. Beim Training daheim können Sie dazu die Workouts A und C nutzen. Sie verbessern Ihre Ausdauer mit einer Trainingseinheit und können eine Einheit Dehnen ergänzen, um Ihre Beweglichkeit gezielt zu fördern. **Ab Woche 3** steigern Sie die Länge der Ausdauereinheit. Sie können auch nach diesem Prinzip trainieren, wenn Sie Kickboxen nicht daheim, sondern im Verein trainieren.

Ab Woche 7 wird der Schwerpunkt mehr auf die Kraft gesetzt und die Intensität kontinuierlich gesteigert. Dazu können Sie das Ganzkörper-Workout E nutzen. Um die aufgebaute Ausdauer zu erhalten, wird nun das Kickbox-Workout B eingesetzt.

An Tag 7 können Sie pausieren oder eine Einheit ausführen, in der Sie sich ganz dem Dehnen widmen. Wenn Sie aber bereits beweglich genug sind und keine Einschränkungen beim Ausführen der Kickbox-Techniken haben, dann können Sie an diesem Tag pausieren.

Programmabschluss. Nachdem dieser Trainingszyklus absolviert ist, werden Sie eine bessere Leistungsfähigkeit im Kickboxen besitzen. Sie werden die Schlag- und Tritttechniken mit mehr Kraft einsetzen können und im Training länger leistungsbereit sein. Definieren Sie nun ein neues kurzfristiges Trainingsziel und gestalten Sie sich einen neuen Trainingszyklus zum Erreichen des Ziels.

	Tag 1	**Tag 2**	**Tag 3**	**Tag 4**	**Tag 5**	**Tag 6**	**Tag 7**
Woche 1	Kickbox-Workout A	Pause	Ausdauer 20–30 min	Pause	Kickbox-Workout C	Pause	Dehnen oder Pause
Woche 2	Kickbox-Workout A	Pause	Ausdauer 20–30 min	Pause	Kickbox-Workout C	Pause	Dehnen oder Pause
Woche 3	Kickbox-Workout A	Pause	Ausdauer 30–40 min	Pause	Kickbox-Workout C	Pause	Dehnen oder Pause
Woche 4	Kickbox-Workout A	Pause	Ausdauer 30–40 min	Pause	Kickbox-Workout C	Pause	Dehnen oder Pause
Woche 5	Kickbox-Workout A	Pause	Ausdauer 40 min	Pause	Kickbox-Workout C	Pause	Dehnen oder Pause
Woche 6	Kickbox-Workout A	Pause	Ausdauer 40 min	Pause	Kickbox-Workout C	Pause	Dehnen oder Pause
Woche 7	Kickbox-Workout B	Kraft-Workout E 2 Sätze	Pause	Kickbox-Workout A	Pause	Kraft-Workout E 2 Sätze	Pause oder Dehnen
Woche 8	Kickbox-Workout B	Kraft-Workout E 2 Sätze	Pause	Kickbox-Workout A	Pause	Kraft-Workout E 2 Sätze	Pause oder Dehnen
Woche 9	Kickbox-Workout B	Kraft-Workout E 3 Sätze	Pause	Kickbox-Workout A	Pause	Kraft-Workout E 3 Sätze	Pause oder Dehnen
Woche 10	Kickbox-Workout B	Kraft-Workout E 3 Sätze	Pause	Kickbox-Workout A	Pause	Kraft-Workout E 3 Sätze	Pause oder Dehnen
Woche 11	Kickbox-Workout B	Kraft-Workout E 3 Sätze	Pause	Kickbox-Workout A	Pause	Kraft-Workout E 3 Sätze	Pause oder Dehnen
Woche 12	Kickbox-Workout B	Kraft-Workout E 3 Sätze	Pause	Kickbox-Workout A	Pause	Kraft-Workout E 3 Sätze	Pause oder Dehnen

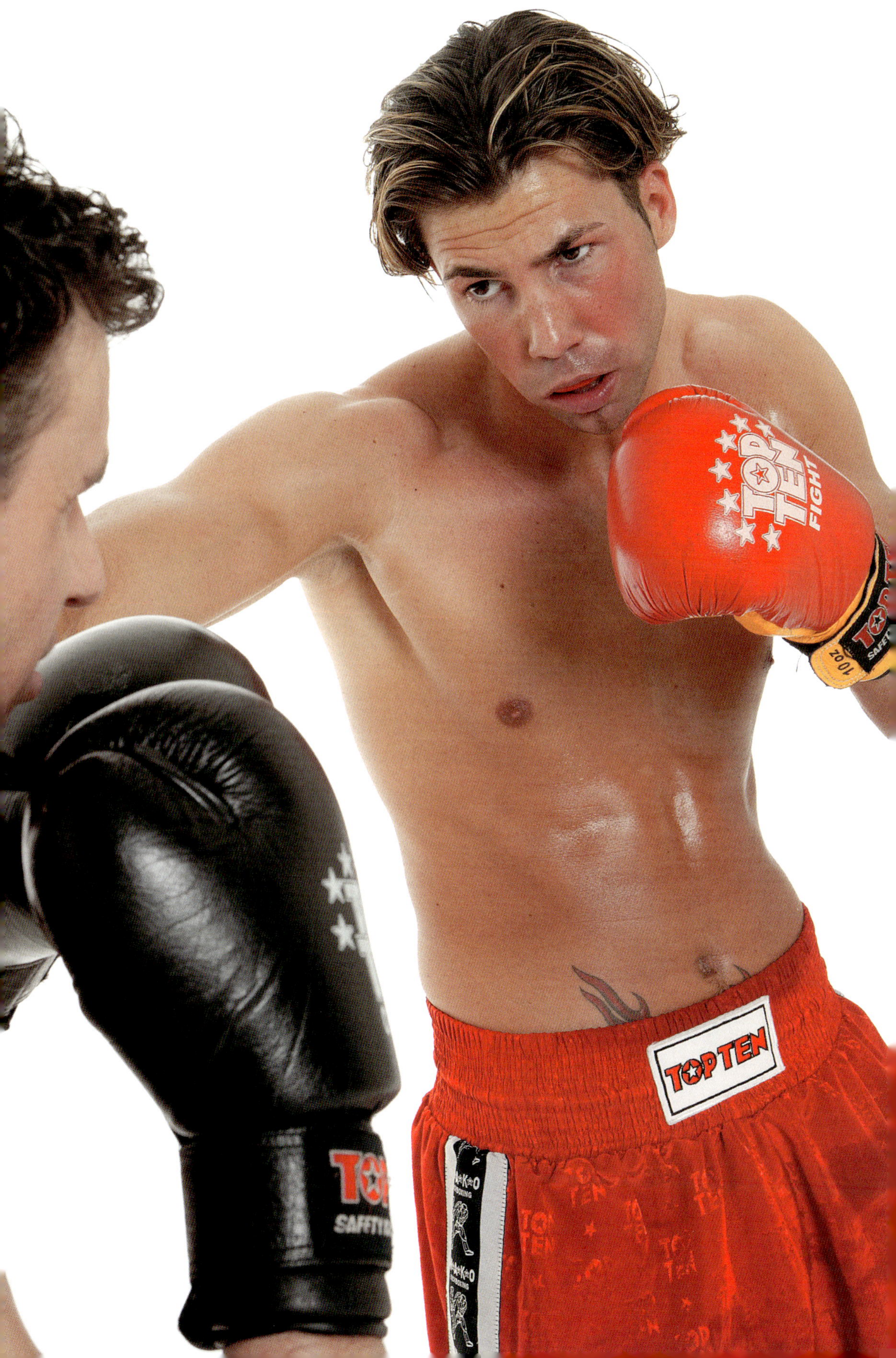
TOP TEN
FIGHT
10 OZ
TOPTEN

Literaturverzeichnis

Anderson, B.: Stretching. Dehnübungen, die den Körper geschmeidig und gesund erhalten, München 1996.

Delp, C.: Bodyweight-Revolution, Stuttgart 2024.

Delp, C.: Kampfsport Solotraining, 3. Aufl., Stuttgart 2024.

Delp, C.: Perfektes Hanteltraining, 6. Aufl., Stuttgart 2024.

Delp, C.: Thai-Boxen Training, 4. Aufl., Stuttgart 2024.

Delp, C.: Krafttraining ab 40, Stuttgart 2023.

Delp, C.: Perfektes Training mit Fitnessbändern, Stuttgart 2023.

Delp, C.: Kraft Solotraining, Stuttgart 2022.

Delp, C.: Dehnen für Kampfsportler, 4. Aufl., Stuttgart 2021.

Delp, C.: Beweglichkeit durch Dehnen, Faszienmassage und Mobility-Training, Stuttgart 2020.

Delp, C.: Selbstverteidigung für Kerle, Stuttgart 2018.

Delp, C.: Thai-Boxen basics, 3. Aufl., Stuttgart 2018.

Delp, C.: Fit mit Faszientraining, Stuttgart 2017.

Delp, C.: Funktionelles Hanteltraining, München 2016.

Delp, C.: Krafttraining für Kampfsportler, Stuttgart 2016.

Delp, C.: Medizinball-Training, München 2015.

Delp, C.: Thai-Boxen fight, Stuttgart 2008.

Delp, C.: Kickboxen perfekt, Stuttgart 2006.

Mack, F.: Kickboxen – Ein Leben für den Sport, 3. Aufl., Kernen 1999.

Zaar, P.: Kickboxen – Von den Grundlagen bis zum Hochleistungstraining, Berlin 2000.

Internetquellen

WAKO Deutschland e.V.
www.wako-deutschland.de

WAKO World
www.wakoweb.com

Swiss Kickbox Federation
www.wako.ch

Österreichischer Bundesverband für Kickboxen (ÖBFK)
www.kickboxen.com

Hilfreiche Adressen

Bundesfachverband für Kickboxen
(WAKO Deutschland) e.V.
Karl-Marx-Str. 18
14656 Brieselang
geschaeftsstelle@wako-deutschland.de
www.wako-deutschland.de

Landesverbände der WAKO Deutschland mit eigener Geschäftsstelle

Baden-Württemberg
BWKBV e.V.
www.wako-in-bw.de

Bayern
BAKU e.V.
www.wako-in-by.de

Berlin/Brandenburg
BKBU e.V
www.wako-in-bb.de

Hamburg
HKBV e.V
www.wako-in-hh.de

Hessen
HKBV e.V.
www.wako-in-he.de

Niedersachsen
NSKBV e.V.
www.wako-in-ni.de

Nordrhein-Westfalen
NWKBV e.V.
www.wako.nrw

Rheinland-Pfalz
RFKBV e.V.
www.wako-in-rp.de

Saarland
SKBV e.V.
www.wako-in-sl.de

Sachsen
SKBV e.V.
www.wako-in-sn.de

Sachsen-Anhalt
LKSA e.V.
www.wako-in-st.de

Schleswig-Holstein
KVSH e.V.
www.wako-in-sh.de

Thüringen
TKBV e.V.
www.wako-in-th.de

Buchteam

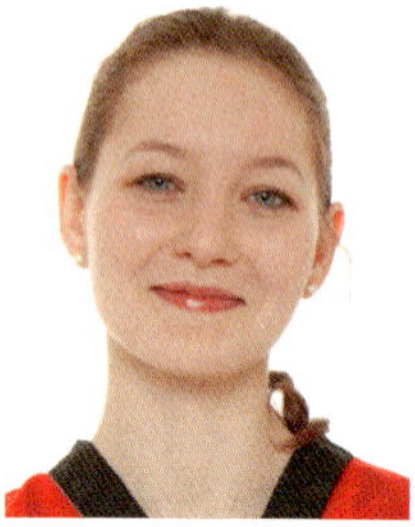

Natalia Hein
Europameisterin, Deutsche Meisterin
Trainer: Jürgen Schorn
Verein: Sportstudio Schorn (Ebern)

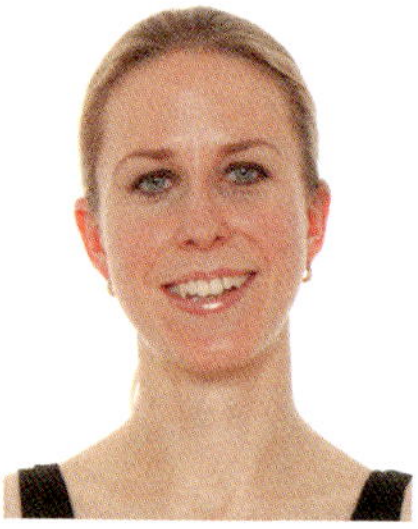

Vanessa Florian
Deutsche Meisterin
Trainer: Peter Zaar
Verein: Sportstudio Baaden (Köln)

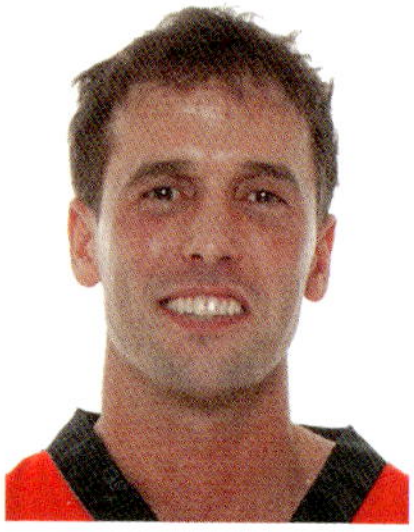

Andreas Weingärtner
3. Platz Weltmeisterschaft,
mehrfacher Deutscher Meister
Trainer: Andreas Lindemann
Verein: KSV Bad Nauheim
Nationaltrainer

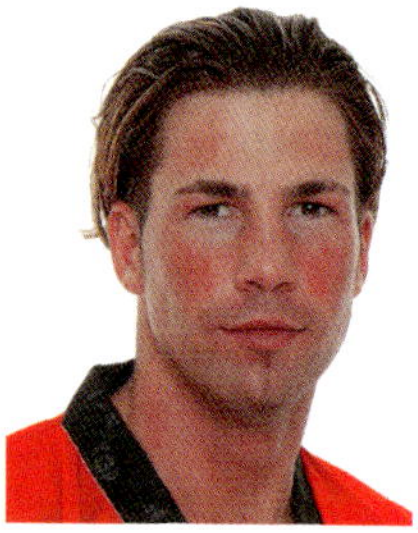

Giovanni Nurchi
Welt- und Europameister,
mehrfacher Deutscher Meister
Trainer: Jörg Gottschalk
Verein: Sportcenter Hara

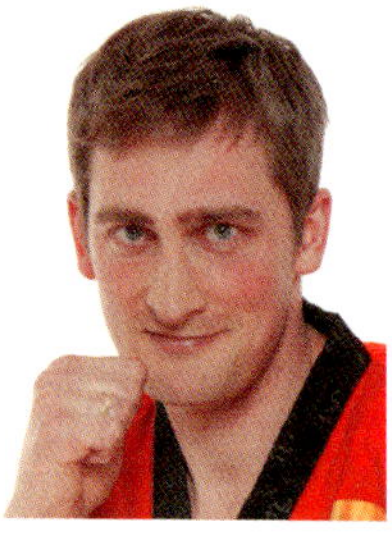

Jürgen Florian
3. Platz Europameisterschaft (2004),
Deutscher und intern. Deutscher Meister
Trainer: Peter Zaar
Verein: Sportschule Baaden

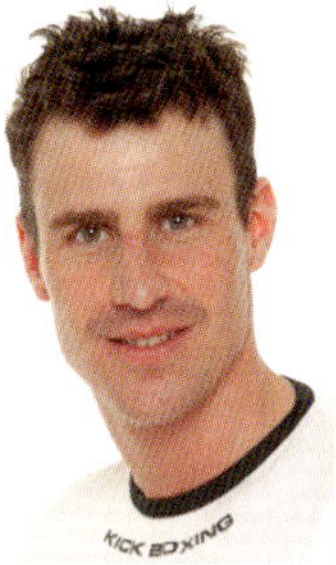

Martin Albers
Weltmeister, 3-facher Europameister, mehrfacher Deutscher Meister
Trainer: Jochen Böckmann, Peter Zaar
Verein: Sportstudio Böckmann (Cloppenburg), Sportstudio Baaden
Trainer für Gewaltprävention, Firma Skills4Life (Köln)
www.martin-albers.de

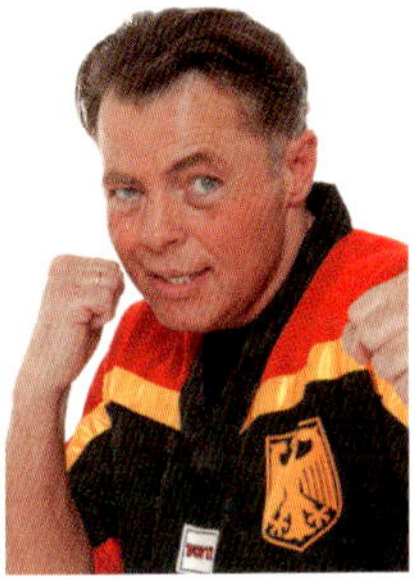

Peter Zaar
Mehrfacher Deutscher und intern. Deutscher Meister,
Mannschafts-Weltmeister
Graduierungen: 6. Meistergrad WAKO
Trainer: Gustav Baaden, Georg Brückner, Ferdinand Mack
Verein: Sportstudio Baaden
Präsident WAKO e.V., Nationaltrainer, Buchautor »Kickboxen – Von den Grundlagen bis zum Hochleistungstraining«

Abgebildete Jugendsportler:
Filip Ajvasov, Isabelle Eberling, Janine Steiner, Natascha Schuchardt, Nico Rings, Peter Zaar jun. und Robin Neuser.

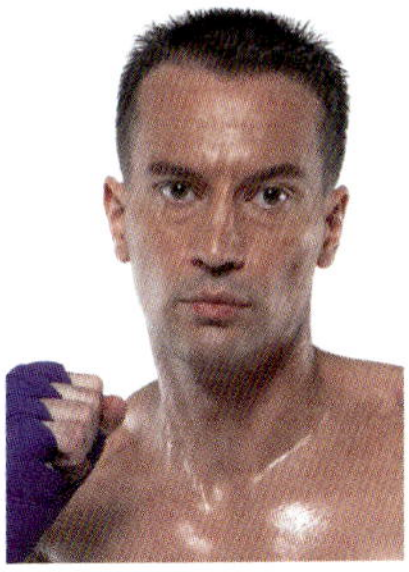

Autor **Christoph Delp**
Diplom-Betriebswirt, Autor, DVD-Produzent,
Trainer für Fitness und Muay Thai
Neuste deutschsprachige Publikationen: »Dehnen für Kampfsportler« (2014), »Fitness für Kampfsportler« (2013), »Muay Thai DVD – Training mit Weltmeistern« (2013), »Perfektes Training für Bauch und Rücken« (2013), »Thaiboxen Training« (2012)
www.christophdelp.de, www.muaythai-dvd.com,
www.youtube.com/christoph_delp

Bildverzeichnis

Budoland Sportartikel Vertriebs GmbH, Am Grießenbach 8, D-83126 Flintsbach (www.budoland.de): Seiten 3, 14, 15, 16, 18, 105, 126, 127.

JEWA-media, **Inh. Jens Walbersdorf** (www.jewa-media.de): Seiten 52, 113.

Nopphadol Viwatkamolwat: Seite 175 (u.).

Alle anderen Aufnahmen von **Erwin Wenzel.**

ZUM WEITERLESEN

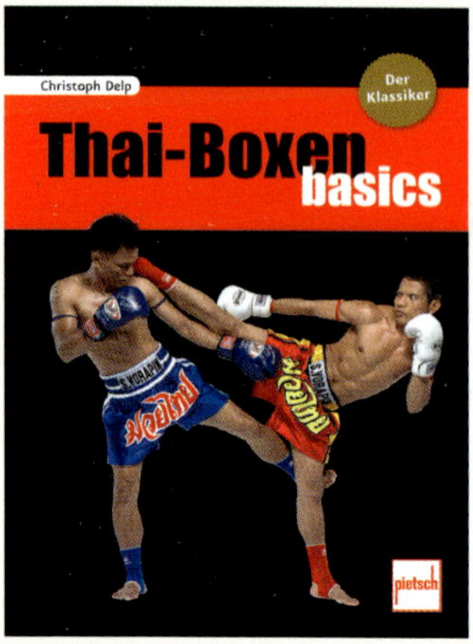

Das Buch nimmt den Leser mit auf eine Reise durch die ganze Welt des Muay Thai. Von den Hintergründen des Kampfsports über Angriffstechniken bis hin zum Training erfährt der Leser hier alles Wissenswerte.

192 Seiten, 400 Bilder, 170x240 mm
ISBN 978-3-613-50859-0
€ 24,90/€ (A) 25,60

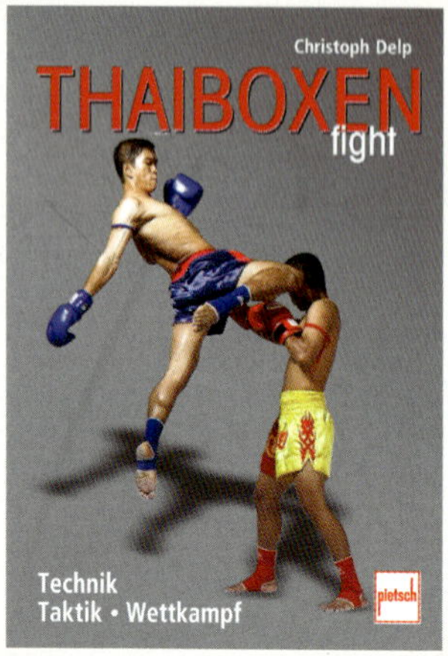

In dieser komplett überarbeiteten und mit neuem Bildmaterial ausgestatteten Neuausgabe von »Thaiboxen professional« schreibt der erfahrene Thai-Boxer Christoph Delp alles, was man wissen muss, um im sportlichen Zweikampf erfolgreich zu sein. Alle Techniken werden anschaulich erklärt.

176 Seiten, 495 Bilder, 170x240 mm
ISBN 978-3-613-50578-0
€ 24,90/€ (A) 25,60

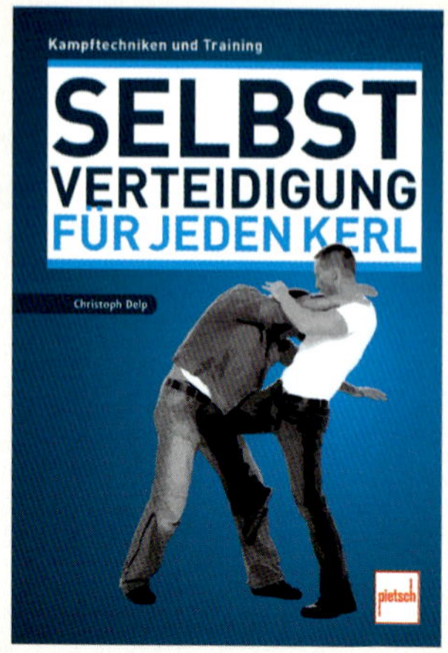

Dieser Ratgeber bietet Strategien zur Selbstverteidigung für jedermann. Christoph Delp zeigt, wie man körperliche Auseinandersetzungen vermeidet bzw. ihnen aus dem Weg geht. Er vermittelt einfache, auch unter Stress abrufbare Techniken, für die man nicht den Schwarzen Gürtel besitzen muss.

256 Seiten, 444 Bilder, Format 170x240 mm
ISBN 978-3-613-50857-6
€ 24,90/€ (A) 25,60

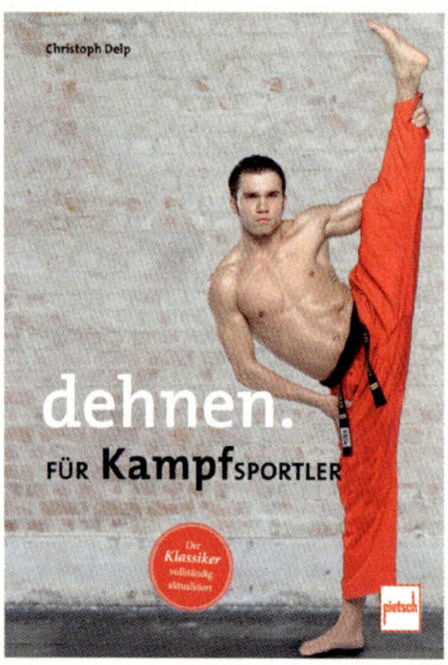

Für eine erfolgreiche Ausübung der Bewegungen und zur Vermeidung von Verletzungen sind Kampfsportler auf ein wirksames Dehntraining angewiesen. Dieser Ratgeber liefert die Grundlagen und stellt die wichtigsten Dehnmethoden und -programme für die populärsten Kampfsportarten vor.

144 Seiten, 240 Bilder, 170x240 mm
ISBN 978-3-613-50890-3
€ 19,95/€ (A) 20,60

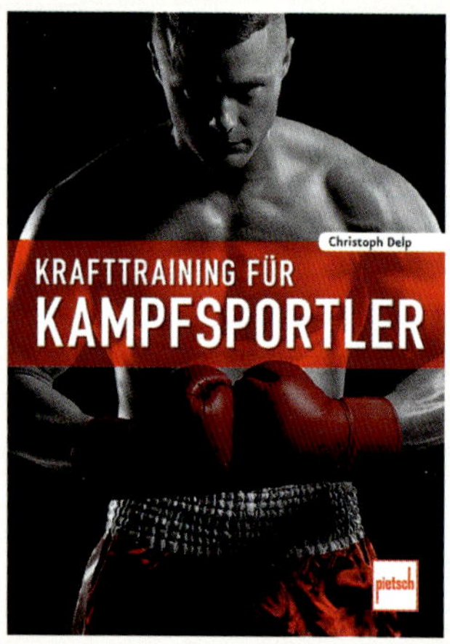

In diesem Ratgeber zeigt Christoph Delp alles Wichtige zum Krafttraining für Kampfsportler. Gleich, ob man im Kampfsportverein aktiv ist oder sich daheim selbstständig mit Kampfsporttraining fit hält – mit diesem Ratgeber lässt sich langfristig erfolgreich trainieren.

192 Seiten, 383 Bilder, 170 x 240 mm
ISBN 978-3-613-50797-5
€ 19,95 / € (A) 20,60

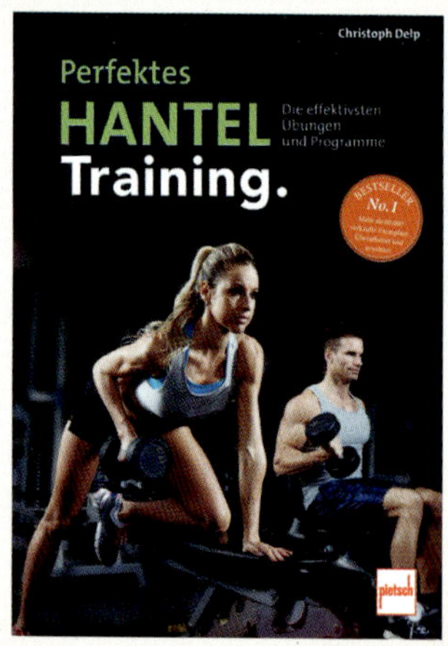

Hanteltraining definiert die Figur, sorgt für ein positives Körpergefühl, mehr Kraft und schafft Selbstvertrauen. Autor und Profi Christoph Delp erklärt alles, was man über ein effektives Training wissen muss – inklusive detaillierte Trainingspläne. Der Klassiker, überarbeitet und erweitert.

144 Seiten, 240 Bilder, 170x240 mm
ISBN 978-3-613-50964-1
€ 19.95/€ (A) 20,60

Stand August 2024
Änderungen in Preis und Lieferfähigkeit vorbehalten.

Überall, wo es Bücher gibt, oder unter
WWW.MOTORBUCH-VERSAND.DE
Service-Hotline: 0711/78 99 21 51

pietsch